U0485627

基于文化理解的
中学教育

理论与实践策略

吴金瑜　韩焱虹 ———— 等著

华东师范大学出版社
·上海·

图书在版编目（CIP）数据

基于文化理解的中学教育理论与实践策略/吴金瑜等著.—上海：华东师范大学出版社，2022
ISBN 978-7-5760-3116-4

Ⅰ.①基… Ⅱ.①吴… Ⅲ.①中学教育-教育研究 Ⅳ.①G632.0

中国版本图书馆 CIP 数据核字（2022）第 185629 号

基于文化理解的中学教育理论与实践策略

著　　者	吴金瑜　韩焱虹等
策划编辑	彭呈军
责任编辑	吴　伟
责任校对	陈梦雅　时东明
装帧设计	刘怡霖

出版发行	华东师范大学出版社
社　　址	上海市中山北路 3663 号　邮编 200062
网　　址	www.ecnupress.com.cn
电　　话	021-60821666　行政传真 021-62572105
客服电话	021-62865537　门市（邮购）电话 021-62869887
地　　址	上海市中山北路 3663 号华东师范大学校内先锋路口
网　　店	http://hdsdcbs.tmall.com

印 刷 者	上海龙腾印务有限公司
开　　本	787 毫米×1092 毫米　1/16
印　　张	20.25
字　　数	320 千字
版　　次	2023 年 1 月第 1 版
印　　次	2023 年 1 月第 1 次
书　　号	ISBN 978-7-5760-3116-4
定　　价	68.00 元

出版人　王　焰

（如发现本版图书有印订质量问题，请寄回本社客服中心调换或电话 021-62865537 联系）

目录

序　文化理解之于中学教育／1
自序　积跬步以至千里／1

第一章　文化理解与新时代教育

第一节　文化与文化图式／1
第二节　理解与教育的关系／5
第三节　文化理解与信息化时代的教育／12

第二章　基于文化理解的中学教育

第一节　中学生文化图式与当下时代的冲突／19
第二节　文化理解与中学生成长／23
第三节　基于文化理解的中学教育／26

第三章　基于文化理解的学校课程建设

第一节　基本思想：聚焦人的现实生活和未来发展／40

第二节　课程构建原则：聚焦学生的全面发展与终身发展 / 50
第三节　课程设置与实施：聚焦校本化与持续评价 / 63
第四节　建设策略1：开发PBL多学科融合课程 / 72
第五节　建设策略2：多项互动中动态生成课程 / 77

第四章
基于文化理解的德育模式的构建

第一节　美德的内涵与当下德育的主要方式 / 86
第二节　基于文化理解的德育的内涵解读 / 89
第三节　基于文化理解的中学德育课程 / 94
第四节　基于文化理解的德育创新实践 / 118

第五章
基于文化理解的师生关系的建立

第一节　基于文化理解的和谐师生关系 / 130
第二节　提高教师文化理解素养是核心 / 134
第三节　和谐德育促进师生关系更融洽 / 137
第四节　"乐和"课程厚实师生文化理解关系 / 145

第六章
基于文化理解的生生关系的建立

第一节　学校当前生生关系的现状调查 / 154

第二节　基于文化理解的良好生生关系建立的策略方法 / 164

第七章
基于文化理解的学校工作团队的建设

第一节　基于文化理解的优秀工作团队的特点 / 168
第二节　优秀学校工作团队建设的策略方法 / 171
第三节　基于文化理解的团队的优秀案例 / 175

第八章
基于文化理解的家校关系的建立

第一节　基于文化理解的家校关系的特征 / 184
第二节　建设具有文化理解特征的家校关系的策略方法 / 197
第三节　具有文化理解特征的家校关系的成功案例 / 218

第九章
基于文化理解的学校空间文化建设

第一节　学校空间文化的内涵与作用 / 226
第二节　学校空间文化建设的构成与策略 / 229
第三节　优秀学校空间文化的案例分享 / 240

第十章 基于文化理解的课堂教学评价

第一节　文化理解缺失：我国课堂教学评价研究综述 / 249
第二节　关注文化理解：构建课堂教学发展性评价指标体系 / 256
第三节　探索文化理解：课堂教学评价多元主体与多维评价 / 261
第四节　文化图式的重建：反思制度发挥评价的后续作用 / 265
第五节　基于文化理解的课堂教学的策略与方法 / 270

第十一章 基于文化理解的中学外语教育

第一节　基于文化理解的中学外语教育 / 286
第二节　基于文化理解的中学外语教育实践探索 / 292

参考文献 / 312

序

文化理解之于中学教育

德国著名哲学家狄尔泰(Wilhelm Dilthey)说过："我们说明自然,我们理解心灵。"①这意味着人类对于自然世界和人类本身的认识虽有共同之处,但这两者之间的差异也是明显的。认识前者,主要是揭示物性,而认识后者,主要是揭示人性。人性往往内含在人的素养中,尤其是思想观念中,通常我们说人性体现于人的内心之中,同时借助行为外显。这种行为的外显与内心所想可能并不是简单对应的,有时甚至是扭曲的,比如表里不一,言行相悖。可见,理解人类不能仅仅借助于一般认识论,我们还有必要从本体论上对其进行把握。德国哲学家海德格尔(M. Heidegger)较早地从本体论上探讨了理解的意义,认为理解是"此在(Dasein,又译为人)"本已能在的生存论意义,是"此在"的存在方式。

当然,"说明自然"与"理解心灵"是密切相关的。教育者对此的认识也许更为真切。人们知道,教育现象非常复杂,不仅涉及各种明确对应的关系,如人与人的关系,人与事物的关系,人与社会的关系等,还涉及由这些关系综合而成的关系网。在这些错综复杂的关系网中,人是核心,而支撑这个关系网的正是文化。

这样看来,教育要培养人,首要的是理解活跃在其中的人,尤其是学生。理解他们,也许有道不尽的方略;不过,借助文化理解这一视角,是重要途径之一。

文化理解,是以吴金瑜校长为领衔的一批上海校长在学校教育改革中倡导和坚持的重要概念与思想。在这样的思想引领下,他们进行了一系列成功的教育实践。上海市教委将这样的教育改革实验列为上海市教育的攻关计划,进一步显现了文化理解在教育发展中的价值,也为相关的研究实践提供了更大的平台。

吴金瑜先后胜任多所中学的校长。早些年,他与我一道开展理解教育,形成了系统的理解教育理论。后来,我把重心放在"自分教学"上,他则继续充实

---

① 洪汉鼎.诠释学:它的历史与当代发展[M].北京:人民出版社,2001.

理解教育的思想，直至当下文化理解思想的产生。

这几年，吴金瑜校长与他的同行者在文化理解上取得了一定的研究成果，汇集成本书。我阅读后，颇受启发。本书不仅丰富了初期有关理解教育的内涵，而且彰显了习近平新时代教育的特征。

信息化的快速发展与构建"人类命运共同体"的时代要求对中学教育提出了新的挑战。相较于农耕时代与工业化时代，当下，人类的文化既有更深刻的关联性与交融性，又有更明显的时间与空间的差异性和独特性。所以，不同时空下的文化冲突成为必然与常态。对于已经形成一定文化图式的中学生来说，他们对异文化既有新奇感，又可能产生厌恶或抵触！基于这一背景，当下的教育迫切需要教师引导学生借助文化理解，更新他们原有的文化图式，拥抱新的文化，从而实现自身的发展。同时，从哲学解释学的角度来说，文化理解既是当下中学教育的手段，更是中学教育自身的目的。一旦学生通过文化理解实现了自身的发展，"此在"也就具备了相应的文化理解素养。也就是说，这样的学生已经为融入未知的文化世界做好了准备，也形成了为人类发展改造异文化所需的文化理解素养。

上海这样一座既具有显著国际化特征，又连接内地不同省份的现代化城市，其中的文化冲突与文化理解时刻都在发生；今天的中学生，已经形成了一定的文化图式，他们认为自己长大了，与外面的异文化发生着冲突；现在是一个瞬息万变的信息化时代，社会文化同样也在不断变化。正是在这样的教育与社会背景下，催生了文化理解的思想，吴金瑜校长与他的同行者，立足问题导向，带领各学校以文化与文化理解为切入口，以理解教育理论为基础，进行了为期三年的"基于文化理解的中学教育"课题研究与实践，不仅形成了"文化理解"的相关理论，而且形成了行之有效的"基于文化理解的中学教育"策略体系，并使得上海外国语大学闵行外国语中学及其他同行的学校，具有了显著的"文化理解"烙印，同时也得到了很好的发展。故我相信，本书必然对中国基础教育，特别是中学教育有一定的借鉴作用。

以此为序。

熊川武　华东师范大学教授、博士生导师
2021 年 8 月

自序

积跬步以至千里

2018年9月,我在"基于文化理解的中学外语教育"研究成果的基础上,提出了"基于文化理解的中学教育"理念。没想到这一新的教育理念竟被上海市教委列为攻关计划。这一意料之外却又振奋人心的消息让我立马打起精神,寻找合作伙伴,全力以赴,攻此难关。

三年前,我找到了我的教育合作伙伴:韩焱虹、李卫军、李赟、刘厚萍、陈红波、束涌、柴建荣、邢春、计文斌、顾卫标、刘林、范玉华等,并得到了我的导师熊川武教授、代蕊华教授、沈玉顺教授,好友杨四耕研究员、朱晔教授等的指导。三年来,我们从宏观的教育理论到具体的教育实践,就"基于文化理解的中学教育"理念进行了大量的教育实践与反思研究,并形成了一定的成果。2019年底,我出版了此成果的第一本专著《基于理解的教育》。三年时间里,我们在《教育家》《上海教育科研》《学习报》《上海教育》《现代教学》《闵行教育》等专业杂志报刊上,发表了相关研究成果20余万字。

本书就是我们三年研究实践成果的展示。其基本的逻辑体系、核心内容如下:首先是建立有关文化、文化图式(模式)、文化理解等核心概念;其次是从理论上论述基于文化理解的中学教育的主要内容;最后从中学教育的各个维度来阐述基于文化理解的中学教育的具体内容与策略方法,从而构成基于文化理解的中学教育的整个理论与实践体系。下面分章节一一说明。

第一章,文化理解与新时代教育。本章主要论述了文化的内涵与教育的关系,建构起文化图式、文化理解等概念与理论。首先,面对当前教育的主要矛盾——人与人之间的冲突,我们提出了个体的文化图式与群体的文化模式概念。在这样的基础上,我们提出了文化理解概念以及相应理论,并基于文化理解理论,论述了信息化时代的教育特征,明确提出了文化理解是中学教育的重要主题之一。

第二章,基于文化理解的中学教育。本章首先论述了中学生文化图式的特点;其次从文化理解的角度阐述了中学生发展的本质;最后论述了基于文化理解的中学教育的基本理论与特点。

第三章,基于文化理解的学校课程建设。首先,本章从文化理解的角度论述了学校课程的本质与意义;其次,作者以上海外国语大学闵行外国语中学和虹桥中学的课程建设为例,说明文化理解视域下的学校课程建设原理与方法策略。

第四章,基于文化理解的德育模式的构建。本章首先论述了美德的内涵与德育的主要方式;接着对基于文化理解的德育内涵进行了深入的解读;随后对基于文化理解的中学德育课程进行了具体阐释;最后全面介绍了基于文化理解的德育创新实践的策略与方法。

第五章,基于文化理解的师生关系的建立。首先,本章从文化理解的角度阐述了师生关系的本质是什么;其次,厘清了师生关系是实现有效教育的重要基础,从文化理解的角度说明师生关系改善的机理;最后,提供了学校教育实践中的案例说明如何改善师生关系。

第六章,基于文化理解的生生关系的建立。班级中,基于文化理解的良好的生生关系能使学生感觉到轻松、愉快,有更多的支持和合作;能有效地提高班级学生整体的学业成绩;也能使学生感到成功、进步和发展的快乐。本章首先介绍了对学校当前生生关系的现状调查情况,随后分享了借助社会网络分析软件 Ucinet,建立基于文化理解的班级良好生生关系的策略与方法。

第七章,基于文化理解的学校工作团队的建设。本章首先从文化理解的角度阐明了一个优秀的学校教育团队的特点;其次从文化理解的角度说明了优秀的教育团队建设的原理原则以及具体做法;最后从文化理解的原理出发,分享了基于文化理解的团队建设的优秀案例。

第八章,基于文化理解的家校关系的建立。本章从文化理解的角度阐述了家校之间的关系如何才能处于和谐理解状态,并由此提出建立良好家校关系的具体策略方法,最后分享了具有文化理解特征的家校关系的成功案例。

第九章,基于文化理解的学校空间文化建设。本章主要从文化理解的角度阐述了学校空间的育人价值与方法策略,并通过上海市华漕中学、金杨中学的成功样本说明了基于文化理解的学校空间文化建设的基本原理与策略。

第十章,基于文化理解的课堂教学评价。本章首先从文化理解缺失的角度,对我国课堂教学评价研究进行了综述;接着从文化理解的角度,构建了课堂教学发展性评价指标体系,提出了探索文化理解的新途径,重建文化图式的评价制度;最后介绍了基于文化理解的课堂教学的策略与方法。

第十一章,基于文化理解的中学外语教育。本章从文化理解的角度证明了外语教育的主要作用,即掌握语言的交流能力,理解语言背后的文化,用外语传播中华文化。同时,本章还提出了有效的基于文化理解的外语教育方法策略。

本书由上海外国语大学闵行外国语中学吴金瑜校长负责整体设计、架构、统筹与编辑整合,并由"基于文化理解的中学教育理论与实践研究"课题组的十多位同行者一起撰写完成,真可谓涓涓细流,终成江河。其中,吴金瑜校长承担了第一、二、四、十一章(部分)的撰写工作;上海外国语大学韩焱虹副教授除了协助吴金瑜校长设计编辑本书,还承担了第三章(部分)、十一章(部分)的撰写工作;上海市吴泾中学束涌校长、上海市新桥中学计文斌校长、上海市诸翟学校李赟校长分别撰写了第五章、第六章、第八章;上海市颛桥中学李卫军校长、上海市育民中学柴健荣校长合作完成了第十章;松江七中刘琳校长与松江二中附属初中顾卫标校长合作完成了第七章;上海市华漕中学刘厚萍博士和上海市金杨中学邢春校长合作完成了第九章;韩焱虹副教授与上海市虹桥中学陈红波校长合作完成了第三章;上海外国语大学闵行外国语中学范玉华老师也参与了第十一章的撰写并做了大量的协调与文本整理工作。

在整个研究实践与文本撰写的过程中,华东师大熊川武教授、代蕊华教授、沈玉顺教授、上海市教科院杨四耕研究员、上海市教研室张新宇主任、上海外国语大学朱晔教授等提供了大量具体的指导;原《上海教育》杂志的陶小青编辑负责了本书的统稿工作。在此一并表示感谢。

吴金瑜

第一章　文化理解与新时代教育

在谈论教育时,大家经常会对中西方的教育进行对比。此时,我们一定会发现,两种教育方式与内涵有着巨大的差异。若是深究其原因,我们同样会发现,中西方两种教育方式与内涵差异巨大的根源是中西方文化的差异。

同样,当我们在谈论人的个体表现时,经常会说,这个孩子出生于书香门第,因此表现得彬彬有礼,知书达理;那个孩子的父母沉迷赌博,好逸恶劳,所以他们的孩子没教养,也变得好吃懒做,等等。孩子的这种特性是天生的吗?当然不是!当我们去仔细研究这两种现象时,会发现孩子的未来与其成长的文化背景有着紧密的关联。

因此,无论是孩子的成长问题还是人的教育问题,均与其背后的文化相关。本章,笔者将从文化的特性出发,建立和阐释人群的文化模式、人的文化图式、文化理解等概念,然后基于解释学与教育学的原理,建构信息时代背景下的文化理解思想与基于文化理解的中学教育的基本理论。

第一节　文化与文化图式

不同国家和不同民族,由于其发展的背景与过程不同,其文化的内涵也会有巨大差异。不同的人或人群,由于其成长的环境与过程不同,其文化特征也有所不同。故文化对人的教育作用是基础性的,教育本质上是人的文化图式的改变和丰富。

一、文化

据不完全统计,由于研究视角的不同,学界对文化的定义多达200余种。

可见,对文化的理解与认识与其他很多社会学概念一样,依然是仁者见仁、智者见智的;对于"文化",我们还没有形成统一的认识,没有盖棺定论的定义。也就是说,我们对文化的理解是多元的。

在中国,著名经典著作《易经》中就有"观乎人文,以化成天下"之说。就是说,我们必须把握现实社会中的人伦秩序等,以使人们的行为合乎文明礼仪,并由此而推及天下,以成"大化"。后来的"文化"整合了这个短语的意义,视人文化成为"文化"。西汉以后,"文"与"化"合成一词,如"文化内辑,武功外悠"(《补亡诗·由仪》)。这里的"文化"更多指的是人类文明积淀下来的优秀传统和素养。从中可以看到,人的成长与其背景文明是直接关联的。至此,在中国,"文化"一词的含义逐渐演绎为人类优秀的文明成果。

古希腊文化是西方文化的摇篮,是最早的一种西方文化形态。在西方,文化一词的出现可追溯到公元前4世纪到公元前5世纪的古希腊。1871年,美国的"人类学之父"爱德华·泰勒(Edward Teller)在《原始文化》一书中,站在西方文化的角度,给出了一个经典定义:文化是一个复杂的总体,包括知识、信仰、艺术、道德、法律、风俗以及人类在社会里所有一切的能力与习惯。当代美国社会学家戴维·波普诺(David Popenoe)在《社会学》中给出了新的文化定义。他认为,文化由三个主要元素构成:(1)符号、意义和价值观,这些都是用来解释现实和确定好与坏,正确与错误的标准;(2)规范准则,即有关在特定社会中人们应该如何思维、感觉和行动的解释;(3)物质文化,包括实际的和艺术的人造物体,同时它会反映非物质文化的意义。

加拿大著名社会人类学家盖·瑞驰(Guy Rocher)进一步突出人的文化属性,并就人的文化属性提出了文化冰山模型(iceberg model of culture),如图1-1所示。

瑞驰把人类的文化分为行为、思想、情感三个板块,其中水面可见部分(visible part)指的是行为(doing),主要包括人们在日常学习、工作、生活中外显的行为方式(ways of life)、仪式(rituals)、语言文字(language)等,只占人类文化的10%。水下隐藏部分(hidden part)包括人们的思想意识层面(thinking)和人类内在的情感(feeling),主要包括态度(attitudes)、信仰(beliefs)、价值观(values)等,占人类文化的90%,这是文化的主体。

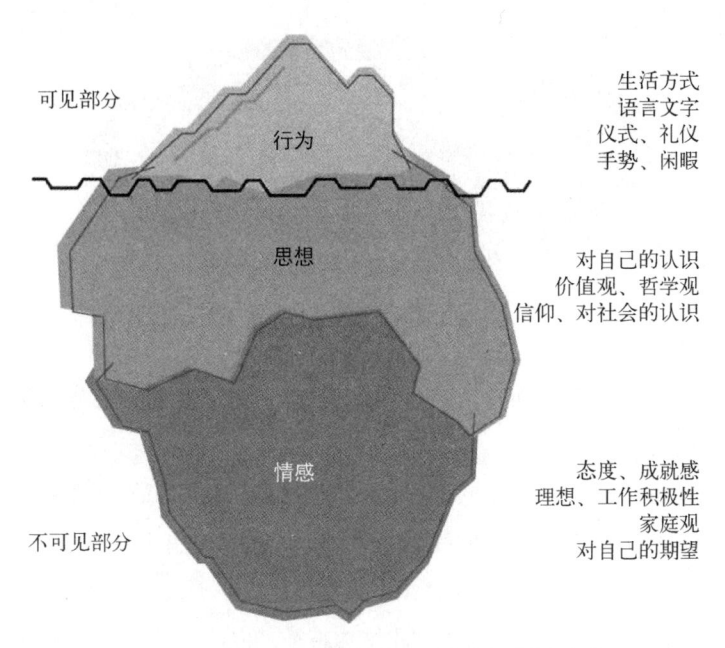

图 1-1 文化冰山模型(Iceberg Model of Culture)

显然,在这种文化模型中,我们能察觉到的人们的行事方式、语言、仪式等文化表象的内容,是这座冰山下的思想、价值观、态度气质等的外在表现。同样我们可以说,文化内在的思想、价值观、态度气质等(冰山水下部分)是以人的行为、语言等(冰山水面部分)方式表现出来的。事实上,各种文化模式的形式是相似的,即结构都如盖·瑞驰的文化冰山模型所示,但具体的内容却又是千差万别的;作为冰山文化模式中水面上最重要的一部分,语言对个体产生的影响尤为特别。

二、文化图式

根据上面我们对文化的理解,显而易见,人是文化的主体。所以,一个群体,如同一个国家、一个民族、一个单位当中一群人的文化特征是这群人的文化特性的公共部分,这就形成了属于这群人的文化模式。根据盖·瑞驰的文化冰山模型,人群的文化模式主要由这群人共性的情感、价值观、道德信仰及其相对应的外显的语言文字、行为准则等构成,如图 1-2 所示。长期不同的社会生活劳动促使不同的人类群体形成了不同的文化模式,如我们中华民族具有温良恭

第一章 文化理解与新时代教育

图 1-2 人群的文化模式

俭让等独特的文化特性,而自由、竞争、创新、消费等则是西方民族长期以来形成的文化特性。

根据上述人类群体(如民族群体)的文化模式的内涵,基于康德的图式概念与皮亚杰的认知图式理论,我们提出了人类个体的文化图式这一概念。个体的文化图式特指一个人在一定的社会文化背景下形成的个人情感、价值观、信仰以及与之相对应的语言、行为习惯等文化结构特征。由此可见,因为不同的人生活在不同的文化模式中,而且其文化经历不同,所以其文化图式必然也不会雷同。

我们比较了人的文化图式与人的性格特征这两个概念,发现人的性格特征受到生物遗传(如人的血型,而血型是遗传的)、人在社会生活学习活动中形成的社会生活方式以及由此而形成的价值观等因素的影响。根据大量的研究表明,人的性格特征只有30%～40%与遗传有关,60%～70%与后天的学习、环境有关。而人的文化图式则是由人在后天的社会生活劳动、学习等人类活动中形成的。因此,人的性格特征包含了人的文化图式,人的文化图式是人的性格特征的主体部分。

根据以上论述,人的发展其实就是其文化图式的变化。根据美国俄克拉荷马大学教授金荣渊(Young Yun Kim)的"文化适应理论",人的发展就是个体在文化适应过程中不断改变自己已有的文化图式,形成新的文化图式的过程,也就是使自己得到发展的过程。

三、文化对教育的影响

根据美国学者罗伯特(Robert)的观点,作为知识传统的文化,其独特之处在于它是在一群彼此联系的,通常以种族、民族或国籍进行区分的个体之间共享的;它为成员间的沟通构建共同的基础;同时自身也经历着不断的修改,因为这一知识传统的各方面可能因为处于更新的社会秩序和现实中而失去根据或者被认为不再适用了。①

2018年,美国"人是如何学习的:学习科学与实践"委员会出版了报告"人是如何学习的Ⅱ:学习者、境脉与文化"。这份报告指出:"所有学习者都是在特定的文化背景中以特定的文化方式成长和学习的。尽管人类拥有基本相同的大脑结构和基本的经验,如与家庭的关系、年龄的分段等,但所有这些都受到个体经验的影响。对于不同的个体而言,学习不会以相同的方式发生,因为文化影响从其出生就开始产生,学习与文化相互交织。""每个学习者在其一生中会形成一个独特的知识和认知矩阵(array of knowledge and cognitive resources),这一矩阵受到学习者的文化、社会、认知和生物的背景的相互影响而形成。"②所以,我们可以说,一个人接受教育的过程是个体的文化图式在周边文化模式(图式)的影响下发生改变的过程,同时也是最终帮助个体形成自身新的文化图式的过程。

教育是人类特有的文化现象,其具有文化的基本特征。同样,教育对文化也有巨大的作用,文化因为教育得以更好地传承与发展,甚至文化的形态也因为教育而发生改变。

由此可见,因为研究者的思路和眼光投向不同,人们对文化的解释以及相关的理论方法也是不同的。从存在主义的角度来看,文化是对一个人或一群人的存在方式的描述。所以,文化是由人所创造并以人为主要载体得以解释与实践的,即人是文化的核心因素;同时,由于人的生命存在于活动中,文化也被人不断地创造、解释着。同样,文化也具有改造人的特性,即文化可以使某一个体或某一群体的个性特征与文化图式发生改变。

第二节 理解与教育的关系

上面一节,我们着重谈论了文化的涵义,并建构起文化图式的概念,论述了

---

① 罗伯特·S·怀尔,等.理解文化:理论、研究与应用[M].王志云,谢天,译.北京:人民出版社,2018.
② 唐科莉.理解学习者文化和背景的多样性是理解人如何学习的核心[J].上海教育,2019(08).

文化图式与教育之间的紧密联系。本节我们将论述理解、理解与教育、理解与文化的关系。

一、理解

"理解",这是一个在社会生活与教育活动中很常用的词。《现代汉语词典》中对"理解"的解释是:解释、了解、懂得。《辞海》中的"理解"是:应用已有知识揭露事物之间的联系而认识新事物的过程。《朗文英汉词典》中,"理解"(understanding)除了以上的意义外,还有"sympathy"(同感),"a private not formal agreement"(协定)等意思;理解在英语中的另一个词"comprehension",则含有容纳、宽容的意思。

关于"理解"的认识是多样化的,从认识论的角度来说,"理解"是借助概念,通过分析、比较、概括及联想、直觉等逻辑或非逻辑的思维方式,分析和把握事物的内部联系、本质及其规律的思维过程。巴特勒(Bartleu)认为"理解"是一种把某事物与其他事物联系起来的心理企图。保罗(Paul)认为"理解"是指心理拒绝不相关的事实,挑选、分析、整合相关的可观察的事实,直到组成合逻辑的合理性的知识。尼克森(Nichersom)认为"理解"是事实的联系,即把新获得的信息与已知的东西结合起来,把零星的知识织进有机的整体。

另一种观点表现在情感方面,即认为"理解"等同于通过情感上的沟通达成一致。如看到有朋友遇到某事很痛苦时会说"我理解您的痛苦",这是从共情的角度来看待"理解"的意义。

下面,我们再从方法论的角度来看"理解"的意义。从人自身的角度来看的话,本书谈论的"理解"更多的是反映在哲学与教育意义上的"理解"。

反映在哲学意义上,在德国哲学家狄尔泰看来,"理解"是人认识自己的方式。而在德国哲学家施莱尔马赫看来,"理解"只是一种认知方式,是一种心理功能。"理解"真正成为关于人的一种存在方式可以追溯至哲学解释学。19世纪末到20世纪,哲学解释学进一步说明了"理解"在"本体论"上的意义。德国著名哲学家海德格尔(M. Heidegger)认为,"理解"的本质是作为"此在"(Dasein)的人对存在的理解,是"此在"的存在方式本身。在这种意义上,"理解"是人的生命意义,对理解的追求就是对生命意义的追求。因为人存在于世界中,"理解"使人在世界中的可能性显现出来,并且使人在世界中迈向可能性。德国现代哲学的代表人物伽达默尔(Gadamer)认为,理解现象遍及人和世界的一切关系,理解的过程发生在人类生活的一切方面,是整个人类的基础。所以,理解是人的一种存在方式。

在课程领域,20世纪60年代后期,美国课程理论界出现了概念重建主义运动,课程领域被重新构建。美国课程论学者威廉·派纳(William Pinnar)在《理解课程》一书中指出,课程"由本质上指向实践的制度目的,转向用一种批判的、解释学的视野来理解实践和经验的目的"。以派纳等人为主导的理解课程就此应运而生。20世纪70年代,派纳提出,课程的重点不是我们所提供的课程符号,而是师生对这个课程符号的解释。所以,派纳关于理解课程就有这样一个著名的观点:作者提供符号,读者赋予意义!这种以理解为特征的课程流派逐渐成为今天西方的主流课程流派。

派纳的理解课程意味着课程研究不是沿着"归纳—演绎"的路径规定课程开发的模式或程度,而是从不同"视域"理解课程、建构课程的意义;课程理念不是被动地依附于实践,而是把实践作为反思和解读的文本;课程不只是分门别类的"学校材料",而是需要被理解和建构意义的"符号表征"(此处非常精彩地点明了当代课程的一个新特点)。解释学与理解课程范式的逻辑起点是,因为每个人的视域不同,其对自己与他人、经验、文本等的理解也不同,从而理解的意义也就显得更加重要。

二、教育、理解与理解教育

"教育"一词在中国,始见于《孟子·尽心上》:"君子有三乐,而王天下不与存焉。父母俱存,兄弟无故,一乐也;仰不愧于天,俯不怍于人,二乐也;得天下英才而教育之,三乐也"。许慎在《说文解字》中解释,"教,上所施,下所效也","育,养子使作善也"。因此,从词源角度来看,我们中国的"教育"一词更多地反映的是外铄之意,即强调的是社会或代表社会的教师向后代传授知识经验,并使之成为有德有才之人。因此,韩愈的"师者,传道授业解惑也"成为中国教育的至理名言。与此同时,由于中国的教育受五千年中华文化的引导与影响,师生关系主要表现为师道尊严,教与学的关系主要表现为以教授为主;直至今日,仍无大的改观。

在西方,"教育"一词源于拉丁文 educate,前缀"e"有"出"的意思,意为"引出"或"导出",意思就是通过一定的手段,把某种本来潜在于身体和心灵内部的东西引发出来。从词源上说,西方"教育"一词是内发之意,强调教育是一种顺其自然的活动,旨在把自然人所固有的或潜在的素质,自内而外引发出来,以成为现实的发展状态。因而西方教育有苏格拉底的"产婆说"和卢梭的自然教育。

近代以来,人们又从不同的角度对教育做出了很多定义,下面简述其中几个。

其一,教育是通过各级学校、成人教育机构和其他有组织的媒介,有意识地把上一代的文化遗产和积累起来的知识、价值、技能等传递给下一代的过程[①]。这更多地是基于社会本位来说的。

其二,教育是培育人的社会活动,是承传人类社会文化、传递生产经验和社会生活经验的基本途径。学校教育则是教育者根据一定的社会要求,有目的、有计划、有组织地对受教育者的身心施加影响,期望他们发生某种变化的活动[②]。这种定义将外铄说与内发说结合起来,试图更符合教育的内在规律。

其三,联合国教科文组织在《教育:财富蕴含其中》一书中认为,教育是人与人之间的一种交流活动。这种说法则更多地站在个体本位的角度,提出了现代教育的一种基本特征:人与人之间的交流。

国际上有关基于理解的教育研究与实践,除了上述派纳的理解课程外,早在1974年11月19日,联合国教科文组织第18届国际教育大会就发布了《关于促进国际理解、合作与和平的教育以及关于人权与基本自由的教育的建议书》。该文件指出,"为了促进国际理解、合作、和平、人权尊重与基本自由,考虑到通过教育实现联合国宪章、联合国教科文组织章程、全球人权声明和日内瓦公约确定的目的,即保护战争受害者是各国义不容辞的责任",因此建议"教育必须致力于全面发展人的个性,促进对人权与基本自由的尊重;促进国家之间、民族或宗教组织之间的理解、宽容与友谊,并推进联合国为了持久和平而采取的各种行动"。这里的"国际理解教育"是指把学习、训练、晓谕(information)与行动

[①] 陈友松,等.当代西方教育哲学[M].北京:教育科学出版社,1982.
[②] 袁振国.当代教育学[M].北京:教育科学出版社,1999.

结合起来,促进个人合理的智慧与感情的发展,形成国际理解的价值观与相应的能力,并能合作共事。结合文化理解的概念,其实这也是一个文化理解的过程。

20世纪末,美国哈佛大学教育学院推出了基于理解的教学(learning for understanding)。这种教学模式认为,教学应该基于学生的生活、学生的文化背景、学生的研究等展开,这样的教学才是有效的。

从2000年开始,笔者在华东师范大学熊川武教授的指导下,在上海多所中学进行了长期的"理解教育"实践与研究。

在这项研究的初始阶段,我们认为,教育中存在的一个重要问题是师生间的误解与不理解,而之所以会有这种误解与不理解,最重要的原因是师生的文化背景不同,双方均从自己的角度去思考问题、看待他人,从而造成对自己与他人的误解,最终导致教育的低效。

所以,"理解教育"本质上就是让教育的主体在教育过程中通过交流、活动,让其主体性和主体间性都得到合理发挥,从而理解他人、理解自己、理解认知对象,从而消除误解与不理解,使教育主体的生命意义得以实现。

随着研究的深入,在"理解教育"的实践研究过程中,我们主要从影响师生健康成长的三个维度出发,即师生关系、教与学的关系、师生与社会文化的关系,从"理解"的角度进行了长达20年的研究与实践,形成四个方面的成果,并促进了实践校师生的健康成长。如图1-3所示。

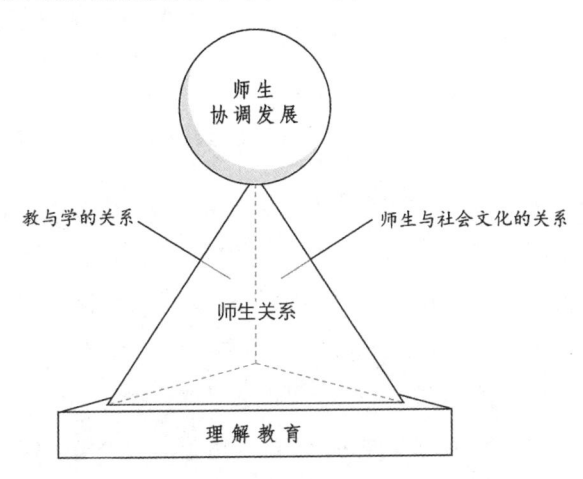

图1-3 "理解教育"研究实践的主要内容与目标

在"理解教育"的研究过程中,我们构建了"理解教育"的基本运作模型,该模型主要由支持系统、加工系统和监控系统构成。见图1-4。

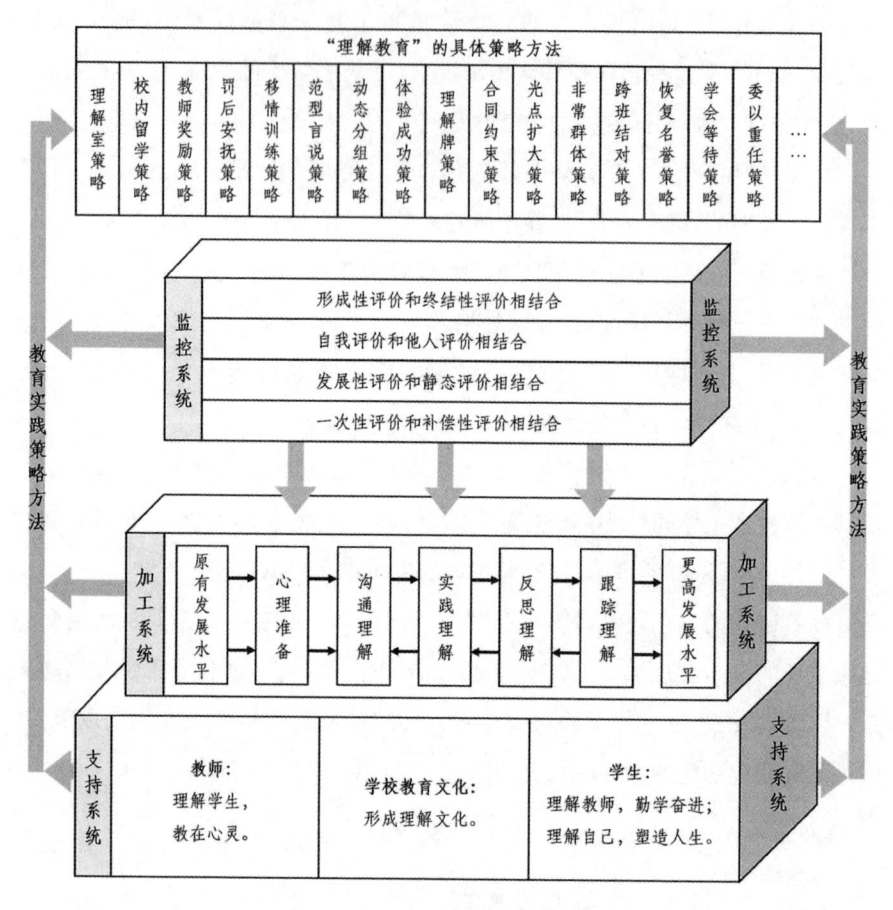

图1-4 "理解教育"的运行模式

由图1-4可见,"理解教育"是在基本模型的三大系统的相互作用下,不断促进学生向最近发展区完善的过程,三大系统的协同作用促进了学生的全面发展。

理解教育的支持系统由三个部分组成:教师、学校教育文化、学生。

"理解教育"的加工系统是"理解教育"的核心,分为五步:

第一步是心理准备,主要是通过某些暗示让学生做好心理准备。

第二步是通过师生、生生间的相互言说,达到沟通理解。这一步主要可分为实读和创读,实读即通过师生、生生相互言说,实实在在读出原意。创读是在实读的基础上,创造性地发展原意。

第三步是学生通过实践解决认知、情感、技能等方面的问题。

第四步是师生对前面的理解过程进行相互的、自我的评价和反思,鼓励学生对教师的教育进行评价。同时,教师要站在学生的立场上,运用自己的经验和智慧帮助学生解决实际问题。

第五步是建立学生进步档案,及时了解学生的生活和学习情况,特别是对学习基础较差的同学,针对性地解决问题。通过这一步,使班级授课制中难以实现的因材施教变为现实,使理解成为长效行为。

"理解教育"的加工系统的建立,使教育行为有章可循,但在教育实践中,我们又冲破"本本"主义,创造性地实施"理解教育",并努力开发具有"理解教育"特点的教育策略。

"理解教育"的监控系统对"理解教育"的开展具有保障作用。我们主要通过积极评价机制来发挥监控功能。

在研究过程中,我们陆续出版了《走向理解》《理解教育论》《200万分钟教育对话》《基于理解的零距离德育》等专著,这些都是依托相关学校的教育实践而展开的。

2015年,结合上海外国语大学闵行外国语中学的教育实际,笔者与韩焱虹副教授等同行者一起提出并开展了"基于文化理解的中学外语教育模式"的实践研究。该研究于2016年获批为上海市市级研究课题。在这项研究中,我们建构起如下的基于文化理解的中学外语教育理念:让中学生在深刻理解中华文化的基础上,在学习外国语言的同时,融入到这种外语背后的文化中去,通过充分的交流,了解、理解这种外语背后的文化模式,通过让学生更好地掌握外语外在的交流功能及内在的文化意义,使他们今后能够游刃有余地穿梭于中外不同文化之间,成长为高素质的世界公民,并发展为中外文化交流的优秀使者。三年的研究实践取得了一定的收获,一批研究成果已在多家市级以上专业期刊上发表,并推动上海外国语大学闵行外国语中学迅速成为一所以外国语教育为特色的优质中学。

这项研究成果同时也会辐射到整个学校教育过程中,并明显地提高教育效益。为此,我们开始深入研究。

第三节 文化理解与信息化时代的教育

在当下这样一个信息化时代,教育的复杂性也在逐步提升,笔者提出的文化理解教育方式,既是中学教育的一种手段,也是中学教育的目标;既能达到中学教育的有效性,又能提高学生的文化理解素养。

一、理解与文化理解

通过以上对"文化"与"理解"的讨论,我们可以看到,一个社会群体经历一段时间的社会活动后,会形成具有自身特征的社会文化模式;一个个体也会通过社会文化活动形成自身的文化图式;一种社会的进步与一个个体的发展,其实是其文化模式或文化图式的改变。

美国俄克拉荷马大学教授金荣渊认为:"文化适应是在一种文化中已经完成基本社会化过程的人,与另一种不熟悉的文化持续地、长期直接接触而发生改变的过程。"根据这个理论,中学生已有的文化图式在与他所接触的他人文化图式或社会文化模式相适应的过程中,形成属于他自身的新的文化图式,这就是他的发展过程。当然,中学生特有的不成熟的文化图式也会影响他人,从而影响其所在群体文化模式内涵的变化,但这是次要的。

据此,我们从文化与教育的角度给出一个"文化理解"的概念:个体的文化图式在与其他个体的文化图式或社会的文化模式、知识结构图式及其背后的文化模式等接触、碰撞、交流时,个体会不断改变自己已有的文化图式结构,以适应其他文化图式或文化模式,并形成新的个体文化图式,这一过程即为"文化理解"。如图1-5所示。

根据文化理解的这个定义与中学阶段学生文化图式的变化特征,我们可以明确地说,学生文化图式的适应与变化过程,其实就是文化理解的过程;故学生实现文化理解的过程,就是学生文化图式适应、变化的过程,也就是学生发展的过程。同时,当学生形成了文化理解的素养,学生在未来的生活、学习过程中,就能够根据周围文化的变化而使自己的文化图式发生变化,从而使自己永远处于发展过程中。从这个角度来说,文化理解也是学生生命存在的一种方式。

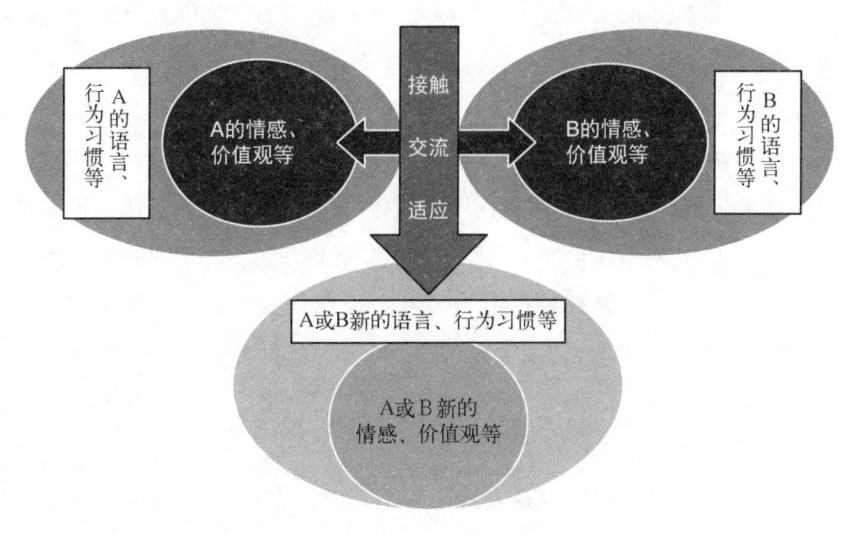

图 1-5 文化理解的过程

文化理解的过程不同于认知过程,文化理解的过程不仅仅有认知结构的变化,还有人的情感、价值观的变化,故皮亚杰的认知图式理论只适合文化理解中的认知部分。

二、文化理解对中学教育的主要作用

下面,我们根据文化理解的内涵与性质,就当下中学教育面临的一些主要问题和挑战来说明文化理解在中学教育中的主要作用。

1. 人与人之间关系的挑战

对于中学生来说,在学校中,人与人之间的关系主要表现为师生关系与生生关系,尤以师生关系为主要矛盾。故下面以师生关系的挑战为例来说明问题的解决。

在信息化时代之前,从空间来说,师生几乎来自同一地域;从时间来说,某地域的文化模式在人的生命周期内变化很小,所以其成长所在的群体文化差异很小,师生各自的文化图式差异也小,师生之间的矛盾就相对小。而当下处于信息化时代,由于互联网的发展,从空间来说,影响个人成长的文化模式或图式差异巨大;从时间来说,知识信息的爆炸性增长使得同一地域的文化在时间轴上变化迅速,即使是同一地域成长的师生,影响他们的文化模式与文化图式差异也是很大的,所以师生各自的文化图式差异也很大。

这种师生个体文化图式的差异,就造成了目前教育面临的挑战:师生关系紧张。文化理解是解决这个问题的有效手段与目的。作为教育者的教师,一方面要主动去了解学生的文化图式,引导学生自觉去适应周边的群体文化模式与个体文化图式,从而引发自身文化图式的积极变化。另一方面要根据学生的文化图式特点,改变自己的教育方式,使学生的文化图式与自己的文化图式发生交融,努力实现换位思考,实现文化理解,促使学生的文化图式向积极的方向变化。

2. 学生与社会之间的矛盾

在当下时代,这个问题主要表现为两个方面:其一,学生形成的较为超前的文化图式,与生活学习中碰到的比较稳定、优秀的传统文化模式发生冲突;其二,学生的文化图式相对比较稳定,但他所学习、生活的文化模式却在迅速变化。

如果学生形成的文化图式是积极的,教师就要引导学生通过与传统的、优秀的社会文化模式接触,使其自身的文化图式在适应过程中进一步优化,达到文化理解。同时,此举也可促进社会文化模式内涵的发展。如果学生已有的文化图式是消极的,教师则要引导学生进入这种优秀的社会文化中去,通过文化理解,达到对学生原有文化图式的改造。

3. 学生与异文化的冲突

无论从时间轴还是空间轴来看,中学生的文化图式在某种程度上是根植于中华传统文化的,在这开放的信息化时代,它一定会与异文化发生冲突,并对学生的成长造成影响。根据文化理解的原理,解决这种冲突的最好方法是让学生的文化图式与异文化模式相互融合,然后才有可能通过文化适应,实现文化理解。所以,在教育实践中,最好的方式就是教师让学生在充分理解本民族文化的基础上,深入到需要理解的异文化中去,如到国外进行短期的留学体验等。

4. 学生与过去的知识以及未来的知识之间的冲突

首先,我们来分析一下学生与人类过去积累的知识之间的认知冲突。根据文化图式理论,这种冲突的原因是:今天学生的文化图式与这种知识形成的背景文化模式之间的冲突。为了解决这个问题,根据文化理解原理,学生的文化图式要与这种背景文化模式发生接触乃至融合才能实现。譬如在学习课文《苏州园林》时,单单靠这一篇文章提供的信息,学生很难想象苏州园林到底是什么样子的,其究竟美在何处?而如果学生在学习课文之前能先去苏州园林游览一次,并接触、了解这种园林形成的历史、地理原因,就会对苏州园林之美具有直观的印象,并对其美的内涵有更为深刻的理解,从而对这篇文章的学习就会非常有效。

其次,我们再来看看学生与未来的知识之间的认知冲突。处于今天这样一个知识爆炸的时代,每时每刻都有新的事物被发现、创造,旧的理论被证伪、推翻,新的理论再被构建、发展,因此,今天学生的文化图式与未来知识图式一定会发生碰撞和冲突。要解决这个问题,同样根据文化理解原理,我们要鼓励学生充分地想象与创造,并使自己的文化图式与新的知识、新的文化环境不断进行理解、融合,这样才能不断发展自己,从而适应社会的发展。

今天,教育界正在实践的基于生活的学习、基于研究的学习、基于生活材料的外语学习、基于真实事件的研究、基于未来设计的学习等,都能很好地说明文化理解在学生学习、成长和发展中的作用。

三、文化理解的特性

结合以上有关文化理解的定义,对文化理解在中学教育中的作用进行梳理,我们可以得出以下有关文化理解的特性。

1. 文化理解具有道德性

文化理解本质上是德行。德行是道德品质与道德行为的总称。古人云:"德行,内外之称。在心为德,施之为行。"[1]作为内心之德,文化理解以意识的形式存在,是通过与他人交流的形式调节人们行为的一种内在力量。作为外在之行,文化理解意味着对他人的言行保持一种大度与宽容(在不违背原则的前提下),或必要的"一致性"。同时,文化理解的主体对别人将心比心,体贴关怀,必

---

[1] 冯契.哲学大词典[M].上海:上海辞书出版社,2001.

然能够减少一些误解与纠葛,使道德生活更加和谐。

特别是当教育者自觉深入教育对象或自身时,这种文化理解本身就是责任感,是职业道德水平高的表现。理解别人是责任感的表现,深入理解自身同样是责任感的表现。每一个有社会责任感的人都在不断地发挥自己的潜力,尽力为社会作贡献,而这种发挥潜力的过程就是深入理解自己的过程。如果能够不断理解自己的教育能力,教师就不会在教育学生的过程中浅尝辄止,即使遇到较大的困难,也不会抱怨学生或轻言自己无能。

2. 文化理解具有感情性

文化理解不仅需要适宜的感情做基础,而且文化理解本身就是一种感情。关于这点,可从如下方面分析:其一,文化理解需要亲情度,同时文化理解能增进亲情度。这是因为,文化理解可以帮助人们消除彼此之间的误解,使人与人之间的感情深厚起来。心理学研究证明了人际关系上的"得失吸引"(gain-loss attract),即在交往双方"一直肯定""一直否定""先肯定后否定""先否定后肯定"这几种情形中,"先否定后肯定"的吸引力最大。应该指出,"一直肯定"是没有否定的肯定,不是真正的文化理解;真正的文化理解是对理解内容正反两方面的全面把握,不是完全没有批评或否定,而是包含恰到好处的批评或否定。其二,文化理解,特别是善解人意呈现给人们的得体言行,使人赏心悦目。而且文化理解的主体在理解并宽容别人时,自己的内心也会充满良好的情绪,从而有益于身心健康。近年的心理学研究证明,实验对象在记仇、憎恨时,会出现心跳加快,血压上升的身体现象。相反,当实验对象心怀慈悲、原谅"仇人"时,心跳就会减慢。一个人如果总是去想新仇旧恨,时常活在不愉快的过去里,对健康肯定是不利的;相反,如果能理解别人并原谅其过错,就能舒缓自身的压力,充满正面的感受,这会有益于自己的健康。其三,真正的相互理解与自我理解都是一种赏识与悦纳。

3. 文化理解具有创造性

在某种意义上,文化理解是人的文化图式的改变,也就是创造。第一,文化理解的主体与对象都具有历史性(泛指特定的处境),两者之间的历史距离决定了任何理解都不可能做到完完全全地把握理解对象,这就意味着文化理解就是对理解对象的"视域"(horizon)的突破。如前所述,不论是理解者,还是理解对象(如文本等),都有自身的因历史而决定的"视域"。文本的视域由文字表达,理解者的视域由理解者已有的知识等铸成。把握文本的原意就是使这两个视域丝毫不差地重合,这实际上是做不到的(在这种意义上,前述的视界融合只能是特定意义上的)。

文化理解者能做到的往往是"不及"与"过之"。"不及"指理解没有达到文本要求的深刻性与全面性。"过之"是超越了原意,即文化理解达到的程度比文本要求得更深刻、更全面。这种"不及"或"过之"就是解释学中的对文本进行"误读"(不是错误地读,而是有差别地读)或"创读"。

第二,文化理解主体与对象都有个性,两种个性的差异性决定了文化理解的可能,如文本虽然从理论上讲有原意,但事实上,人们在理解它时,都是从自己的"前理解"出发,运用"假设—检验"等方法对其进行理解,因此在同一理解对象面前,不同的理解者往往会获得不同的理解。这是因为理解者把他们的前理解融进了文本之中。在这种意义上,有的后现代思想家认为文本由"作者带来符号,读者赋予意义",是读者再创造的对象。为了鼓励读者大胆理解,有的思想家甚至主张,文本没有原意。这种见解虽然耸人听闻,但也有一定的积极意义,因为当人们认为文本没有原意时,他们的思想束缚也就彻底解除了,创造性就会更加活跃。当然,文化理解观既不否定文本有原意,也不让学生机械地追求原意,而是要求把对文体的实读与创读结合起来。实读即常规性地实实在在地读,读懂文本的原意;创读即创造性地读,将自己的心意自觉地融入文本中,读出新意。

4. 文化理解具有实践性

从文化理解的定义我们可以看到,文化理解既是心理活动,又是实践活动。无论师生之间的理解还是自我的理解,最终都要见诸实践行为。因为如果脱离实践活动,作为理解对象的人所拥有的具体、真实、变化的语言和行为就会极大地减少(如同档案材料上的人);那么,他的整体文化道德修养与行为便难以把握,理解就会变得抽象、空洞和静止起来。可见,实践的理解才是真正的理解。换言之,心理或口头上的理解都处在非常有限的层面,不具有彻底性。好比口头上理解别人,而实践中却拒斥别人,这就是误解的表现,或者说是没有达成真正的理解。

文化理解观是一种教育道德观、发展观、创造观与实践观,是关于理解者自身与理解对象的生命意义在认识、感情和行为上共同实现的总体看法。归结到一点,只要有利于师生身心健康与发展,即使是"善意的谎言",也是理解。反之,如果不利于师生身心健康与发展,即使是"实话实说",也是误解。

第二章　基于文化理解的中学教育

从上一章内容中我们可以知道,中学教育的过程可以被视为一个文化理解的过程,另外,由于学生的成长过程是学生文化图式改变的过程,故也可以被视为文化理解的过程。本章,笔者将进一步论述中学生文化图式以及文化图式改变的特点,寻找文化理解与中学生成长的关系,从而得出基于文化理解的中学教育的基本规律。

第一节　中学生文化图式与当下时代的冲突

在上一章中,我们根据文化的性质与人特有的文化特征,提出了个体的文化图式这一概念。从中我们可以看到,人的文化图式由两个部分构成,其一是人在一定的社会文化背景下形成的个人的情感、价值观、信仰等内含的部分;其二是与这些内含的部分相对应的语言、行为习惯等外在的表现形式。在一个人的文化图式中,这两个部分一定是统一的。同样,根据这个定义,我们也清楚地看到,对于每一个个体来说,由于其生活在不同的文化模式中,又面对着不同文化图式的人,每个人的人生经历也不一样,故而不同的人,以及人生的不同阶段,其文化图式都可能是不同的。

一、人在不同时段文化图式的比较

中学教育的对象是十一二岁到十七八岁的青少年。这6年(上海为7年)是人由少年向青年的转变时期,也是其文化图式发展至完善的最关键阶段。

对于中学生来说,在十多年的成长过程中,他们基本形成了虽不成熟、但是属于他们自己的文化图式。虽然他们自身认知能力与心理成熟度等不足,但他们却开始以自己的认知(已有文化图式)去看待这个世界。他们认为自己长大了,于是开始尝试用自己的思想去判断外面的世界,但却总是发现,这个世界处处与自己作对。据《教育蓝皮书:中国教育发展报告(2018)》对青少年自杀年龄的统计发现,12—14岁是自杀率最高的年龄段。北京市对3 000名中学生做了一份调查问卷,其中在"对待父母的态度"这一项上,居然有56.28%的孩子选择了"极度反感或痛恨父母"。所以,我们经常看到一个现象:中学阶段的学生是最具有叛逆性的人群,中学时代也是自杀率极高的一个人生阶段。世界卫生组织首份关于自杀的报告——《预防自杀:一项全球要务》中提到,从全球来看,自杀是15—29岁人群死亡的第二位主要原因。

那么,为什么幼儿园、小学的学生这么听教师与成年人的话,而中学生却如此难教育呢?我们从文化图式这个角度对幼儿、儿童(幼儿园、小学)、青少年(中学)和成年人(大学)进行了比较研究,表2-1就是人在幼儿、儿童(幼儿园、小学)、青少年(中学)和成年(包括大学)三个不同时期文化图式的差异性比较。

表2-1 人在不同时段文化图式的差异性比较

学段	幼儿与儿童 (幼儿园与小学低年级)	青少年 (中学与小学高年级)	成年 (包括大学)
人的文化图式的变化	主要表现为外界文化对学生的影响,是学生个体文化图式逐渐形成的过程	学生已有的文化图式与外界文化模式以及他文化图式产生冲突,并通过文化适应实现个体文化图式的发展	主要表现为对外界文化的影响;当然,个人的文化图式还会受外界文化的影响而发生适应性变化

从上表中我们可以看到,人在幼儿与儿童阶段,其文化图式的形成主要表现为外界文化对学生的影响,这也是学生个体文化图式逐渐形成的过程。故而这个阶段的学生比较听话,而且总是以他心目中的优秀分子作为榜样,并努力追求。所以,在幼儿园和小学阶段的教育中,外在的因素非常重要。

通过十多年的人生经历,到了中学,学生的文化图式初步形成,学生已有的文化图式与外界文化模式以及他文化图式开始产生冲突,学生的发展也就是个体文化图式的改变。这对学生来说,是痛苦的;同样,对教育来说,也是困难的。而到了大学及以后,一方面,人的文化图式更为成熟与完善,主要表现为对外界文化的影响;当然,个人的文化图式还会受外界文化的影响而发生适应性变化。

另一方面,个体认知能力与心理素养的提升,使其能基于自己的文化图式对外界文化做出比较理智的判断,从而做出更有利于自己的决定。

由此我们可以看到,中学生的文化图式有以下几个特点:首先,个体形成了比较完整的文化图式,包括一定的价值观与行为习惯方式;其次,这种文化图式是不成熟的;然后,这种文化图式主要来自过去,而且这种过去又是不完整的;最后,基于前三个特点,面向未来,中学生的文化图式急需完善与发展。

二、中学生文化图式与外界冲突的比较

信息化社会之前,相对于小学生来说,中学生的文化图式与社会文化模式以及他文化图式也会发生冲突,但这种冲突是缓慢的、不激烈的,是一个渐进的过程,因为那个时代的社会文化模式的变化是缓慢的,甚至从人的生命周期也看不出其变化。同时,已有的知识与信息变化也很慢,人们崇尚学习昨天的知识为明天服务,等等。

而今天,学生们的外部环境已经发生了本质的变化,信息化导致人类社会的进步日新月异,人类积累的知识与信息更新速度太快,今天我们学习的知识与信息,明天也许就过期了。同样,信息化社会知识与信息的野蛮生长,也导致人与人、人与社会间的关系变得复杂且紧张。

同时,世界经济的全球化与互联网+时代的到来,推动了各个民族文化的融合加速。习近平总书记在联合国成立70周年之际,前瞻性地提出了"构建人类命运共同体"的战略倡议。"人类命运共同体"理念不仅提出不同文化的存在与动态互动的思想,同时也指出不同文化之间彼此相互作用,具有同等尊严,应受到相同的尊重,被视为人类共同的财富。

2015年,联合国教科文组织发布了成立70周年以来第三份重要的教育报告《反思教育:向"全球共同利益"的理念转变?》。这份报告提出了新的教育价值定位,即教育是全人类的共同核心利益,是实现"全球可持续发展"的关键。

因此,虽然现在强调教育的个性化,但是个性化并不意味着将个人孤立起来,教育应该是一个集体的事。有效的教育就是通过人与人(包括自己)、人与社会、人与自然界之间的信息与情感交流实现的,人是在此基础上完成自我建构的。这就必然导致中学生已有的文化图式与周边的人类文化模式以及其他个体的文化图式发生冲突。

为此,我们以信息化时代之前与当下信息化时代为不同的背景,对中学生的文化图式与社会文化模式的关系、本土文化与异文化的关系等各种文化相关的关系进行比较研究。我们发现,这些关系发生了巨大的变化。如表2-3所示。

表2-2 信息化时代前后各种文化相关关系的比较

变化的主要内容	信息化时代之前	当下信息化时代	结　果
个体间的文化图式	差异性较小	差异性增大	人与人之间理解难度增大
个体的文化图式与所处社会文化的关系	差异性较小	差异性增大	学生与社会文化之间误解变大
本土文化与异文化	几乎无关联	有所接触且无法避免	与异文化的冲突
学生文化图式与要学习的知识	今天的知识可为明天服务	学生文化图式与知识的时空差异	对已有知识的理解难度增加
人与未来社会	差异性小	差异巨大	学生对未来产生恐慌

由此我们可以得出一个初步结论:今天,中学教育有效性的重要问题是个体间的文化理解、个体与周边社会的文化理解。

三、中学生已有文化图式与教育目标的冲突

2018年9月,全国教育大会提出了我国教育必须把培养社会主义建设者和接班人作为根本任务,培养一代又一代拥护中国共产党领导和我国社会主义制度、立志为中国特色社会主义奋斗终身的有用人才。2019年3月,中共中央、国务院印发了《中国教育现代化2035》方案。我们仔细研究了这些教育文件与教育目标,结合现有中学生的文化图式特点,进行了比较分析,同样发现了当今中学生已有的文化图式与我们的教育目标之间的冲突。

表2-3 教育目标与中学生文化图式的冲突

教育现代化的主要育人目标	教育面对的问题
爱国情怀与优秀品德	学生已有文化图式与优秀社会文化模式的时间差异
合作能力	人与人之间文化图式的差异

续　表

教育现代化的主要育人目标	教育面对的问题
教育的时代性与创新素养	人们当下的文化图式与未来文化的冲突
知识见识与文化素养	学生现有文化图式与知识的时空差异
中外民心相通、文明交流	学生已有文化图式与异文化模式的冲突

表 2-3 列出了中国教育现代化的主要育人目标和面临的问题。由此，我们可以清晰地看到，教育有效性的重要前提与内容是文化理解。

从上面的论述中可以看到，当下，中学教育想要取得成功的一个重要前提就是实现文化理解，并让学生拥有文化理解的素养。

第二节　文化理解与中学生成长

在第一章中，我们提出了文化理解的概念及其基本特点，论述了文化理解和新时代教育的关系。上一节我们又讨论了中学生文化图式与当下时代的冲突，更加明晰了中学生文化图式的基本特性。在此基础上，本节我们将研究文化理解与中学生成长的关系。

一、从文化理解的角度看中学生的成长特性

从上面的论述中可以看到，一个人的成长过程，就是个体的文化图式在与其他个体的文化图式或社会的文化模式、知识结构图式及其背后的文化模式等接触、碰撞、交流时，个体不断改变自己已有的文化图式结构，以适应他文化图式或文化模式，并形成新的个体文化图式的过程。

如果我们深入去研究这个过程，从文化理解的角度看，中学生的成长有如下几个途径。

首先，中学生已经形成的文化图式是不成熟、不完整的，故从教育角度来说，我们必须让中学生的文化图式更加完善，既要与这个时代的要求相一致，又要符合其个性特点。这就需要我们教育者提供给学生碰撞、交流的文化图式是有利于学生完善自身文化图式的。

其次，学生文化图式的完善并不是一个被动的改造过程，学生不是被动地受影响而改变，而是主动地通过交流，吸收他文化图式或社会文化模式的优点，来改造自己的文化图式，从而形成新的文化图式。显然，在这个过程中，学生是发展的主体。

最后，在学生文化图式完善的过程中，除了保证学生的主体性，还应该保持他文化图式的主体性得到合理、充分的发挥，使两者保持相互的、一定的独立性与理解性，即保证主体间性的发展，从而保证双方的共同发展。

综上所述，从文化理解的角度来看学生的成长特性，学生的成长是受外界因素影响的，如社会生活文化，教师与同学，等等；但这种影响恰恰是基于学生的主动参与而发生的；只有这样的成长才是有效的。在这样的成长过程中，不仅学生自己的个性特点能够得到发展，而且也能使自己成为一个对社会有用的人，即成长为一个社会人。

二、基于文化理解的中学师生关系

仔细研究了文化理解的特点，我们再来看看文化理解过程中教师与学生的角色和地位。

1. 教师地位

从上面的论述中我们可以看到，文化理解中的教师地位发生了变化。教师必须从知识权威的神坛上走下来，否则，学校中只有单向的由教师的文化图式去影响学生的文化图式，彼此间的交流是不可能发生的。

仔细研究文化理解的内涵，结合教育实践，我们可以看到，在文化理解的过程中，教师是教育的主体，要为学生提供合适的文化图式或文化模式，促进学生文化图式的发展并与之碰撞、交流。故教师的主体性发挥不仅仅受到其自身认知结构与精神世界的影响，还必须要与其面对的学生的主体性保持理解、通融，最后消除彼此在认知、情感、行为上的误解，以达成共识。也就是说，教师在文化理解的过程中，既不能统治整个教育过程，也不能袖手旁观，任由学生自由发挥。教师既是组织者，又是合作交流者；既是学习的激发者，又是适时的创造者；既要为生命成长的艰难而呐喊，又要为生命成长的灿烂而欢呼……教师是文化理解过程中普通而又特殊的一员。另外，文化理解除了关注学生的生命成长外,同时也关注教师自己的生命成长。所以,在文化理解的过程中,教师不仅要转变自己在教育过程中的教育角色,教师自身的文化图式等也必须随着学生文化图式的发展而改变。这一点与信息时代社会的迅速变化也是一致的。

2. 学生地位

从文化理解的概念可以看到,在文化理解的过程中,学生是通过与目标文化模式(图式)接触、交流,逐步适应目标文化模式(图式),从而改变自己的文化图式。从中我们可以看到,文化理解将学生从强迫改变其文化图式的窘境中解救出来,让学生成为改变自身文化图式并获得发展的主人。从教育学的角度看,文化理解就是让学生成为认知和情感发展的主人。建构主义教育认知理论认为,知识主要不是通过教师的单向传授获得的,而是学习者在一定的情景和社会文化背景下,借助他人(包括教师和学习伙伴)的帮助,利用必要的学习资源,通过意义建构的方式获得的。文化理解则更进一步提出,学生文化图式的改变是学生主动通过与影响自身的他文化图式(模式)碰撞、交流,吸收他文化图式(模式)的有益成分,并最终与他文化图式(模式)达成和谐状态。

3. 师生关系

从中我们可以看到,在具体的教育教学中,文化理解提倡学生的学习应该在教师指导下进行,并以学习者为中心;同时强调了教育主体间性的作用。也就是说,既强调学习者的认知主体作用,又不忽视教师指导性主体的作用,更注重教育主体之间的交流与合作(主体间性作用)。教师是意义建构的帮助者、促进者、交流者,也是意义的重建者,而不是知识的传授者,更不是灌输者。学生是信息加工的主体,是意义的主动建构者,而不是意义的盲目追求者,更不是外部刺激的被动接受者和被灌输者。学生对知识意义的合作建构是整个学习过程的最终目标,基于这一目标,学习者并不是接受点滴知识并将它们储存在头脑中,而是从外部世界吸收信息,然后通过合作交流与自我省思建构自己的知识领域。在这样的意义建构过程中,学生的自主建构过程是一个相对自主的过程。在这个过程,学生与其他现实或潜在主体保持着合作、交流与理解。

从上面的分析我们可以看到,在教育中,文化理解既注重学生的主动发展,又注重学生间合作交往意识的提高;既认为学生是教育发展的对象,又主张教师也是教育发展的对象……因此,通过文化理解,师生的文化图式均会发生变化,而且这是由师生共同谋划与促进的。所以,师生是人生意义的共同构建者,同时也是师生新的文化图式的共同建构者。

第三节 基于文化理解的中学教育

根据对文化理解与中学生成长的内涵分析,我们可以看到,中学生的文化图式有四个明显的特点。

一是中学生经过了10多年的学习生活与社会实践体验,形成了比较完整的文化图式,即拥有了一定的人生价值观,也有了自己的人生理想等。同时,与内在的情感价值观对应的外在的行为方式语言等,也显现了一定的特性与稳定性。

二是中学生的这种文化图式整体上是不成熟的。由于中学生人生经历与学习的有限性,其形成的人生价值观与行为方式等依旧是不完善的,甚至是有缺陷的,更有甚者是偏激的。

三是中学生的心理具有一定的冲突性。由于他们形成了较为完整的文化图式,所以他们已经有自己的主张。他们具有了一定的自我学习与发展能力,他们认为自己已经长大了,不需要成年人整天在他们面前"指手划脚";在言行上,他们表现得很"叛逆"。故中学生时代,也是教育最困难的时期。

四是当下的教育还是以教师的主导为主,忽视了学生的主体性。故中学教育依然是低效的,特别是反映学生未来发展所需的核心素养是缺乏的。

基于文化理解的中学教育也正试图解决这个教育问题。

一、基于文化理解的中学教育的三大特质

根据文化理解的概念,中学生的发展就是其文化图式在与教育目标文化图式或社会的文化模式、知识结构图式及其背后的文化模式等接触、碰撞、交流的过程中,中学生不断改变自身已有的文化图式结构,以适应目标文化图式或文化模式,并形成新的个体文化图式的过程。这个过程也是中学教育的过程。我们把这样一种教育称为"基于文化理解的中学教育"。

这里的目标文化图示或文化模式就是指中学教育的目标与内容。

根据上面的定义,我们可以看到基于文化理解的中学教育具有如下性质。

第一,基于文化理解的中学教育认为,教育成功的基础是学生的文化图式要与成人世界或同伴的文化图式与文化模式发生接触,并开展交流与活动。在这样的过程中,中学生的文化图式会为了适应周边的文化图式与文化模式而发生改变。这种观念彻底改变了传统教育那种单向的传授方式,也对杜威的"社会即学校,生活即教育"的儿童中心论进行了合理的批判与继承。同样,在这样的过程中,为了适应学生的文化图式,教师文化图式的内涵也会随之发生变化。故基于文化理解的中学教育一方面突出了学生在教育过程中的优先发展地位,同时也彰显了教育过程是教师的发展过程,使学生与教师的发展都有了一个极好的平台。

第二,从基于文化理解的中学教育的内涵来看,在基于文化理解的教育过程中,学生的文化图式与周边的文化图式是在相互作用的过程中得以发展的;故在教育过程中,教师和学生既是个体主体,又是群体主体,他们的主体性应在教育过程中得到合理发挥。这样,主体性所具有的目的性、选择性、创造性和自我调节性才能得到发展。同时,教育主体性的发挥又受到其他主体的制约,这就是说,主体性发展的同时,主体间性也必须得以发展。这主要表现为主体间要保持和谐、理解,并最终达成共识。从教育功能的角度来看,主体性的合理发挥与发展必然会带来人的个性化发展;而主体间性的发挥与发展,又必然会带来人的社会化发展。从这个角度来看,基于文化理解的中学教育是一种比较"完美"的教育,兼顾了人的发展的各方面需求。

第三,根据文化图式的内涵,基于文化理解的中学教育不仅关注人与人之间的情感认同与发展,同时也注重对教育认知规律的探索(学生认知图式的改变);不仅关怀他人,同时也关怀自己(文化图式的完善)。基于文化理解的中学教育认为,情感的发展也必然推动认知的发展(文化图式内部诸要素相互作用)。同样,认知又是人情感发展的基础。所以,这样的教育既是感情的,又是认知的。同时,基于文化理解的中学教育本身是一种教育的创造,这种创造离不开主体间的交流,也离不开主体与被理解的事物之间的交流,故基于文化理解的中学教育中的理解既是创造,又是人所必备的素养。同样,对于提高学生的核心素养而言,这种基于文化理解的中学教育方式同样作用显著。

二、基于文化理解的中学教育助力学生发展核心素养的提升

随着时代的发展,人类教育开始走向面向学生发展核心素养的教育。那么,基于文化理解的中学教育对此有什么作用呢?

对于学生发展核心素养,现已形成共识的概念内涵主要是指:学生应该具备的、能够适应终身发展和社会发展需要的正确价值观、必备品格和关键能力。

21世纪初,美国就提出人类面对21世纪的信息化时代,应该具备三个方面的核心技能,如图2-1。

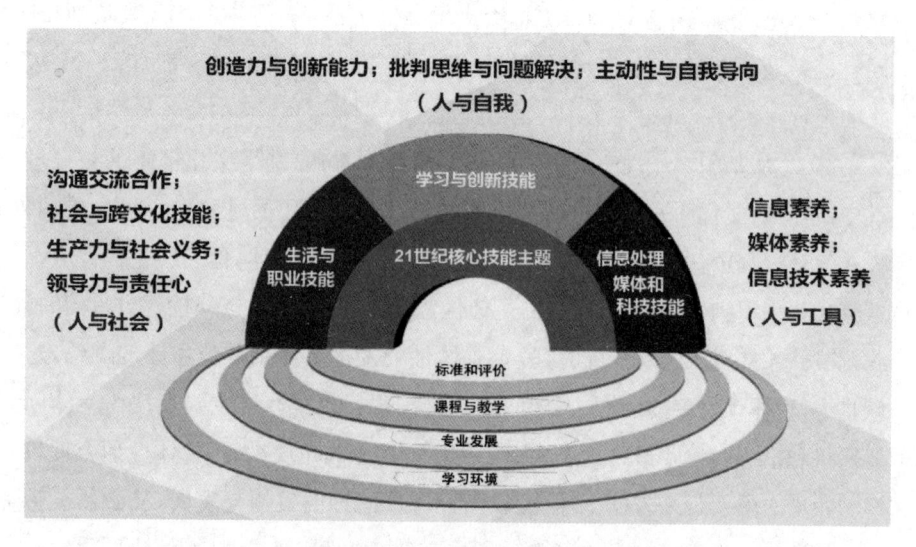

图2-1 21世纪核心技能

同一时间,联合国教科文组织(UNESCO)提出了信息化时代学生发展的五大支柱:学会求知(learning to know)、学会做事(learning to do)、学会共处(learning to live together)、学会发展(learning to be)、学会改变(learning to change)。

2016年,中国提出了自己的学生发展核心素养内容。下面是目前比较公认的基于学生发展核心素养的内容,包括三大方面。第一个方面是文化基础,包含人文底蕴(人文积淀、人文情怀、审美情趣)与科学精神(理性思维、批评质疑、勇于探究);第二个方面是自主发展,包括学会学习(乐学善学、勤于思考、信息意识)与健康生活(珍爱生命、健全人格、自我管理)。第三个方面是社会参与,

包括责任担当(社会责任、国家认同、国际理解)与实践创新(劳动意识、问题解决、技术应用)。从基于文化理解的中学教育的核心概念出发,我们来看看两者之间的关系。

基于文化理解的中学教育强调中学生原有的文化图式要与周边的文化图式、文化模式充分地接触、交流。在交流过程中,中学生不断改变自己已有的文化图式结构,以适应他文化图式或文化模式,并形成新的个体文化图式。

首先,这种文化图式的改变(完善)是中学生主动的,即在主动交流中不断完善自己的文化图式(当然包括认知图式),所以这样的教育一定能让学生学会求知、学会改变、学会做事;相比较而言,中国学生发展核心素养提升了学生的责任担当、自主发展素养,同样可用于提升学生的文化基础(适应周边文化模式的过程)。

其次,根据上面的讨论,在学生不断改善自身文化图式的过程中,还要与周边文化图式、文化模式的人和社会要保持相互理解,这样一来,其主体间性同时也能得到发展。这就预示着,在基于文化理解的中学教育过程中,学生不仅仅能学会认知与做事,而且能学会与他人共处。对照中国学生发展核心素养,这意味着学生学会了珍爱生命、健全人格、自我管理与理性思维、批评质疑、勇于探究等。

同时,因为基于文化理解的中学教育是一个不断改变原先文化图式的过程,故其一定是一个发展创新的过程,即提高学生的创新精神。由此可见,基于文化理解的中学教育一定会促进学生核心文化素养的提升。

下面,我们从德育与课堂教学两个维度来具体看看基于文化理解的中学教育的内涵与特点。

三、基于文化理解的中学教育之德育创新

美国教育家麦金太尔认为:"德性是人类后天获得的,内蕴于实践活动的各种好的性质、品质和倾向。"从这个角度来说,德育就是让学生获得美好德性的过程。而这个过程,从另一个角度来说,是学生通过道德构建,将人类积累的道德知识转化为自身德性的过程。

在传统的德育过程中,我们往往重视间接的道德知识,如文字、图片、音像、

实物等符号性道德知识的传输。但我们应该明白,当知识处于感官理性层次时,它只是一种信息。只有将这种信息与人的内在个性融为一体,进入人的无意识层面,它才可能成为人的一种道德品质。只有这种信念化的知识才可能成为生命的一部分。所以,只是让学生知道是非,是难以形成德性的;道德符号教育是低效的。道德认知(主要获得识记类及理解类知识)虽然是德育与学生形成优秀德性的重要渠道,但学生优秀德性的形成更多地依赖于美德体验的过程。

那么,基于文化理解的中学教育之德育呢?我们根据文化理解的理论,认为基于文化理解的中学教育之德育应该是:学生原有的道德文化图式与要接受的外来的道德文化图式或模式充分接触、体验、交流,从而促进学生自己不断改变自身已有的道德文化图式结构,以适应目标道德文化图式或文化模式,并形成社会与教育者所期盼的新的学生个体的道德文化图式的过程。

从这样一个概念中,我们可以清晰地看到,基于文化理解的德育绝对不是灌输式德育,当然也不是任学生自己在人类世界中去自由形成德性,而是让学生通过与优秀的道德文化图式或模式接触、体验、交流、沟通,自觉吸收这种道德文化模式或图式中有益的成分,改善或丰富自己原有的道德图式,使自己在德性上得到发展,从而更有利于自己在这个社会中的发展。与此同时,个体道德图式的形成反过来又会促进整个社会道德文化模式的丰富,促进他人道德图式的完善。

所以,基于文化理解的德育也是教师专业发展的过程。那么,这样的德育模式在真实的教育过程中又是如何表现的呢?

德育,简单来说,就是学生优秀德性的形成过程,也是成人世界希望学生继承人类优秀的道德品质的过程。当然,这样的过程,也是丰富现有世界美德的过程。

根据基于文化理解的德育思想,笔者认为,人类的道德文化模式不仅仅以符号性的知识存在,即人们看得见摸得着的优秀德性的故事、道德模范、美德要求等,它还有着更重要、更生动、更直接同时也是看不见的承载体——社会生活中的美德,这不仅是人类几十年乃至几千年传承的优秀道德(美德)符号,更是有血有肉的、充满生命气息的美德现象。虽然人类社会现象中蕴含的这些道德经验(知识)并非是学生自己的直接道德经验(知识),但这些社会现象就发生在学生身边。根据基于文化理解的德育理论,学生可通过观察、甚至深入体验这些社会现象,直接体会到这些生动的、丰富的、有效的道德经验(知识),并通过自己的道德建构使其成为自己的美德感性知识,进而通过自己的自主反思将其转化为自己的德性,也即形成新的美德图式。

在这样的文化理解过程中,想真正让学生形成优秀道德(美德)品质,教师需要向学生传授以文字、图画等为表现形式的、表面的美德知识,但最有效的方式应该是让学生在体验这类道德知识(即进入目标美德模式)的同时,成为德育的主体,教师可以通过与其交流沟通,帮助其主动反思、建构属于自身的美德图式。这个过程中,除了引导学生在自己的直接经验中实现美德品质的内化外显,教师还要还原隐含在书面道德知识中的间接道德经验,并让学生进入这些经验中,让这些道德知识成为学生内在的需求,进而促进学生在道德活动中养成道德品质。

根据基于文化理解的德育的基本思想,结合中国德育的实际,我们总结了有效德育的一些基本做法与经验,形成了如图2-2的基于文化理解的德育图解。

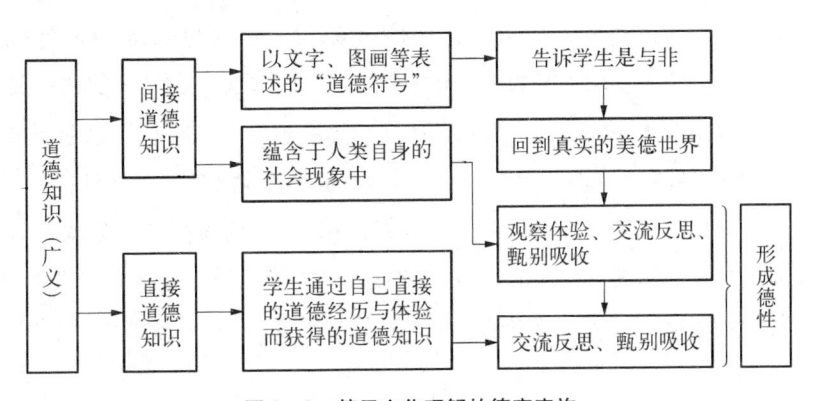

图2-2 基于文化理解的德育实施

当下我国流行的德育生活化,在基于文化理解的德育看来,确实可以让学生通过自己的直接道德经历与体验反思形成优秀的德性。德育生活化已部分解决了通过学生直接的道德经历与体验而内化的道德品质,外显为学生的道德行为的问题。但大量蕴含于人类自身社会现象中的美德,却并没有为学生所接触并内化为学生的美德品质、外显为学生的美德行为。为解决这一问题,我们从基于文化理解的德育思想出发,提出了基于理解的德育观:"德育不仅仅是道德符号的灌输,更重要的是真实美德的体验。"

从图2-2中我们可以看到,基于文化理解的德育还有一个非常重要的策略,那就是注重让师生有目的地用自己的眼睛去观察发现社会生活中承载当代美德的社会现象,并努力使自己进入这种现象,将自己作为这种现象的一部分,去体验、记录(用各类媒体)并反思这类现象,然后在课堂内以某种方式重现这类现象,引发师生深入讨论反思,从而促使学生自己选择、吸收,使其成为自身的优秀道德品质、外显为自己的美德行为。其基本过程是:发现美德现象—进入美德现象—记录美德现象—重现美德现象—反思美德现象—吸收美德—形成德性。

在这样的德育过程中,德育主体通过情感认同、价值认同、目标认同,自主进入蕴涵美德的社会现象中,在体验美德现象的同时,使自己成为德育的主体去反思、建构美德文化图式,在潜移默化中成长成才(形成美德)。例如,如果要弘扬"孝"这种美德,教师会先给予学生一个美德符号:"孝"就是要敬重长辈,让他们感受幸福;"孝"既要孝敬长辈又要忠于国家、民族,等等。然后让学生去社会生活中发现这种美德现象,并走进这种现象,使自己成为形成这种美德现象中的一分子。学生动用可能的手段和能力,反思、记录关于"孝"的美德现象,并在课堂上重现关于"孝"的美德现象及由此产生的感性认识与理性思考,与其他同学分享并引发其他同学对于"孝"的反思,进而形成关于"孝"的德性。

基于文化理解的德育不仅让学生理解美德符号,即美德的抽象意义,更让学生通过自己的发现、体验、反思吸收、传播等,零距离感受美德符号背后的理性智慧和情感体验,从而促进学生形成我们所期待的优秀德性(美德文化图式)。

四、基于文化理解的中学教育之教学创造

随着信息化社会的到来,当下的中学教育所关注的重点逐步由传统的、确定的、具体的知识技能转向不确定的、面向未来的核心发展素养。如图2-3所示。

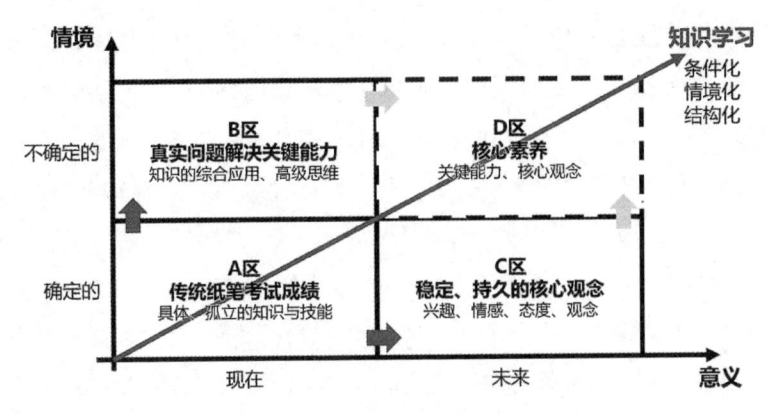

图 2-3　走向核心发展素养的教育路径

依据基于文化理解的中学教育思想，根据当下的教学特点，我们提出了基于文化理解的中学教学：通过让学生原有的知识文化图式与要接受的新的知识文化图式充分接触、交流，引导学生自己不断吸收新的知识文化图式，从而不断改变自己原有的知识图式结构，以适应新的知识文化图式，并形成新的、具有个体特征的知识文化图式的过程。

可以看到，基于文化理解的中学教学彻底抛弃了传统的自上而下的教学方式。这种教学也不再是具体、孤立的知识技能的传授，而是学生根据自己的认知文化图式，与要学习的新的知识文化图式进行充分的接触、交流（这是一个教师引导下的综合性的学习过程）。在这样的过程中，学生不断吸收新的知识文化图式的养分，并尝试着不断改变自己原有的知识图式，从而在教师的帮助下，建立起新的知识文化图式。通过这样的教学过程，学生最后获得的是整体的、结构化的知识，以及学习的方法、态度等素养。更重要的是，根据文化理解理论，学生获得了正确的价值观与学习的态度、情感等，这恰恰是当下课堂教学改革的精华所在。

近几年来，笔者在基于文化理解的中学课堂教学实践中，提出了如下三种基于文化理解思想的课堂教学方式。

1. 情境化教学

情境化教学主张让学生回到要学习的知识原先发生的那种环境或模拟情境中去。

裴斯泰洛齐在《葛笃德如何教育她的子女》一书中提出了知识的三个来源：

第一个来源是大自然本身。大自然为我们人类提供了"一切作用于我们感官的事物"。第二个来源是人的感觉印象的能力。感知能力是人的自然本性,这种能力在"好奇心"的刺激下可以促使人们学习和认知。人可以通过感官感知知识之树的无穷魅力,借此完成任何一项学习,并获得知识。第三个来源是"学习能力与外界的关系"。环境是人的知识的来源,人"只是学习世界中一切现实存在事物的自然面貌",因此,人所生活的环境决定了人学习知识的方法和知识量的多寡[①]。

所以,人类的知识是人类在改造自然、认识自然、探索自然规律的过程中形成的。在皮亚杰看来,个体的知识就是个体在与环境交互作用的过程中逐渐建构的结果。基于文化理解的中学教育思想认为,学生的新的知识文化图式就是个体在与新的知识文化图式进行碰撞、交流的过程中自我建构起来的。

所以,对于学生而言,最有效的学习方式就是让他们回到要学习的知识原先发生的那种环境或模拟情境中去。

笔者曾在上海外国语大学闵行外国语中学同一个班级听同一位语文教师上了两节课。其中一节是《苏州园林》。在这节课上,师生对话流畅,学生学习积极,学生回答问题富有独特见解,课堂异常活跃;另一节课是《晋祠》。课堂沉闷无味,师生对话断断续续,学生基本上按课文与教师的暗示来回答问题。

同样的教师与学生,几乎同样的课型,为什么会出现如此大的反差呢?

其实是因为苏州园林就在上海学生的身边,甚至可以说,他们是从小就在苏州园林里玩着长大的,当课文《苏州园林》带他们回到曾经的苏州园林中,就会激起他们无限的亲切感与遐想。而《晋祠》是北方园林的代表,对生长在南方的上海学生来说,是非常陌生的,他们无法与陌生的"晋祠"发生对话。所以,我们首先应该做的是,在孩子们的成长过程中,让他们"行万里路",拥有尽可能多的人生经历;其次,在课堂教学的过程中,我们应该设计好教学中的重要一环,即让学生回到他们要学习的知识原先发生的那种环境或模拟情境中去。

图2-4是几年前,笔者在美国伊利诺伊州理科高中附属的初中听课时拍的一张照片。那天,该中学的一名物理教师带着该校初中部一个班的学生来到科学实验室上课,教学的内容是"声音"。该教师首先让学生自由分组(每2—3

---

① 吴金瑜.200万分钟教育对话[M].上海:上海交通大学出版社,2012.

人一组),然后让学生"玩"两端固定、长约 1.5 米、直径约为 10 厘米的弹簧,要求找到其中典型的物理现象并记录。学生们"玩"了大概 9 分钟后,任课教师就让学生就自己做的实验各抒己见。大多数学生踊跃发言,并时不时听到学生间的争辩。最后,教师引导学生得出其中的一个结论:"两端固定的弹簧在受到扰动后会在两端间发生振荡。"这么简单的一个结论,值得让学生花 20 分钟去"玩"、去对话吗?如果是中国的教师,对这样的知识点会怎么教学?

图 2-4 美国学生在实验室做"声音"实验

在中国,大多数的物理教师不会这样做,更为普遍的做法是:老师会在讲台上布置一根两端固定的、可视性很高的弹簧,首先是自己或请学生上讲台做一下让弹簧振荡的实验,然后问学生看到了什么物理现象,再与学生一起总结实验,得到结论,即"两端固定的弹簧在受到扰动后会在两端间发生振荡"。这个过程,我们中国教师可能只需要 2—3 分钟,余下的时间会让学生进行变式训练与实际应用。

这两种课堂教学方式各有什么特点?

美国教师让学生回到"两端固定的弹簧在受到扰动后会在两端间发生振荡"这个物理观念发生的地方,让学生探索,让学生反思,最后获得知识,故美国的学生尽管花了 20 分钟,但他们获得了物理的核心学科素养:物理观念、科学思维、科学探究、科学态度与责任。中国的教师只用了 2—3 分钟,节约了时间,在教师设计的情境中,也让学生获得了物理观念、科学思维方式,虽然这两种素养已足够应对用笔与纸来完成的高考,但由于学生没有进入相应的情境,故他们也没有获得反映未来学生创新与创造能力素养的科学探究、科学态度与责任。这对我们下一代的发展,以及祖国未来的发展均是不利的。

2. 项目式学习

项目式学习(project-based learning)又称"基于项目的学习",也就是人们常说的 PBL。中学阶段的项目式学习是基于真实情景、问题驱动的项目式学习。这样的项目式学习可以分为两类,第一类是学科项目式学习,即这类 PBL 涉及的主要知识技能是某一门学科。但一定要注意的是,学科项目式学习不是学科的活动化,而是学科核心知识在情境中的再建构与创造。第二类项目式学习是跨学科项目式学习,顾名思义,其跨越了不同学科,并要用到不同学科的知识技能,故这类项目式学习是高中学段主要的项目式学习。要注意的是,跨学科项目式学习不是学科的糅杂与拼盘,而是运用两个或两个以上学科的知识,综合地解决问题。

从项目式学习的特征我们可以看到,项目式学习是核心知识的再建构,重点是创建真实的驱动性问题和成果,用高阶学习包裹低阶学习,并将素养转化为持续的学习实践。所以,项目式学习实现了从过去传统的"3R",即阅读(reading)、写作(writing)、算术(arithmetic),到今天项目式学习的"4C",即批判性思考(critical thinking)、沟通(communication)、合作(collaboration)和创意(creativity)的飞跃。

从基于文化理解的中学教学来看,项目式学习就是让学生回到知识发生的地方,即让学生已有的知识文化图式回到这些知识发生的社会现象中去。这样的学习必然会使得学生已有的知识文化图式与隐含这些知识的社会实践文化图式发生猛烈碰撞,学生的知识文化图式同时也会在交流的过程中不断发展并尝试去改造世界。

如上海外国语大学闵行外国语中学的 STEAM 课程中,就主要以项目式学习的方式推进。其中的"未来之城"项目,就要求学生以团队为单位,通过项目制的学习方式,设计一座未来 100 年后的城市,最终,城市设计过程和成果通过项目计划书、城市描述论文、城市物理模型、展示答辩和虚拟城市报告五种方式呈现出来。组委会发布不同的城市挑战主题,如人口老龄化、能源危机、交通困境、垃圾分类等与现代城市和社会息息相关的问题,要求学生在城市设计中重点考虑针对挑战主题的解决方案,解答当今世界的核心问题——如何通过我们共同的努力,让世界变得更美好。

要想完成这样的一个项目并在众多的作品中脱颖而出,绝非单学科知识所能实现,也非个人之力可以企及,学生们必须综合物理、化学、地理、政治、美术、跨文化理解、语言表达等学科知识,这会充分考验团队的批判性思考能力、合作沟通能力、创意能力、信息技术和数据资源获取能力、动手能力、公众场合演讲能力等。该项目打破了班级、年级的界限,打破了学校各社团不相往来的局面,也调动了各学科教师的积极参与,不仅仅是对学生来说收获很大,对于参与其中的教师来说,也是触动很深。

同时,对照学生发展核心素养的内涵,我们不难看到,这样的项目式学习将大大提升学生发展核心素养,也有利于培养学生的创新思维,从而高效地实现我们的中学教育目标。

3. 基于单元设计的教学

上面的论述中我们提到,传统的课堂教学给了学生可以用笔纸等工具表达的孤立的、具体的、稳定的知识与技能。而今天,我们希望学生不仅仅有扎实全面的"双基"(基础知识和基本技能),更重要的是获得可持续发展的核心素养,也就是说,学生获得的知识是结构化的,而且他们的学习方式主要表现为高阶学习。这一点要如何来实现?基于单元设计的教学是实现这种突破的好方法。

基于单元设计的课堂教学中的"单元"包括两个方面,其一是知识单元,即有一定关联的知识组成的单元,如数学中的"一元一次方程"就是一个单元;其二是学习单元,即主要是相近的学习方法组成的单元,如物理中的"理想模型"。

由此我们可以看到,基于单元设计的课堂教学具有"结构性、整体性、情景性、实践性、发展性、反思性"等性质。基于单元设计的课堂教学的实现,就能很好达成新课标的教学目标。

我们再从基于文化理解的角度来看这种教学方式的本质。其实,我们仔细研究基于文化理解的内涵会发现,其最重要的是让学生自己的知识文化图式与外界的知识文化图式相互交流,从而改变自己原有的知识文化图式,并形成属于自己的新的知识文化图式。这个过程最本质的要义就是知识的整体性与结构性，这会促进学生架构起结构化的知识文化图式，否则就无图式可言。

下面以一则课例加以说明。

【课例】

上海高一语文第二册第一单元的主题为"平凡的人"，由《项链》《一碗阳春面》《老王》三篇课文组成。这一单元的前两个教学任务是"语言建构与运用"（文学小说）和"思维发展与提升"（对话与写作），通过整体架构的、精彩的语文课堂教学，这两个任务是不难实现的，但思维发展与提升要有感而发，特别是"审美鉴赏与创造"（平凡人的不平凡）、"文化传承与理解"（尊重感恩平凡的人）"在课堂上是很难实现的。

为此，我与当时的语文教师吕老师商议决定，在完成这个单元常规课堂教学的基础上，让该班学生用一个月的时间来完成一份"长作业"：到生活中去，寻找他心目中的平凡人；并深入去了解这位平凡的人，与他（们）一起生活，一起对话，体会他（们）的感受，记录他（们）的平凡，作出自己的反思，形成基于这些平凡人的文学小作品。

在这份作业完成后，语文教师组织学生召开特殊的分享会，分享他们心中的平凡人。下面，我们来分享其中一位学生的感受。

卖菜的老奶奶

在一个早春的下午，依然寒冷，这位老人如往常一样拉着一车的蔬菜去市场上卖。

老奶奶说，她没有什么经济来源，孩子们在外打工过得也并不宽裕，虽然年纪大了，但能靠自己，就不要去麻烦孩子们了。所以独自生活的她就靠卖自己种的蔬菜来维持基本的生活。

她满脸的沧桑告诉我，她生活得很艰辛，她的生活并不如意，但与她谈话时，她透露出的却是豁达、乐观与坚强。

图 2-5 卖菜的老奶奶

基于文化理解的中学教育理论与实践策略

她身上的那种精神深深地感染了我。她是那么地平凡，她的生活是那么地艰辛，可是她是值得我们尊敬的！

　　在感动与尊敬之余，她又是那么地让人心疼。当我想去帮助她时，我犹豫了，我不知道自己贸然地进入她的生活是不是对的，我不知道我微薄的力量是否真的能帮到她，但我想我首先必须做到的是尊敬她，尊敬我们身边每一个人。

　　当学生分享自己心中一份份让人感动的"平凡的人"的案例时，我不由地问自己：这样的课堂教学能引起学生与课文的共鸣吗？这样的课堂教学能激起我们学生对中华传统美德的崇敬吗？这样的课堂教学能引发学生对语文乃至文学的热爱吗？这样的语文课堂教学能给学生带来高分的作文吗？答案是——都能！

　　也许，这就是语文课应该培养的学科素养。

第三章　基于文化理解的学校课程建设

教育的意义并不仅仅在于让学习者获得一堆知识，更是要让他们通过学习不断地实现自我发展。目前，教育的责任在于：一是通过结构和方法的适当组织，帮助人们在一生中保持学习的连续性；二是通过各种形式的真正意义上的自我教育，使人成为自身发展的对象和手段。

传统教育往往强调知识的获取，而忽视其他能力的培养。在新世纪，教育的挑战是确保每个人都能拥有保证其实现终身发展所必要的核心素养，并能作为一个公正、负责的个体行事。教育的基本任务是确保所有人都具有思考、判断、情感和想象的自由与能力，从而发展自己的才能，并尽可能地掌握自己的生活。面向二十一世纪，教育的四个支柱是要让学习者学会求知、学会做事、学会共处和学会生存。基于此，世界各主要国家或国际组织都提出了面向青少年未来发展的核心素养要求，我国也于2016年发布了《中国学生发展核心素养》以及在此基础上更加具化的《普通高中各学科核心素养》，进而开始推进新一轮课程改革及中考、高考改革。

无论是教育的四个支柱目标，还是青少年发展核心素养的培养，都必须通过立体、多样、富有特色的课程体系来实现，因此课程构建、实施与不断的完善成为学校发展的首要任务。基于文化理解的课程源于后现代课程观，它聚焦于学生的终身发展，能够更好地实现教育的意义。本章将从基于文化理解的学校课程建设的基本思想与原理出发，以上海外国语大学闵行外国语中学（以下简称"上闵外"）和上海市虹桥中学的课程建设为例，探讨如何进行有效的基于文化理解的课程构建与实施。

第一节　基本思想：聚焦人的现实生活和未来发展

课程观的演进是沿着向人回归的道路展开的，从根本上说，课程观的转向实质是向完整的人及其完整的生活的转向。课程观的历史演进表明,课程观的转向是沿着人的未来生活——人的现实生活——人的现实生活和可能生活的沟通这一道路展开的[①]。因此,基于文化理解的课程建设基本思想既聚焦人的现实生活,又聚焦人的未来发展。

一、课程的定义

对于"课程"的定义,历来众说纷纭,教育实践工作者、理论工作者以及研究者基于不同的出发点,从不同的研究角度阐述了他们对"课程"的理解,但并没有一个终极真理式的定义。

中文里,"课程"一词古已有之。据考证,"课程"一词在我国最早大约出现在南北朝时期翻译的佛经中,指小和尚学习诵经功课规定的期限、分量和内容等。北宋时期,"课程"一词被理学家朱熹借用过来指称功课及其进程,而这个用法也是当前许多人对"课程"的基本理解。从词汇构成来说,"在我国古代,'课'在教育方面的意思主要是按规定的内容和分量讲授或学习并加以考核试用,'程'在教育方面的意思多指学习的进展安排,因此'课程'的基本含义是人们预定分量、内容和步骤并据以刻苦努力地阅读、讲授、学习和作业,同时伴有严格的考察。缘此,权威的《汉语大词典》将'课程'的含义解释为'有规定数量和内容的工作或学习进程',并由此义进一步将之限定为'特指学校的教学科目和进程'"[②]。

与中文"课程"一词相对应的英语单词是 curriculum,据英文权威词典《韦氏词典》的考证,curriculum 一词最早出现于 1824 年,源自拉丁文词语 currere,它既可作为名词也可作为动词使用。作为名词,其含义为"跑道",因此课程就是为不同学生设计的不同轨道。在《韦氏词典》中,curriculum 的释义为"一所教育机构所提供的所有课"(the courses offered by an educational institution)和"构成一个专业领域的所有课"(a set of courses constituting an area of specialization)。而这一解释在各种英文词典中都很普遍,如权威的《牛津英文词典》(Oxford English Dictionary)中也是这样解释的。这一含义也是传统课程

[①] 郭元祥.课程观的转向.课程·教材·教法[J].2001(6).
[②] 胡乐乐,肖川.再论课程的定义与内涵:从词源考古到现代释义[J].教育学报,2009(2).

观中最被认可的一种定义。在传统课程观中,"课程"是学校提供的一套成体系的、完整的教学计划及其内容。广义上来说,"课程"是指学校提供的一套成体系的、完整的教学计划及其内容;是学生所应学习的学科总和及其进程与安排。狭义上来说,课程也可以指某一门学科及其教学内容、教学活动方式的规划和设计。

而随着教育研究和课程研究的不断发展,这一传统视角下的定义被越来越多的学者所批判和质疑,"currere(奔跑)"作为动词的含义逐渐被更多的学者所采用。杜威将经验(experience)的概念引入课程定义之中,这一理解下的"课程"将着眼点放在学习者个体认识的独特性和经验的自我建构上,强调课程的生成性、动态性、过程性和个体性等,因而产生出一种完全不同于传统课程观的课程理论和相应的课程实践。

二、课程观与课程

所谓课程观,是指"人们对课程的基本看法,具体来说,课程观需要回答课程的本质、课程的价值、课程的要素与结构、课程中人的地位等基本问题。课程观支配着课程设计、课程实施,影响着学生发展"[1]。不同的课程观决定了不同的课程价值取向和不同的课程思维方式,并直接影响到课程的不同存在形态。随着社会历史文化的不断发展、变化,人们的课程观也在不断地发展、变化、丰富着。基于不同的时代特点、实践背景、价值取向和哲学假设,人们关于"课程"的认识、理解和阐述也是多种多样的。

(一)现代课程观:现代意义的课程观大致经历了三个不同的发展阶段[2]。

1. 农牧社会时代的知识本位的课程观:"课程即教材",其代表人物是夸美纽斯。在当时的社会阶段,社会生产力低下,人类积累的文明成果有限,完全可以浓缩在几本书(教材)里。这种课程观认为,学校教育的任务是应该把人类生活所需要的全部知识教给儿童,而将这些人类积累的文明成果传给下一代的载体就是包含这些知识的教材。因此在这种课程观的指导下,知识就是教学的核

---

[1] 郭元祥.课程观的转向,课程·教材·教法[J].2001(6).
[2] 吴金瑜.基于理解的学校教育[M].上海:上海交通大学出版社,2019.

心内容。

2. 工业社会时代的活动本位的课程观:"课程即活动",其代表人物有卢梭、杜威等。卢梭强调教育必须顺应儿童天性发展的自然历程,即遵循儿童身心发展的特点,同时还要尊重儿童的个性特点。从培养自然人的目的出发,卢梭强调了劳动教育,视劳动教育为培养新人不可缺乏的途径。这种强调儿童是教育主体的思想,开辟了现代教育理论的先河。在卢梭的理论中,课程主要是孩子们的活动而非书本教材。

杜威吸收了自然主义教育家的一些思想,提出了课程即活动的思想。杜威认为最好的教育就是"从生活中学习""从经验中学习"。教育就是要给儿童提供保证他们生长或充分生活的条件。他强调学校应该"成为一个小型的社会",应该呈现儿童现在的社会生活;同时校内学习应该与校外学习连接起来,两者之间应该自由地相互影响。因此,杜威主张让学生在实际生活中学习,提出教育即生长、教育即生活、教育即经验,在做中学,提倡儿童中心、经验中心、活动中心,认为课程就是活动。

3. 电气化时代的经验主义的课程观:"课程即经验",其代表人物为提出了著名的泰勒原理的美国著名教育学家、课程理论家——泰勒。这种课程观的提出始于20世纪20年代,西方社会进入电气化时代,知识呈爆炸式增长,人们无法像过去一样,以今天与昨天的知识为明天服务。由此,现代课程之父泰勒提出:教育要提供满足学生发展需求的学习经验。他还强调学生是课程的主动参与者,是学习活动的主体;教师的职责是构建与学生能力和兴趣相适应的各种情境,以便为每个学生提供有意义的经验,而非居高临下地、单一地为学生提供教材。在此基础上,泰勒提出其著名的课程原理,即课程的全部内容应围绕着"确定教育目标""选择学习经验""组织教育学习经验""评价教育结果"进行。这一原理正确反映了课程的基本特点与课程开发的规律,一旦社会、学校、师生的需求发生变化,我们只需在各自的层面按"制定目标—选择学习经验—组织学习经验—评价教育结果"的原理来开发课程。泰勒原理在课程开发上至今仍然有着重要的指导意义。

(二)后现代课程观:以开放、动态、关注过程为特点。进入20世纪90年代,人类社会的发展步入信息时代,以多尔为代表的一批学者提出的后现代课程观逐步兴起,并影响着各国学者及教育工作者对课程的理解和实践。

多尔将皮亚杰的生物学观点"个体发展的'平衡—不平衡—再平衡化'"模式思想嵌入课程里,认为"课程像生物学一样具有复杂性和网络关系,不再局限于狭隘的定义和简单的预设;课程要走出现代主义的封闭系统,走向多元开放的系统,同时要促进学习者的自组织学习并加深这一学习的可能性"。在吸收了普利高津的自组织与耗散结构理论,量子物理中"混沌理论"的精髓,杜威的实用主义课程论以及怀特海的过程观点的基础上,多尔根据自己的研究,提出了后现代课程的四个基本标准——丰富性(richness)、回归性(recursion)、关联性(relation)和严密性(rigor),即 4R 原理[①]。

1. 丰富性

所谓丰富性,就是指课程在广度和深度上应该足够丰富,并且不断促进意义的形成。为了促使学生和教师发生转变,课程应具有"适量"的不确定性、异常性、无效性、模糊性、不平衡性、耗散性,借助生动的经验,让学习者在学习的过程中不仅可以与课程对话,同时也能与课程中的参与者对话,促使其能够快速理解与吸收所学的知识。

2. 回归性

回归性强调教师对研究和教学的一种反思过程,即教师通过与环境、与他人、与文化的反思性相互作用形成自我感的途径或过程。与现代主义课程观所体现的封闭框架中的"重复"不同,多尔认为"回归"是一种有关思想的"圆状"环形运动,人类通过将思想回转到自身的这一过程,体会到创造的意义。在提倡利用回归性的课程中,对于课程目标的制定没有固定的起点和终点,即这一目标的起点是上一目标的终点,这一个目标的终点又将变成下一目标的起点,如此循环往复。通过这样反复、多样的思考,学生对于所学知识的理解就会变得更加深刻。在回归中,对话则成为必要条件;没有对话,回归就变得肤浅而无转变性,那将不是反思的回归,而只是单纯的重复。

3. 关联性

"关联"的概念对于后现代课程有两个方面的意义,即教育联系和文化联

[①] 孙玛利.多尔的后现代课程观述评[J].青年时代,2017(6 下).

系。教育联系离不开课程中的观念、文本、教师、学生、媒体等诸多因素的互动，这种互动会组成庞大的网络，其焦点在于课程结构的内在联系，通过行动以及反思，使课程随时间的推移而变得愈加丰富。文化联系指课程之外的文化或宇宙观联系，强调描述和对话是解释的重要工具。通过文化联系，在课程设置中，教师可以从自身原有的知识结构中分离出来，以一个更为广阔的视角建构课程。由此形成的网络化知识体系一方面有利于学生掌握知识的内在联系，培养系统的内在逻辑思维意识；另一方面，在该课程理论的指导下，学生所习得的知识也将是条理清晰与结构完整的。

4. 严密性

多尔所说的严密性不同于现代课程观框架中的学术逻辑、科学观察和数学上的精密性，而是包含着"不确定性"和"解释性"。"不确定性"意味着有目的地寻求选择方案、关系和联系，即在学习研究的过程中，一个正确观点的提出并不意味着学习或研究的终结，相反，学习者应该尝试找寻更多的方法，有计划地将这种观点纳入更多的问题情境中，提升问题解决能力。所谓"解释性"主要指通过自觉主动地寻求多种假设，同时也要特别注意多种假设条件的可能性，以促进学生进一步阐述出多种假设之间的关系。因此，在后现代主义课程观的指导下，学生能够主动地对学习内容进行深入思考，从而提升其发现问题、解决问题的能力。

由于后现代课程观主张课程是开放性、动态性和过程性的统一，课程目标是具有生成性的，因此制定出的课程目标绝不应该是一成不变的。课程建构要不断接收课程实施过程中教师和学生的反馈，及时对课程进行动态调整。

后现代课程观的课程内容是从"封闭"走向"开放"的，是丰富多样的，同时也应该具备一定的启发性。正如我国当前进行的新课程改革所提倡的那样，当下的课程首先要打破传统学科的界限，加强学科之间的联系，促进各个学科的融合发展；其次，应当丰富学习内容，加强学生所学知识与社会生活之间的联系，使其能将所学的课堂内容向生活中延伸、应用，进而提升学生在现实生活中的问题解决能力。

在后现代课程观的课程中，师生关系从"服从"走向"民主"，教师角色发生转变。良好的师生关系有助于形成良好的课堂氛围，保证教学活动的顺利开展,是课程得以有效实施的重要保障。然而在传统教学过程中,教师居于主体和权威的地位,拥有"话语权",教学活动是单向的、独白式的,是由教师到学生的简单线性过程,教师仅充当文化传递者的角色,而学生则扮演被灌输者的角色。这样的师生关系极易造成师生之间的冲突,同时限制学生的思维发展,从而也制约了教育的效果。多尔在后现代主义课程观中提出要建立一种"和谐、民主、平等"的师生关系。教师成为课堂的组织者、引导者,而不再仅仅是教材的讲读者、知识的传声筒;学生也不再是知识的存储器,而是积极主动地参与到课堂中来。师生之间能够通过对话、交流、协商的方式,共同营造一种探究式的教育过程与氛围。教师不再仅仅是课程的执行者和实施者,还应该是课程的研究者与开发者;教师也要创造性地开发教学过程,使教学成为一个动态的、多方交流的、发现和发展知识与文化的过程。

传统的课程评价注重甄别与选拔,严重忽视了学生的自身发展,而后现代课程观的评价则是动态、开放的,是创造性的而非总结性的。当前新课程改革倡导综合评价,强调评价要关注个体的进步和多方面的发展潜能,要促进学生的全面发展;要建立多元主体共同参与的评价制度,重视评价的激励与改进功能,这也是符合后现代课程观的。

三、基于文化理解的学校课程

课程是教育思想、教育目标和教育内容的主要载体,集中体现国家意志和社会主流价值观,是学校教育教学活动的基本依据,也是学校实现其教育目标的基本途径,直接影响人才培养质量。华中师范大学郭元祥教授认为,知识、社会、人是制约课程的三个基本要素,但其核心是人。如果知识和社会要素脱离了人,脱离了人的生存状态和人的生活,那么课程也就失去了其本身的意义。

(一)教育的意义——帮助人的发展

根据法国学者雅克·多洛雷斯(Jacques Dolors)向联合国教科文组织(UNESCO)提交的二十一世纪国际教育委员会报告,教育有四大支柱:学会求知、学会做事、学会共处和学会生存。

学会求知(learning to know),意味着通过培养自己的注意力、记忆能力和思考能力来学会如何学习,以从教育提供的机会中终生受益。我们的知识越广泛,就能越好地理解环境的不同方面。然而,知识五花八门,几乎可以无限发展,任何试图了解一切的努力最终都是无意义的。因而这种学习更多的是为了掌握认识的手段,学习思考的过程是一个终生的过程,并可以通过各种各样的经验得到加强。

学会做事(learning to do),意味着教育的目的不仅是要教会学生知识,更重要的是要教会学生实践自身所学的知识。

学会共处(learning to live together),意味着学会与他人一起生活,这种学习可能是当下教育中非常缺乏的。教育的任务之一是向学生传授人类的多样性,并使他们认识到人的相似性和相互依存性,要学会从他人的角度看待事物,了解他人的反应。因此,在课程中应留出足够的时间和机会,让学生从小参与合作项目,更多地参与体育和文化活动,参与不同的社会实践活动。

学会生存(learning to be),教育应帮助每个人全面发展——包括身心、智力、审美和精神方面,教育应该帮助学习者发展自己独立的、批判的思维和判断方式,以便他们能够在不同的情况下决定最佳行动方案。

在此基础上,UNESCO 于 2003 年提出了信息化时代学生发展的五大支柱,在此前四大支柱的基础上增加了学会改变(learning to change)。人类社会的发展是动态的,大到国际格局、国家政策,小到我们生活的社区、工作的职业、身边接触的人,时时刻刻都在发生着变化,因而人在学习成长过程中要能够接受改变、适应改变,进而主动寻求自身的积极改变乃至引导周边的人、环境甚至社会的改变,承担起自身作为社会一份子的责任和义务。用文化理解的理论对这一点进行阐释,即具有自身文化图式的个体要学会以开放、包容的态度与其他文化图式以及自身所处的文化模式进行交流、沟通,逐步达成理解、融合;一方面改变自身的文化图式以适应所处的文化模式,另一方面也通过自身的文化图式改变他人的文化图式甚至是所处的文化模式,从而达成更好的生活。

(二) 基于文化理解的课程——聚焦人的发展

1. 基于理解的课程

为了培育当今社会所需要的人,应科学开发这种教育所需要的基本课程,学生与教师应该成为教育和课程的主人,课程既是目的,更是手段与过程,学生也应该成为课程的一部分,某种具体的课程内容只是学生要理解的符号读本,课程更主要的内容是学生与教师的解释。这就是基于理解的课程所具有的特征。①

基于理解的学校课程研究不是沿着"归纳—演绎"的路径发明课程开发的模式并控制课程的,而是从不同"视域"理解课程、建构课程的意义,因而是多元主义的。基于理解的课程不是固定不变的课程,而是随着社会与生命的发展不断生成的课程。如对某一文本的理解,理解者的理解"视域"时刻发展着变化,故无论从横向还是纵向来看,这种理解都是随着生命与社会的变化而变化的,而且这样的理解又是在一个群体的交流过程中完成的,因而也随着群体生命的发展而发展。所以,在这种基础上形成的课程一定是具有生成性的课程,像生命一样,是不完备的课程,而且它永远不可能是完备的课程。

2. 基于文化理解的课程

在教育过程中,从文化理解的角度来看,学生的成长就是其已有的文化图式在与他所接触的其他新的个体文化图式或社会文化模式相适应的过程中,经过一定的整合或融合,形成属于其自身新的文化图式的过程,这也是个体发生改变或发展的过程。而作为培养学生成长主要载体的课程,则必定是学生已有的知识文化图式与学校所提供给学生的"课程"充分交融后,学生从不同的"视域"去理解课程、建构课程的意义,从而丰富发展其原有文化图式的过程。因此,基于文化理解的课程是学生对于"学习内容"的理解和重新建构,在文化理解的背景下,课程不应再受限于分门别类的"学科"和教材,而应该是多元的、动态的,是随着社会文化模式与师生个体的文化图式的发展不断生成、变化的。

根据文化理解的定义与中学生教育过程中文化图式变化的特征,在学校教育中,营造一个积极良性的教育氛围至关重要。中学阶段的孩子,正处于心理意识中的成人感和外在行为上的幼稚感并存的时期,这也是个体构建自身知行同一性的关键时期。通过学校教育,使学生在自己的文化图式中,稳定构建核心素养视角下的必备品格和关键能力,真正达成知行的同一性,这是学校教育的使命与初衷。

当下中学教育面临的几个主要问题和挑战是:(1) 人与人之间关系的挑战;(2) 学生与社会之间的矛盾挑战;(3) 学生与异文化的冲突;(4) 学生与人

---

① 吴金瑜.基于理解的学校教育[M].上海:上海交通大学出版社,2019.

类积累的知识、与未来知识的冲突。而"文化理解"在解决这些问题和挑战中起到了至关重要的作用。

首先来看人与人之间关系的挑战。对中学生来说,人与人之间的关系主要表现为师生关系与学生间的关系,其中以师生关系为主要矛盾。在信息化时代前,从空间来说,师生几乎来自同一地域;从时间来说,某地域的文化模式在人的生命周期内变化很小,因而其成长所在的群体文化差异很小,师生各自的文化图式差异也小,因此师生之间的矛盾就相对小。而在当下的信息化时代,由于互联网的普及,从空间来说,影响个人成长的文化模式或图式差异巨大;从时间来说,知识信息的暴涨,同一地域的文化在时间轴上变化迅速,因而即使是同一地域成长的师生,影响他们的文化模式与图式也差异巨大。这种师生个体文化图式的差异,造成了目前教育面临的挑战——师生关系紧张。文化理解是解决这个问题的有效手段与目的。教师作为教育者,一方面,要主动去了解学生的文化图式,引导学生自觉适应周边的群体文化模式与个体文化图式,从而引发自身文化图式的积极变化。另一方面,要根据学生的文化图式特点,改变自己的教育方式,使学生的文化图式与自己的文化图式发生交融,从而实现换位思考,实现文化理解,促使学生的文化图式向积极的方向变化。

其次来看学生个体的文化图式与社会文化模式之间的矛盾挑战。在当下时代,这个问题主要表现为两个方面。其一,学生形成的较为超前的文化图式,与生活学习中碰到的比较稳定、优秀的传统文化模式发生冲突;其二,学生的文化图式相对比较稳定,但他所学习生活的文化模式却在迅速变化。对于第一方面,如果学生形成的文化图式是积极的,教师就要引导学生对这种积极的文化图式进行接触,使学生的文化图式在适应过程中进一步优化,达到文化理解。同时,也可促进社会文化模式内涵的发展。如果学生已有的文化图式是消极的,则教师要引导学生进入这种优秀的社会文化中去,通过文化理解,达到对学生原有文化图式的改造。

然后来看学生文化图式与异文化模式的冲突。无论从时间轴还是空间轴来看,形成于中华文化模式的中学生文化图式,在这个开放与信息化的时代,一定会与异文化发生冲突,并对学生的成长造成影响。根据文化理解的原理,解决这种冲突的最好方法是让学生的文化图式与异文化模式进行充分地交流,然后才有可能通过文化适应,实现文化理解。

　　最后再看学生文化图式与人类积累的知识、与未来知识的冲突。这一方面表现为学生与人类过去积累的知识之间的认知冲突。根据文化图式理论,这种冲突其实是学生的文化图式与这种知识形成的背景文化模式之间的冲突。为了解决这个问题,根据文化理解原理,学生的文化图式要与这种背景文化模式发生接触乃至融合才能实现。譬如学生在学习《苏州园林》这篇课文时,单单靠文章中所提供的信息,学生很难想象苏州园林到底是什么样子的,其究竟美在何处。而如果学生在学习课文之前能先去苏州园林游览一次,并接触、了解这种园林形成的历史、地理原因,学生就会对苏州园林之美具有直观的印象,并对其美的内涵形成更为深刻的理解,继而对这篇文章进行学习就会非常有效。另一方面表现为学生与未来知识之间的认知冲突。由于学生处于今天这样一个知识爆炸的时代,每时每刻都有新的事物被发现、创造出来,有旧的理论被证伪、推翻,新的理论被构建,因此,学生的文化图式与未来知识图式一定会发生碰撞和冲突。为了解决这个问题,我们要鼓励学生充分地创造与想象,并使自己的文化图式与新的知识、新的文化环境不断进行理解、融合,这样才能不断发展自己,从而适应社会的发展。

　　今天,教育界正在实践的基于生活的学习、基于研究的学习、基于生活材料的外语学习、基于真实事件的研究、基于未来设计的学习等,都能很好地说明文化理解在学生学习中的作用。

第二节　课程构建原则:聚焦学生的全面发展与终身发展

　　基于文化理解的学校课程聚焦学生的全面发展与终身发展,课程的设计和实施均应围绕学生的核心素养培养。

一、影响课程构建的基本要素

1. 背景因素

从大的社会背景来说,影响课程构建的因素主要包括:政治因素、社会因素、经济因素、技术因素和环境因素。

政治因素：国家的意识形态和哲学思想对教育系统有着巨大的影响，包括教育的目标、内容、学习经验和评价策略等。学习材料的选择和解读、人才选拔和考试体系等，都在很大程度上受到了政治因素的影响。

社会因素：对学习材料的设计和呈现必须适应该课程所服务的社会的文化特点和要求。课程规划必须将社会对教育目标和结果的期待纳入考虑。

经济因素：政府向教育进行大量投入是为了促进国家经济的发展，因此课程规划必须关注经济发展的需求。今天在学校中学习的学生就是未来社会各行各业的员工，因此必须将各行业从业人员所需要的核心知识和必备技能纳入课程内容中。

技术因素：信息技术和多媒体设备在教学中的应用越来越广泛，这使得教学手段越来越丰富，而网络的发展更是极大地改变和拓宽了学习的方式和途径，从而促使教学理念发生转变。

环境因素：当今社会，人们越来越关注身边的环境和自然资源的情况，关注人类和社会经济的可持续发展。在进行课程规划和课程内容的选择时必须考虑到环境保护的因素，以确保子孙后代的生存。

2. 人的发展理论

关于人的发展问题，教育理论学家提出了几种重要的理论，其中对课程规划产生了重大影响的主要有三种：皮亚杰的认知发展理论、埃里克森的成长阶段理论、劳伦斯·科尔伯格关于道德认知发展理论。这三种理论的创立者都认为"人的发展阶段有固定的顺序，而且每个人都是按照这个顺序发展的。对个体而言，要想顺利进入下一个发展阶段，他必须全面解决上一个发展阶段中出现的问题"。[1]

根据埃里克森的成长阶段理论，从婴儿到老年，人的整个发展包括八个阶段，每个阶段针对一种人们为了顺利进入人生下一个发展阶段而必须解决的冲突，而中学教育阶段正处于人发展的青年期（12—18岁），其主要冲突表现为自

---

[1] ［美］弗雷斯特·帕克，格伦·哈斯.课程规划：当代之取向[M].谢登斌，俞红珍，译.杭州：浙江教育出版社，2004.

我角色混乱,这一阶段的核心问题是自我意识的确立和自我角色的形成。这一阶段的学生已经基本形成了不成熟、但是属于他们自己的文化图式,对于自己作为一个独立个体和社会一员的不同角色有了清楚、强烈、全新的认识。然而由于自身认知能力与心理成熟度不足等原因,他们在以自己认知的世界(已有文化图式)去看待这个世界,这会导致他们不断地与他人的文化图式及社会的文化模式产生碰撞、冲突甚至对立,也因而产生了教育中的许多问题,作为实现教育目标最主要途径的课程,其在构建和实施的过程中必须重视并解决好这些问题。

3. 学习与学习方式

对当前学校课程构建产生重大影响的主要是霍华德·加德纳博士提出的多元智能理论和以皮亚杰为代表人物的建构主义理论。

多元智能理论的应用使课程的构建和实施发生了重大变革。基于这种理论,学生成为教育教学活动的主体,学校的课程设置和教师的教学设计必须重视对学生的多种潜在智能进行训练,大力培养学生的创造能力。传统的教育模式往往只重视学生数学逻辑智能和语言智能的发展,所有的课程设置也都围绕着这个目标进行。而根据多元智能理论,学校和教师应该从更多的角度关注学生的发展,提供更具多样性的教育教学活动和体验,采用不同的方法,从而让其他(数学逻辑和语言智能之外的)智能占据优势的学生也能够得到充分的发展。

建构主义学习理论关注学习者是如何使新信息变得有意义的。"根据建构主义的观点,'学生通过积极地建构过程发展新知。学习者不是单纯地消极接受或复制教师、课本里的输入性知识;相反,他们积极斡旋于其中,尽量使知识变得有意义,并和与主题有关的已知(或者认为知道的)知识联系起来'(Good和Brophy,1997)。以建构为导向的课程与教学策略关注学生对学习材料的思考,并通过对提示和问题的慎重考虑,使学生对新的材料有更深刻的理解。在诸多建构主义课程与教学方法当中,研究已经证明以下实践是有效的:(1)设置课程的目的在于培养对学生来说有用的知识技能、价值观与人格特性(今后无论在校内还是校外);(2)教学目标的重点是在一种实用的环境内部,强调对知识的概念理解以及自我调节的应用技能,将学生培养成专家;(3)教师的角色不仅仅是呈现信息,还要努力为学生搭建脚手架和提供支持;(4)学生的角色不仅仅是吸收或复制输入性的知识,更重要的是积极建构意义。"

学习的过程即获取知识或技能的过程，学习者会因为获取了某种经验而发生改变。这种改变可能是行为上的，也可能涉及到复杂的智力和态度的改变，而这些变化以微妙的方式改变着学习者的行为。根据建构主义理论，学习具有以下特点。

（1）学习是一个主动的过程。学生并不会因为教师在讲授某些知识时正好坐在教室里就记住这些知识，也不会因为他能够背诵正确答案就会运用这些知识。学习过程需要学生外在或者内在的、情感或智力上的反应和反馈。有效的学习必定是一个主动的过程。

（2）学习是一种社会活动，学习者不可能完全脱离周围的人和环境孤立地进行学习。人们的学习活动与他人，如导师、同伴、家人等密切相关，有效的学习是通过不同个体文化图式之间的对话、交流、理解、改变而实现的，因此建构主义学习观更强调采用与他人沟通、合作的方式进行学习。

（3）学习动机影响学习效果。每个学生都是一个独立的个体，有各自不同的意图和目标，其已有的文化图式会影响其学习的意愿和对学习内容的理解。在学习的过程中，学生的目标具有至关重要的意义。为了使教学有效，教师必须使自己的教学内容与学生的目标结合起来。

（4）学习者需要生动的"第一手"经验，即学习仅靠听和看是不够的，学习者必须有亲身实践的机会。学习是一个个性体验的过程，教师无法代替学生学习，学生只能通过自身的经历和体验进行学习。每个人的学习经验都是独特的，即使观察同一个事物，由于不同个体已有的文化图式不同，其观察的角度和方式也不同，因而获得的学习经验也各不相同。

（5）学习是层层渐进，由易到难的，同时也是多方面的。学生在进行学习时，获得的并不仅仅是学习材料提供给他们的知识或者教师传授的技能，同时还包括情感和态度的发展。

4. 学校文化

除了前文提到的背景因素、人的发展理论研究以及学习与学习方式的相关理论研究之外，在影响课程设计的主要因素中，学校文化因素也起到了重要作用，尤其是在校本课程的构建上。

学校文化是一切信念、情感、行为和符号的总和，是一所学校区别于其他学校的重要特征之一。学校文化往往被看成是一种隐形的课程,它表明"在这里,我们这样做事情"。

每所学校的文化中都有自己的核心理念,这些理念有助于形成一种团结和协作的氛围,并成为有效推动学校发展的关键因素。毫无疑问,积极的学校文化及其相关的核心理念的发展,以及积极向上的学校氛围,会支持和推动整个学校的良性发展。

学校文化在许多方面影响着学校的管理,如评价体系、奖励体系、管理风格等,这其中当然也包括了学校的课程构建和实施。学校的核心理念影响学校教育、教学目标的制定,而学校的氛围、教师的素质和态度则在很大程度上影响着课程设置和课程实施的有效性。

二、社会政治与经济发展对学校课程构建的影响

随着社会发展及其对人才需求的变化,学校教育也在不断进行发展变化。课程是教育思想、教育目标和教育内容的主要载体,集中体现国家意志和社会主义核心价值观,是学校教育教学活动的基本依据,直接影响人才培养质量。

当前的全球性社会环境下,课程改革从知识核心时代走向核心素养时代已成为必然,"学校教育很重要的功能,就是立足学生的终身发展和社会需要,培养学生良好的素养"[①]。

2016年,《中国学生发展核心素养》发布,其从文化基础、自主发展、社会参与三个方面提出了学生应具备的,能够适应终身发展和社会发展需要的六大必备品格和关键能力,并将其细化为18个基本要点,具体如图3-1所示。

"中国学生发展核心素养"的提出,必然成为中国基础教育未来发展的方向,无论国家课程、地方课程还是校本课程的开发与建设都应围绕着培养学生核心素养这一要求来进行。课程不再仅仅聚焦于发生在教室中的教学活动,而是学校提供的所有教育教学活动的总和,是学习者在教师指导下从教育教学活动中获得的全部经验。课程既包括校园内的一切教学、德育活动,也包括学生在校园外参与的各类活动及获得的所有学习体验。

---

① 顾明远.核心素养:课程改革的原动力[J].人民教育,2015(13).

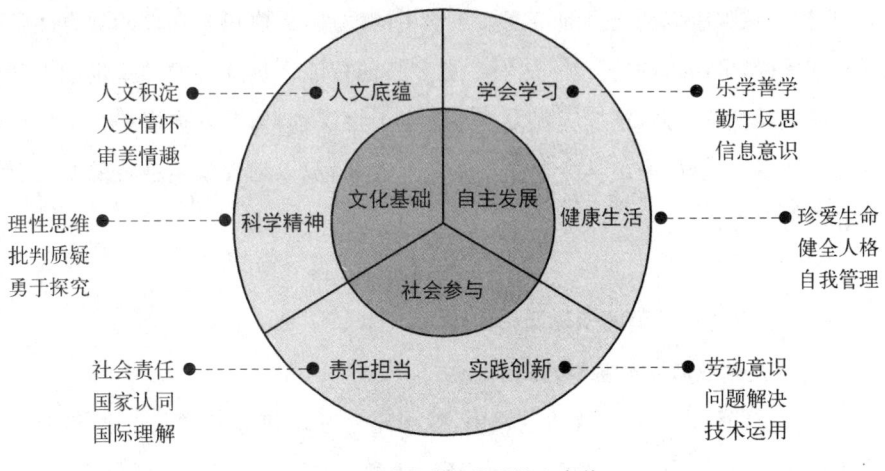

图 3-1　中国学生发展核心素养

课程改革从知识核心时代走向核心素养时代已成为当下的必然。"为发展学生的核心素养,基础教育学校在课程改革方面要进行三方面的努力:第一,将身心健康放在课程目标的首位;第二,课程教学要培养学生终身学习的能力;第三,课程内容及实施要为学生打下走向社会的基础"。[①] 学校课程建设应围绕核心素养要求进行课程统筹整合,核心素养既要为课程内容的确定提供重要依据,同时也要引领学校的课程实施管理和教师的课堂教学。

在核心素养背景下,当今课程的基本思想由精英主义课程体系向大众主义课程体系发展,即由统一的标准转变为按学生发展特性及需求建设课程。学校的课程要围绕学生的核心素养生成,学校应根据学生的发展需求与学校的发展及培养目标来开发和使用课程。当今的课程更多的是需要教师与学生重新解释的一个符号表征,这样的课程不是封闭式的,而是开放的,教师与学生本身就是课程的一部分。

在此基础上,学校应开发更为多元、多样的个性化课程,服务于学生的个性化发展。根据多元智能理论,人类的智能是多元化而非单一的,每个人都拥有不同的智能优势组合。传统的教育模式往往只重视学生数学逻辑智能和语言智能的发展,所有的课程设置也都围绕着这个目标进行。而根据多元智能理

---

① 顾明远.核心素养:课程改革的原动力[J].人民教育,2015(13).

第三章　基于文化理解的学校课程建设

论,学校和教师应该从更多的角度关注学生的发展,提供更多样性的教育教学活动和体验,采用不同的方法,从而让更多其他智能占据优势的学生也能得到充分的发展。基于此,学校应着力打造学生个性课程群,开发更多符合学生个人特长和兴趣爱好、满足学生个性发展需求的课程,以培养学生独特的个人素养和创造能力。

三、基于文化理解的学校课程构建

1. 学校课程构建的基本原则和方法

学校在课程设计和构建的过程中,必须充分考虑和尊重教育规律,以及儿童生理、心理和智力发展规律。此外,还应注意不同课程之间的有效衔接。

课程包含四个不断互动的因素:教育教学目标(goals and objectives)、学习的内容或主题(content or subject matter)、方法或学习经验(methods or learning experiences)、课程评估(evaluation/assessment)。这些元素在社会、政治、经济、技术和环境背景下的互动构成了课程,而师生对课程的理解则影响课程构建的全过程。图3-2显示了这些要素之间的相互作用。

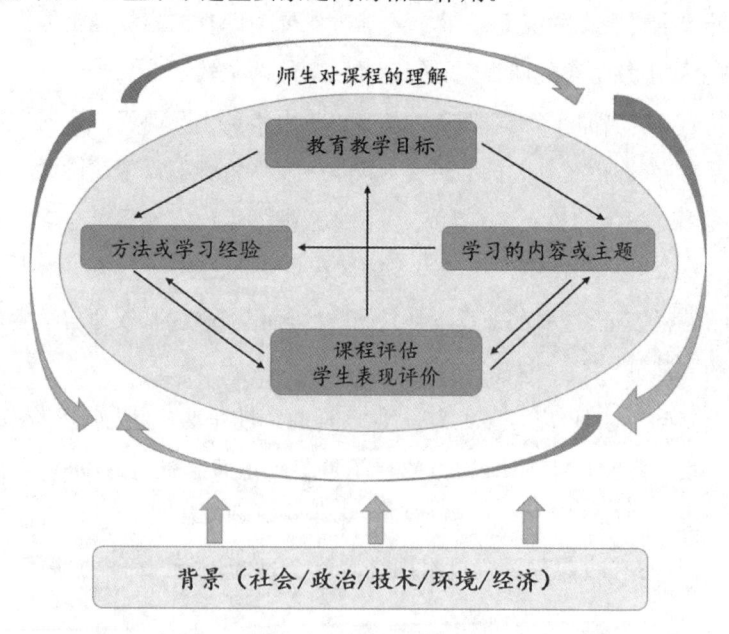

图3-2 课程构建的要素

（1）目标：课程（教育教学）整体目标的确定基于社会的期望，反映了社会需求；学校育人目标和学生的个体发展期望则会对某一个具体课程乃至学习单元的目标产生较大的影响。

（2）内容或主题：包含知识、技能、情感态度、价值观等，课程的内容必须适应社会的发展以及学生的最近发展区。

（3）方法：包括教学策略、学习经验、活动设计等，针对不同的学习内容和不同特点的学生应采用不同的、适合的方法。

（4）评估：通过评估检测课程设置和实施的有效性，根据课程目标和学生反馈，选择或调整恰当的课程内容、教学方法等。

一般而言，课程设计的内容和过程可以归纳为四个方面、六项工作：围绕教学原则（principles and procedures for the planning）、教学实施（delivering）、教学管理（management）、教学评价（assessment of teaching and learning）四个方面进行需求分析（needs analysis）、目标设定（goal setting）、纲要制定（syllabus design）、教法设计（methodology）、评估设计（testing）及教学效果评价（evaluation）（Jack Richards，1990）等各项工作。

在制定学校课程时，首先也是最重要的考虑因素是满足国家课程标准的要求。国家课程标准得到了政治认可，通过立法和评估，它们对学校实践、领导行为和教学实践产生影响。根据《国家教育改革与发展中长期规划（2010—2020年）》，国家课程标准是教学、教材编写和评价的基础，也是课程管理和评价的基础。这些标准体现了对处于不同发展阶段的学生在知识和技能、学习过程和方法以及学习态度和价值观方面的国家要求。国家课程标准还确定了每个学科的性质、教学目标和内容框架，并提出教学和考核建议。毫无疑问，国家课程标准决定了对学生的基本要求，这对教育事业的发展具有重要的指导意义。它是所有教育活动和方案的核心，学校课程构建要以此为核心。

在进行课程设计时应遵循以下主要原则。

科学性原则。以新课程实施为导向，坚持立德树人的根本任务，遵循教育教学规律，严格执行国家和地方的课程方案，培育学生核心素养，引导育人方式的变革。

整合性原则。以学生核心素养为中心，统摄课程开发和设置，在课程类型、层次、结构、内容上形成功能互补、贯通的主题。注重跨学科课程及综合实践课程的开发。

选择性原则。通过分类、分层、分段的设置,努力为学生提供多样的课程选择,促进学生全面且有个性的发展,满足兴趣发展,尊重个性差异。

发展性原则。课程的开发与设置要围绕学校育人目标展开,最大程度促进学生的成长和教师的专业发展,构建具有本校特色且适合学生发展的特色课程。

2. 聚焦于学生发展的学校课程体系构建——以上闵外为例

进行学校课程构建,首要的是确定课程目标,即学校的育人目标。学校课程目标的确定,既要符合国家课程标准的要求,又要能够与当地社会经济发展需求相适应,同时还应该体现出学校的办学理念和特色。自1963年开始,无论从国家层面要求,还是外国语学校本身,对学校育人目标的设定都是"培养外语水平较高的人才"。但21世纪的今天,世界的格局已经发生了巨大的改变,外国语学校作为基础教育领域中一种特殊的教育形态,担负着不同的教育使命和重任。2019年,知名外语教育专家沈骑在《全球化3.0时代的外语学习》中指出,外语的学习过程存在着"重语言、轻文化"的问题,实际上外语学习应该关注跨文化学习和国际理解的体验,其价值在于促进跨文化沟通,实现不同文明的视域融合,促使不同文化互学互鉴,超越文化的藩篱。

有鉴于此,上闵外创校之初即提出了"基于文化理解的外语教育实践研究"。上闵外作为一所外国语学校,不只是停留于语言的学习与训练,而是在这样一个全球化且多元文化并存的国际格局中,将学校教育提升至文化理解的层面,故而将学校的育人目标定位为:培养"言有物而行有格,具有民族情怀(virtues)、学术素养(academic ability)、跨文化融合能力(globalization)的现代公民",可简要概括为:培育具有VAG特质的新时代公民(见图3-3)。

学校的课程应聚焦于学生的终身发展,课程的设计和实施均应围绕学生的核心素养培养。学生的核心素养要求包含三个层次:第一个层次是符合社会发展需求的"共性核心素养",即国家发布的《中国学生发展核心素养》中包含的要求,如社会责任、国家认同、国际理解、人文底蕴、科学精神、学会学习、实践创新等;第二个层次是能够体现学校办学特色的"学校核心素养",如以外语教育

VIRTUES
优秀的品德操行：
爱党爱国的情怀；
厚德载物、自强不息的中华美德修养；理解、尊重与博爱等现代品德修养

ACADEMIC ABILITY
高品质的学术素养：
扎实的基本知识与技能；
渊博的知识结构与学习能力
创新的意识与能力

GLOBALIZATION
厚实的跨文化素养：
具有中华文化素养的基础；
具有理解包容他国文化的素养；
具有传播中华文化的意识与能力

图3-3 VAG的具体内涵

为学校发展特色的上闵外，其"学校核心素养要求"是优秀的外语运用能力、对异文化的理解与包容能力以及良好的跨（中、外）文化沟通交际能力；第三个层次是符合学生个性发展需求的"个性核心素养"，即在前两层基础之上发展出的符合学生个人兴趣爱好与特长的独特的个人素养，如艺术、科创等。

根据这样的课程理念，学校的课程体系应由"共性课程（国家课程）、学校特色课程、学生个性化课程"三个层次构成，学校应该在国家课程要求的主导下，根据学校与学生发展需要开发、引进相应的符合学校特色发展需求的校本特色课程，引导教师与学生利用自己对课程的理解与自身发展的需要，在课程实施的过程中理解课程，让自己也成为课程的一部分（图3-4）。

学校的课程要聚焦于学生的发展，在进行课程设计、选择和实施中应关注以下几个方面。

（1）共性核心素养课程（国家课程）要注重国家课程标准的落实。国家课程是学校课程体系的基础，必须扎实落实。但在此基础上，为突出"外国语学校"

第三章 基于文化理解的学校课程建设

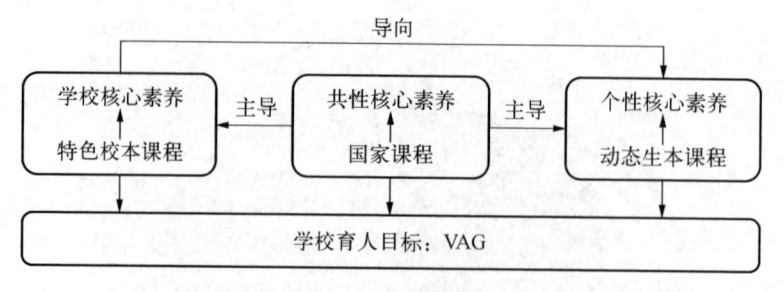

```
          导向
┌─────────────────────────────────────────────┐
│  学校核心素养   主导   共性核心素养   主导   个性核心素养  │
│  特色校本课程  ←──→   国家课程    ←──→   动态生本课程  │
└─────────────────────────────────────────────┘
                    ↕
              学校育人目标：VAG
```

图 3-4　上闵外课程结构图

的特色，在对国家课程的实施过程中，应根据本地区发展需要及学校育人目标做出适当调整和优化。在外语课堂教学中增加文化内涵的渗透，以拓展学生的文化视野，提高文化理解力。在学校各学科教学中，在传授知识、技能的同时，要注重培养学生解决问题的能力，引导学生及时了解该学科的最新发展资讯，使学生的学科学习与世界发展同步，为学生的进一步深造打下良好的基础。

（2）学校核心素养课程要凸显学校特色，开拓学生视野。校本课程是学校在国家规定的课程之外，基于学校本身发展特色和教育教学资源自主开设的突出师生特点和学校特色的课程，它是学校实现办学特色的基础，同时也是学校办学特色的反映。作为一所外国语学校，在国家课程之外，我们也要开设一些具有自身特色的外语类校本课程，引进国内外先进教材、教法，作为国家课程的有力补充。

上闵外以外语教育为办学特色，开展基于文化理解的外语教育模式，以英语语言运用能力培养课程为基础，以文化理解与体验课程、人文素养培养课程和校外第二课堂学习为补充，四类课程相辅相成、相互支撑、相互交叉，共同服务于提升学生英语学科核心素养的目标（图 3-5）。

（3）个性核心素养课程要注重发掘学生特长，为学生个性发展提供空间与展示的平台，上闵外的个性核心素养课程主要包括以下几类：基于学生智能发展的不同领域开设博文系列课程、科创系列课程、第二外语系列课程、艺体系列课程。基于学生特长和兴趣爱好开展丰富的社团课程，如英语小记者团、莎士比亚戏剧社、英语演讲社团、"未来之城"科创社团、"未来工程师"科创社团、舞蹈团、管乐团、民乐团、打击乐团、合唱团、学生自组乐队、赛艇队、网球队、足球队、田径队等，寓教于乐、学用结合，为学生提供更多展示自我、了解不同文化的

基于文化理解的中学教育理论与实践策略

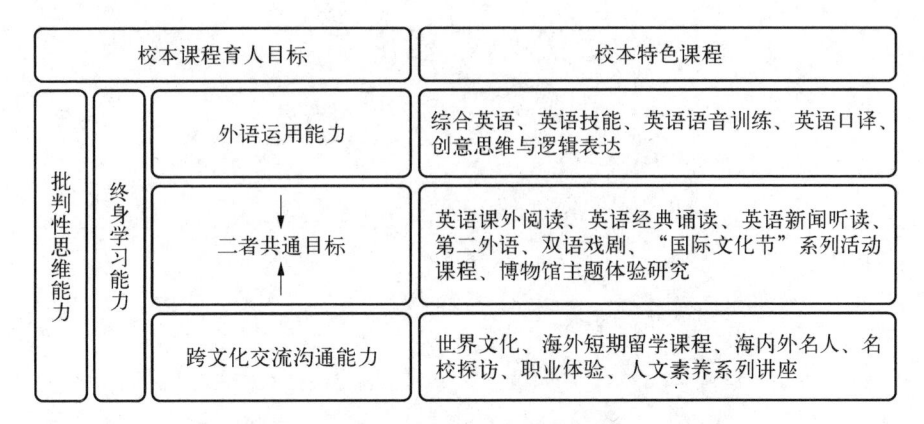

校本课程育人目标		校本特色课程
批判性思维能力 / 终身学习能力	外语运用能力	综合英语、英语技能、英语语音训练、英语口译、创意思维与逻辑表达
	二者共通目标 ↕	英语课外阅读、英语经典诵读、英语新闻听读、第二外语、双语戏剧、"国际文化节"系列活动课程、博物馆主题体验研究
	跨文化交流沟通能力	世界文化、海外短期留学课程、海内外名人、名校探访、职业体验、人文素养系列讲座

图 3-5 上闵外校本特色课程

平台;另外还有与外语使用和文化体验相结合的志愿者活动(如博物馆英语讲解员、"大师杯"网球赛志愿者等)及小课题研究。

3. 上闵外课程图谱及其内涵

在几年的办学历程中,学校的课程图谱不断发展完善,但却一直围绕"培育具有 VAG 特质的新时代公民"而展开。新时期的课程图谱,结合学生发展核心素养的"文化基础""社会参与""自我发展"三个维度,从培养学生共性核心素养的"国家课程"、培养学生学校核心素养的"校本特色课程"和培养学生个性核心素养的"生本特色课程"三个方面整合学校课程体系,厘清了国家课程、校本课程与生本课程之间的关系,以及各类、各门课程所对应的学生核心素养要求及国家课程标准要求,在此基础上,形成的上闵外课程图谱如图 3-6 所示。

课程图谱主体部分的彩虹圆图代表学校围绕着 VAG 培养目标,从共性核心素养课程、学校核心素养课程、个性核心素养课程三个层次进行课程构建。学校的课程围绕着学校的教育目标和办学特色进行构建,因此课程图谱的核心即为学生培养目标:VAG(前文已做具体阐释)。

课程图谱的切面图内圈主要是国家必修课程,涵盖语文、数学、外语、物理、化学、生命科学、历史、地理、政治(初中为道德与法治、社会)、信息技术、劳动技术、艺术教育(美术、音乐)、体育与健康等学科学习内容;以及按照教育部及上海市教委相关文件要求,结合学校办学特色,为培养学生良好品德、健康身心而开发,实施的基于文化理解的德育系列课程,具体包括:养成教育课程、责任教

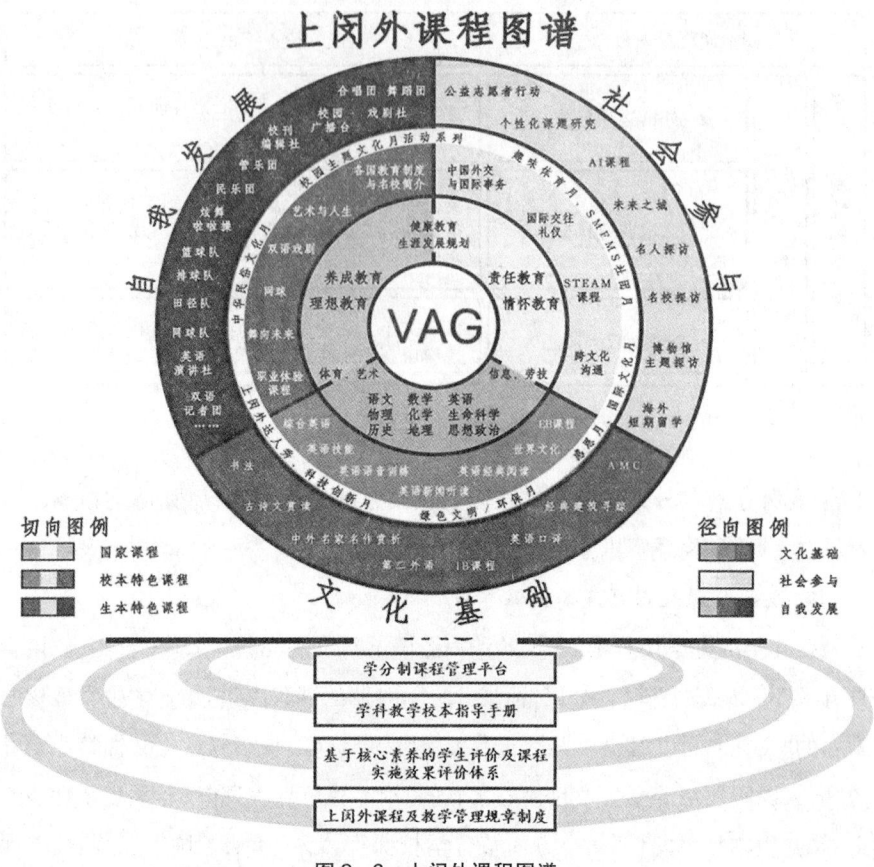

图3-6 上闵外课程图谱

育课程、理想教育课程、情怀教育课程、生涯发展规划课程、心理健康教育课程等综合实践活动类内容,严格执行国家和上海市有关的课程要求,所有学生必须全部修习,满足打好学生共同基础的需要,促进学生全面发展。

课程图谱的切面图中圈是学校特色课程,其由学校根据育人目标,参照学生的多样化需求,根据学科课程标准的建议,开设的选择性必修课程,分为英语语言运用能力课程、文化理解与体验课程、人文素养课程、校外第二课堂四大类。

课程图谱的切面图外圈是基于学生兴趣、特长开设的选修课程,比如,基于学生自我发展的社团:演讲社、管乐团、民乐团、舞蹈团、赛艇俱乐部、SSP小记者团、尚鸣电视台等;基于学生社会实践开展的活动:社区志愿服务、海内外研学、小课题研究、校园文创设计屋等；基于了解他文化、培养跨文化交际能力目标，凸显学校办学特色的活动："莎士比亚戏剧社"、英语动画配音、英语诗歌欣赏、"未来之城"创意设计等。选修课程由学生依据个人需求，自主选择，修完学时，经考核合格后获得相应学分。

课程图谱切面图外圈与中圈之间的白色细圆圈代表的是贯穿于全年的校园综合实践活动，如国际文化节、上闵外达人秀、体育文化节、民俗文化节等，这类活动为学生搭建了展示自我、发展成果的平台，同时也展示了学校日常教育教学的成果。

课程图谱的径向图以红、黄、蓝三个色系分别代表中学生核心素养要求的三个基本方面，即文化基础、社会参与、自主发展。同一色系中用深浅不同的颜色区分出国家课程、校本课程和生本课程。各门具体课程通过自身所在的颜色和区域表明自己所主要对应的教育目标。

课程图谱主体部分下方的四层圆环则代表保证学校课程进行有效实施的辅助、支撑系统，具体包括：学分制课程管理平台、各学科教学校本指导手册、基于核心素养的学生评价及课程实施效果评价体系与学校课程管理规章制度。

第三节　课程设置与实施：聚焦校本化与持续评价

课程作为学校教育教学工作的依据和载体，是学校实现其培养目标的基本途径，更是学校实现特色办学的重要支撑。学校的课程目标不能仅局限于向学生传授科学文化知识，更要能够帮助学生发展思维和能力，培养学生正确的道德取向、价值观、世界观、人生观。

一、课程设置与实施要求的校本化

首先，国家课程是学校课程体系的基础，必须扎实落实。但在此基础上，为突出自身的办学特色，学校在实施国家课程的过程中，应根据本地区发展需要及本校学生培养目标做出适当调整和优化。例如在上闵外，基于"外国语学校"

的办学特色和基于文化理解的教育理念,学校除了在外语课堂教学中培养学生的语言能力之外,还尤其注重文化内涵的渗透,以拓展学生的文化视野,提高其文化理解力。

其次,校本课程是学校在国家规定的课程之外,基于学校实际情况自主开设的突出师生特点和学校特色的课程,它是学校实现办学特色的基础,同时也是学校办学特色的反映。上闵外作为一所外国语学校,在国家课程之外,还开设了一些具有自身特色的外语类校本课程,吸纳、引进国内外先进的教学理念和教学方法,作为国家课程的有力补充。

作为一所外国语学校,外语教育是上闵外凸显办学特色的重点,学校希望培养出来的学生既要具有优秀的外语运用能力,更要具有对异文化的理解与包容能力以及良好的跨(中、外)文化沟通交际能力。为实现这一培养目标,上闵外开展基于文化理解的外语教育模式,让学生在深刻理解中华文化的基础上,在学习外国语言的同时,融入到外语背后的文化中去,通过充分的交流,了解、理解语言背后的文化模式,让学生更好地掌握外语外在的交流功能及内在的文化意义,从而使他们今后能够游刃有余地穿梭于中外不同文化之间,成长为高素质的世界公民以及中外文化交流的优秀使者。

基于以上目标,上闵外的学校核心素养课程聚焦于外语和文化理解类校本课程,开展基于文化理解的外语教育,围绕语言能力、学习能力、思维品质、文化品格四大外语核心素养要求,提出了上闵外学生的特色培养目标体系。

1. 外语运用能力目标。即在社会情境中借助外语语言,以听、说、读、看、写等方式理解和表达意义的能力。

英语使用能力:英语是当前国际上的通用语言,具有良好的英语语言运用能力是培养国际型人才的首要目标。通过学校课程的学习,学生应该要具有扎实的英语语言基本功,具有准确、地道、优美的语音语调;能进一步发展语言意识和英语语感,熟练掌握英语语言知识并在语境中整合性地运用所学知识;能够根据交际情境和交际意图,综合运用英语语言知识进行有效的交际。

第二外语使用能力:学生不仅要能够熟练掌握英语,还应根据自身学习能力和兴趣,在不同程度上掌握第二外语使用能力。所有学生必须在学校提供的二外课程中自主选择一个语种,每周进行1—4个课时的学习,学生完成学习后至少要做到能够理解目标语国家的基本文化习俗知识，了解语音规则及基本的语法知识，能够进行简单的日常会话，为进一步学习打好基础；更进一步的要求则是能够根据交际情境和交际意图，综合运用第二外语语言知识进行有效的交际；在认同中华文化的基础上，理解、掌握使用第二外语的国家文化及其交际特点，有效完成文化沟通和交流。

2. 跨文化理解与交际沟通能力目标。即对中外文化的理解和对优秀文化的认同，是学生在全球化背景下表现出的知识素质、人文修养和行为取向。作为外语特色学校，上闵外的外语教育目标基于但又远远高于对外语语言本身的学习，不仅注重工具性的语言训练，更注重人的基本素质培养。外语教育的目的不仅仅是对外语使用规则的掌握，更重要的是理解外国语言背后的文化，并在与外国文化的交流中，基于对自己民族文化的认同和对外国文化的理解、包容和尊重，达到中外文化的融合，从而培养出具有民族情怀和跨文化理解、交流能力的，具备国际胜任力的优秀人才。

3. 批判性思维能力目标。希望学生通过上闵外课程的学习，能够在与汉语和其他外语思维进行比较与分析的基础上，理解英语语言结构的严谨性和缜密性，丰富自身的思维体系，形成多语思维，提高解决问题的能力，增强思维的逻辑性、批判性和创新性；能够学会辨析语言和文化中的各种现象，分析、推断信息的逻辑关系，正确评判各种思想观点，理性表达自己的观点，具备用英语/第二外语进行多元思维的能力。

4. 终身学习能力目标。希望学生通过在上闵外的学习，能够具有主动的学习动机，掌握并积极运用和主动调适外语学习策略、拓宽外语学习渠道、努力提升外语学习效率的意识和能力，善于迁移、转化在外语学习过程中获得的学习能力。也希望学生通过各类特色课程的学习，能够保持对外语学习的兴趣，具有明确的目标意识，多渠道获取学习资源，有效规划学习时间和学习任务，选择恰当的策略与方法，监控、反思、调整和评价自己的学习；具备协同合作的意识和能力，善于在团队中学习，逐步形成终身学习的意识和能力。

与此相对应的，上闵外所有外语特色课程均要求培养学生的语言能力与文化品质，在语言能力的培养过程中渗透对思维品质与终身学习能力的培养。根据各课程侧重点的不同，各课程所体现的特色发展目标各有侧重。

二、课程实施路径校本化

学校的课程实施应围绕《中国学生发展核心素养》和国家课程标准具体要求,以学生为本,培养学生的人文底蕴、科学精神,引导学生明晰社会责任、勇于担当,发展学生的实践能力、创新思维。帮助学生以学会学习、健康生活为核心,以三重原则(即重基础、重过程、重能力)为抓手,以体现学生主体性为目标,将学生的核心素养培养落实于每一节课、每一个教学环节、每一次体验活动之中,全面提高学校教育教学活动的效益。

上闵外在课程实施中持续推进"基于文化理解的课堂教学"研究实践,以提高学校课堂教学效益。扎实、深入开展课堂教学改进工作,将"课堂教学改进"融入日常的教学与研究,明确"课堂教学改进"是课程改革在课堂层面的落实,是追求日常教学高品质的有效途径,加强教学的组织、过程与结果评价和管理,形成上闵外高效独特的教学组织管理系统,从而逐步提升教学质量,保持教学质量的高位稳定。

1. 国家课程的实施。学校以教研组为单位,围绕学科核心素养,加强对课程标准和教材的研究,严格按照课程标准和学生的学情实施课程教学。关注问题情境的创设、评价反馈和学习任务的设计,确保课堂质量。以年级为单位,思考落实有效路径,具体如下。

(1) 起始年级(六年级、高一年级):注重学生学习习惯的养成和本学段学习方法的指导,做好小、初/初、高中衔接,注重激发学生的学习兴趣,关注学生不同的学习潜能和发展倾向,为生涯教育的开展提供指导。

(2) 中段年级(七、八年级、高二年级):关注不同层次学生的发展,加强诊断,提高教学的针对性;以"单元设计"研究为抓手,探索基于学科核心素养培养的课堂教学方式,提高教学有效性。在高二年级探索分层走班教学,除必修内容外,思考选择性必修进度和难度,明确合格考和等级考不同的教学设计,分层编制校本练习,加强诊断,提高教学的针对性。

(3) 毕业年级(九年级、高三年级):加强对复习课效率和方式的研究,增强互动与对话,避免机械且低效的反复操练。引导学生学会整理知识的方法,把握学科逻辑结构和脉络,切实做好反馈与分类辅导。

2. 校本课程实施。上闵外的校本课程分为选择性必修课程(即外语类特色课程)、学生自主选修课程和实践体验类综合实践活动课程三大类。

首先,对于选择性必修课程,作为外语特色学校,上闵外对外语教师的课堂教学提出了更高的、更符合外语学习规律的教学要求。

(1) 推行外语"沉浸式"教学理念,外语课堂教学必须采用全外语授课;积极创造条件在合适的学科中推进双语教学的实施,为学生创造更多使用外语的环境与机会。

(2) 外语课堂教学中遵循"听说领先,读写跟上"的原则,注意训练学生语音、语调,积极推进"情景教学法""交际法教学法"等先进的教学理念与方法,全面进行英语听、说、读、写技能的综合训练,提升学生的英语运用能力,凸显外国语学校外语技能要求。

(3) 遵循二语习得"输入—输出"理论,推进"英语阅读工程"与"晚间英语新闻听读"活动,扩大学生课外英语原版作品听读量,尽可能地为学生提供地道的、原汁原味的可理解性语言输入;组织"外语角""外语戏剧社""模拟联合国"等多种多样的外语类课外活动,为学生提供更多产生语言输出的机会,帮助学生更好地掌握、使用外语。

其次,对于学生自主选修课程的开发和管理,则由学校课程教学部领衔的校本课程开发委员会负责。校本课程是学校课程的重要组成,既是对国家课程的有益补充,也是凸显学校办学特色、贯彻学校育人目标、满足学生个性发展的特色课程资源。对于校本课程的实施,学校坚持"申请—考核"制。

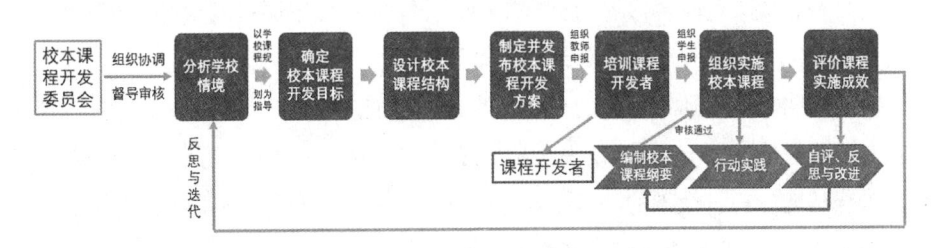

图 3-7　校本课程开发机制流程

任课教师向学校课程教学部提交申报表,其内容包括课程方案、课程简介、招收人数、拟开课地点、课程框架、课程进度计划等。申报表要经过课程教学部领衔的校本课程开发委员会审核。凡经审核同意开设的课程,由学校统一编排,开学之前,在网上选课。学期结束,经考核合格后,赋予学生相应的学分。

最后,为保证实践体验类综合实践活动课程的有效管理,学校成立了"尚鸣学院",统筹协调学生发展处和课程教学部,系统规划综合实践活动的开展与实施。

研究性学习由"尚鸣学院"特聘导师指导,通过科学、探究课、部分社团活动课和"尚鸣讲坛"等,引导学生在学习和生活中发现和提出问题,培养学生的自主与创新精神、探究与实践能力、合作和发展意识。具体来说,研究性学习采取课题研究、项目化学习、社会调查等形式展开,学生提交研究计划,经开题评审后,进行系统化的研究活动,在高二年级/八年级上学期寒假结束时,提交研究成果。海内外研学、社会考察和社会志愿服务等活动,采取的是问题式研学的方式,这能提高社会实践活动的有效性,做到活动前有预案,活动中有计划,活动后有总结(汇报),系统性地提升综合实践活动的有效性。

三、课程实施效果的持续评估

课程从来不是一成不变的,它受政治社会因素、学习理论和教育技术的发展等内外因素的影响。因此,课程需要不断地评估和改进,以适应这些发展和变化。

所谓评估即是对数据的收集和整理,评估者可据此判断预期目标是否达成,认识课程的优势与不足,同时还能了解其在实施过程中的有效性。课程评估包含例证收集、课程计划可行性描述和项目结果与进展研判,并由此得出结论。这一结论则是课程开发和改进的基础。

课程实施只有通过不断的评估与改进才可能成功,且课程评估不应仅在课程实施过程末尾才开展,而是理应成为实施过程的一部分。因此,持续的评估是确保课程管理有效性的关键一环,这既是因为评估可以提前排除课程实施中出现的隐患,还因为它可以提高课程实施的效率。

在课程评估中,目的不同,侧重点也就不同。当这一目的是检验课程效果时,评估的重点则应放在课程的产出,特别是学生的学业成绩和学科素养表现上;而若其目的是对课程的提升或发展,则评估应聚焦于课程实施过程(McGaw,1995)。

基于结果的评估重点是关注学生的学业表现,具有逻辑性强、理性、直观和易于操作等优势。然而,由于这种评估更关注现有的、可测量的产出指标,例如考试成绩、出勤率等,却忽视了那些同样重要但难以量化测量的指标,例如学生道德情操、社交能力以及情绪管控能力的发展,因而无法深入课程的本质,就会出现课堂中教师教授什么,学生就学习什么的局面。因此,我们真正需要的是基于过程的评估,它更关注作为学习主体的学生的发展情况。

课程构建和实施可视为一系列的互动步骤,而有效的课程评估最好在课程构建和实施的各个阶段进行。然而,何时以及以何种方式进行评估更有效是需要认真思考的问题。唐纳德·柯克帕特里克(Donald Kirkpatrick)的四级评价模式为"如何"和"何时"进行课程评估提供了一个非常值得参考的、清晰而简洁的框架。图3-8显示了唐纳德的四级评价。

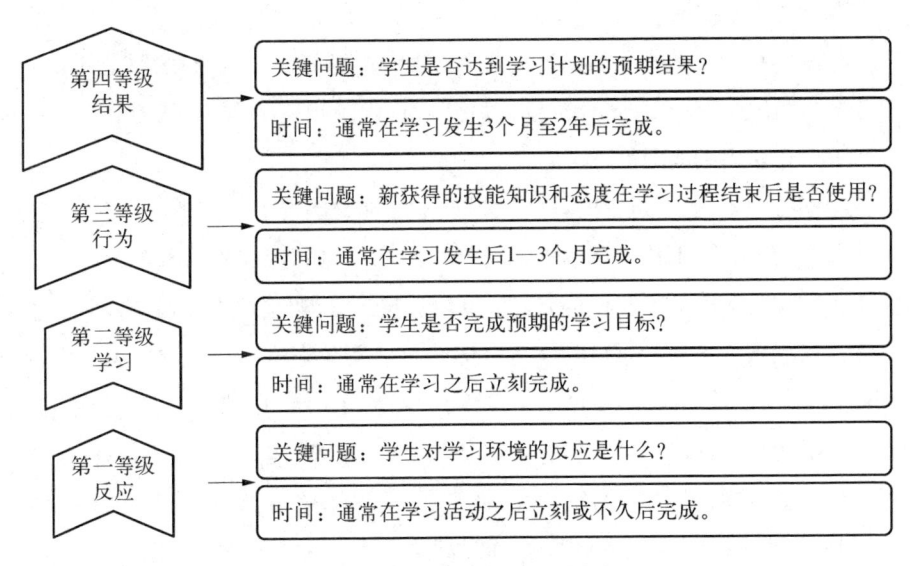

第四等级 结果
- 关键问题:学生是否达到学习计划的预期结果?
- 时间:通常在学习发生3个月至2年后完成。

第三等级 行为
- 关键问题:新获得的技能知识和态度在学习过程结束后是否使用?
- 时间:通常在学习发生后1—3个月完成。

第二等级 学习
- 关键问题:学生是否完成预期的学习目标?
- 时间:通常在学习之后立刻完成。

第一等级 反应
- 关键问题:学生对学习环境的反应是什么?
- 时间:通常在学习活动之后立刻或不久后完成。

图3-8 唐纳德的四级评价

唐纳德认为,评估应始终从第一等级开始,然后,在时间允许的情况下,依次通过第二、三、四等级,前一级的信息作为下一级评估的基础。虽然并不是每个级别都需要被评估,但每一个连续的级别代表了对课程有效性更精确的测量,同时也需要更严格和耗时的分析。

第 1 等级：反应

学生对该课程提供的学习经历的反应如何？他们是否喜欢？直接地说，他们是否认为它有价值？

第 2 等级：学习

一旦我们知道学生对自身学习经历的感受，我们就需要衡量他们实际学到了什么。第二等级评估学生在知识、技能和价值观等方面的实际获得程度。通常，这时我们希望使用学习前和学习后（正式和非正式，团队和自我）的测试，以了解我们期望的学习过程在多大程度上已经发生。

第 3 等级：行为

学习者是否能够把学习转化为实践是决定课程有效性的重要因素。这个阶段的评估有助于我们了解学生是否通过课程的学习提升了自身解决问题的能力。

第 4 等级：结果

这一等级的评估是我们在日常教学管理中最经常使用的，参照预定的教育教学目标，评估学生在完成课程学习后是否达到了预期的目标，从而确定课程实施和学生学习的有效性。

以学生为本、基于过程的真实性评价是评价发展的主要趋势，学校是真正发生教育的地方，"下移管理重心，激活微观主体"是教育评价管理的追求。以上闵外的课程实施管理和评价方案为例，我们在进行课程评价时，着重围绕《中国学生发展核心素养》的具体要求，以培养学生人文底蕴、科学精神，引导学生明晰社会责任、勇于担当，发展学生实践能力、创新思维，帮助学生以学会学习、健康生活为核心，以"三重"原则（即重基础、重过程、重能力）为抓手，以体现学生主体性为目标，将学生的核心素养培养落实到每一个课程、每一节课、每一个教学环节、每一次体验活动之中，全面提高学校教育教学活动的效益。

1. 学生发展评价

推进综合素质评价。除了基本的课程学习效果评价之外，我们借助于上海市学生综合素质评价系统，将学生发展性评价、多元性评价和结果性评价相结合，加强学生在课程学习过程中的诊断并予以改进，关注学生的学习经历和态度，关注学生的发展态势，在学生综合素质评价系统中，予以过程性完整且客观的记录。

2. 课程效能评价

课程评价可由校领导、教师、家长、学生几方代表组成的课程审议小组作为评价主体，从不同的角度审议学校课程的效能。主要包括课程目标与计划评价、课程开设与投入评价、课程实施过程评价、课程实施效果评价等，借助于座谈会、调查问卷、考试质量分析、课堂教学督导、学生学习成果展示等方式，从四个评价点分别对课程实施的全流程进行监控。

课程的四个评价维度聚焦国家课程、校本特色课程、生本个性发展课程等内容。从国家课程的角度，审议课程目标的设置，内容的安排，课时的分配等内容，是否符合国家"双新"理念的落实，是否符合学校学生的实际，是否利于学科核心素养的落实，评价是否全面且多元。从校本课程和生本课程的角度，思考学校的课程设置是否能够促进学生自我规划和自主决策，是否能够发展学生的兴趣特长，激发他们的潜能，是否能够促进学生个性的发展和学校特色文化的传承。学校同时也十分重视学生的实践体验类课程（活动）的实施效果，着重评估这类活动课程是否能够提升学生的实践水平和团队合作，是否能够培养学生的规则意识，是否能够提升学生解决生活中实际问题的能力。

3. 教师教学评价

教师教学评价主要通过课堂观察、问卷调研、教学诊断三种方式进行。

课堂观察主要关注教师是否设定基于学情的学习目标，是否创设真实情境体验或活动设计，是否能够帮助学生建立利用学科知识来分析和解决问题的认识模型，是否体现大单元教学设计的思想，能否将学科核心素养融入到课堂教学中。

问卷调研主要通过客观题和主观题结合的方式，由学生对教师的课程教学进行评价，评价的维度包括课堂教学内容、教学活动设计、教学目标达成、教学评价手段、教学语言、课业任务等内容。

教学诊断是指在课堂观察和学生问卷的基础上，建立审议小组和教师的良性沟通机制，以解决问题为导向，形成学科组团式教学诊断的教学评价模式，通过"尚鸣杯""青蓝工程"等校内活动，建立专家指导、骨干引领、教研组互助的机制，形成教师课堂教学评价研究机制，汇总形成教师观课报告。

第四节　建设策略1：开发PBL多学科融合课程

所谓PBL(project based learning)，即项目式学习，其关注以问题为导向的教学方法，基于以学生为中心的教育方式，在教师的引导下，"以学生为中心，以问题为基础"，鼓励学生通过一段时间内对真实、复杂问题进行探究，从中获得知识和技能。通过项目制学习，学生将学会如何解决问题，如何设计解决方案，如何提升独立思考以及批判性思维能力，如何更好地与他人合作，如何应对真实生活中所遇到的问题和挑战。这也正是如今学生适应未来应对挑战所需要具备的能力。PBL教学法从解决实际问题出发，更有利于激发学生内在的学习动力，在学习并解决问题的过程中逐渐形成正确的价值取向，学会运用科学的、恰当的方式方法，并逐渐养成良好的学习习惯和思维方式，最终提升学生发展必备的核心素养。教育家约翰·杜威所说的"learning by doing"，是PBL的精炼总结。在实践的过程中，学生发现和寻找核心命题(driving question)，并在技能培训、知识获取的过程中提升自己。每一个PBL命题的答案都不是唯一的——这种开放性环境尤其适合培养学生的发散性思维素养。

《国家中长期教育改革和发展规划纲要(2010—2020年)》指出，要深化教学改革，创新教学方法，倡导启发式、探究式、讨论式、参与式教学。鼓励教师在实践中大胆探索，创新教育思想和教育模式，形成教学特色，增强教学效果。跨学科学习的开展是实现这一目标的重要手段，它引导学生在重大观念的引领下，从知识记忆的牢笼中解放出来，突破学科的局限，把不同领域、不同学科的概念整合起来，围绕主题开展深度学习，这是指向认知能力，致力创新能力培养的有效路径。这很好地呼应了《关于深化教育体制机制改革的意见》中所指出的"在培养学生基础知识和基本技能的过程中，强化学生关键能力培养；培养认知能力、创新能力"。

目前，教育部频繁发布的文件也为未来教育指明了方向，如"加强五育""破五唯""教育评价改革"等。可以看出，刷题必将不是未来学习的主要方式，我们需要通过PBL所提供的开放的、弹性的、创造性解决问题的学习方式，去培养未来人才。

以上闵外"双语跨学科融合课程"为例。教育部在《基础教育课程改革纲要》中强调以学生为本,注重学生的全面发展,在学生的学习态度、习惯、方法和思维方式等方面进行训练和培养,使学生可以由"学会"真正变为"会学"。基于此,上闵外在初中部进行尝试,开设了基于 PBL 理念的双语跨学科融合课程——双语 PBL 项目探究课程。该课程以学期为周期,深度进行主题项目探究学习,课程随着年级上升有螺旋上升的层次设计。课程旨在以一个主学科(如英语)为抓手,课程主题涉及公共关怀、文化传承、创新制造、环境保护等不同领域的大主题,根据项目需要,通过融合数学、物理、化学、生物、地理、历史、科学、劳技、信息等学科群的知识和技能产生理解,并将它们加以整合,从而生成新的理解,让学生从被动的接受者,转变为主动的探索者,注重学生创造力与执行力的培养,最终培养学生的批判性思维(critical thinking)、合作能力(collaboration)、创造力(creativity)、沟通交流能力(communication)以及全球公民意识(citizenship)。

1. 课程目标

(1) 通过 PBL 的教学方式融入学生的学习,用一个个基于真实世界的命题,给学生提供有趣且有效的教育机会。

(2) 在导师的引领下,学生成为开放性议题的主角,用团队合作的方式设问、辩论、预测、计划、收集数据、开展实验、逻辑分析、得出结论、发表成果、反思成长。

2. 课程开发要点

上闵外双语 PBL 项目探究课程在开发之初便着重关注以下关键点:项目式学习的落地,重点在于把握一个系统化的学习模型,通过参与一系列复杂的任务来解决真实世界中的问题,包括设计、计划、决策、执行、交流结果等,在任务中学习知识和技能,培养思维和品格。

(1) 重点知识的学习和"成功素养"的培养。项目化学习课程设计不仅关注教育大纲下学科知识的学习,同时也关注学生批判性思维能力、问题解决能力、团队协作能力和自我管理能力的培养。

(2) 有挑战性的问题。项目式学习的核心是解决一个有意义的问题。这个问题应该具有一定的挑战性,但同时又不能难到让学生望而却步。

（3）持续性的探究。项目式学习强调学习的过程、解决问题的过程,在这个过程中学生首先要学会针对任务提出问题解决方案,并针对问题解决方案学习如何查找、整合和使用信息。

（4）真实性。项目的真实性一方面体现在以解决真实世界的实际问题为目标,应用真实的工具和评估标准,成果或产品会产生真实的影响;另一方面,若项目能真实地体现学生个人的兴趣爱好或生活中关心的问题,也会为项目的真实性加分。

（5）学生的发言权及选择权。学生需要对项目有自己的发言权,包括做什么和怎么做。

（6）反思。学生和老师在项目过程中需要针对各个环节进行反思,包括：学习的内容、探究项目执行的有效性、项目成果的质量、项目中遇到的问题及解决方案。

（7）评论与修正。学生们需要提出及接受意见和建议,并知道如何基于反馈来改进他们的执行方案、完善他们的产品。

（8）项目成果的公开展示。学生们需要向同学和老师以外的公众阐释、展示或者呈现他们的项目成果。

3. 课例：《理解非物质文化遗产：展示多彩纷呈的中国烹饪,介绍博大精深的华夏文化》

目标：本项目的目的是引导学生理解非物质文化遗产的意义和影响,通过对中国美食的探索来理解和传承其背后的文化。通过本项目的学习,学生将了解到文化遗产对他们自己、对他们的家庭、社区和世界的重要性。通过制作海报和作报告的形式,学生立足本土文化,宣扬中国精髓,理解人类非物质文化遗产的深远意义,并学会如何清晰地表达并与全世界的观众分享他们的知识和感受。

在该项目中,学生将在教师的指导下,进行与真实世界相关联的项目探究,他们不仅需要构建对美食、文化、(物质与非物质)文化遗产等概念的理解,同时需要通过小组讨论,分工进行信息搜索和分析整合,进行文字创作、美工设计,同时加入信息技术应用,最终以烹饪书和视频的形式呈现不同的地域美食和同学们对其文化的理解,并通过英文演讲来表达、宣传我们的中国文化。在整个过程中,学生的沟通能力、英语口语和书面表达能力、编写脚本和制作视频的能力、进行在线学习和研究的能力、访谈和演示技巧等会得到锻炼和提升;此外,学生还将发展应用多媒体技术的能力,包括平面设计、展览布局、摄影和视频制作等。在项目进行的过程中,学生将不断地沟通、协调,共同解决项目中碰到的问题,从而达成 PBL 所指向的 4C 培养目标(communication、collaboration、critical thinking、creativity)。

任务:在这个项目中,根据中国的八大菜系,学生将被分成八组,每个组代表一个省(菜系)。学生将担任该省的旅游大使,通过美食来宣传本省的文化遗产。学生需要制作一本展示本省著名美食的烹饪书,制作 1—2 分钟的宣传本省文化的视频,并通过"美食博览会"进行项目的最后展示和介绍。

实施:

步骤一:项目学习、分析及规划

学生明确任务要求:了解背景信息,各小组确定主题,分组讨论主题任务、规划安排。

课堂形式:小组讨论、班级讨论、小组任务纸(worksheet)。

课时:12 课时。

要点:批判性思维和问题解决能力的培养——头脑风暴。

教师提出驱动型问题,学生以小组为单位,以合作探究为基本方法,从团队命名、菜肴制作设计到作品内容,进行互相讨论、抒发意见,既要充分尊重每个成员的想法,同时又要达成一致的意见,通过不断地沟通、协调、说服、改变,最终确定团队任务,即最终的产品呈现形式。

步骤二:形成项目概念,进行知识构建和技能培训

学生按照项目规划,研究任务内容、学习制作海报和 PPT、寻找素材、制作文件、编写脚本。

课堂形式:小组讨论、分组活动,信息技术运用。

课时:32 课时。

要点:创造性和创新能力的培养——作品设计,展品制作。

在参考一定视频和展示资料之后,学生在老师的引导下,进行知识建构和技能培训,同时做中学,通过网络搜集信息、查阅资料,将烹饪书进行排版和版面设计,将利用彩笔彩纸等工具对省份展牌进行自我设计,创造小组专属的设计作

品。在此过程中理解各个地域的饮食文化,以及中国美食背后的文化意义。

步骤三:项目制作和修改,准备项目展示

学生按照项目规划,从产品制作、项目内容、艺术设计等方面的基本技能入手,进行作品制作和视频录制等准备,为最终的项目展示进行准备。

课堂形式:小组讨论、分组演练、视频拍摄、个人任务纸。

课时:24课时。

要点:沟通交流能力和团队协助能力的培养——小组讨论,教师指导。

其实学生从最初的学习阶段开始,就需要不断地通过小组成员间的讨论及教师指导下的讨论等方式进行沟通,表达自己的想法和意见,最终通过沟通的方式解决问题,确定各组的项目相关内容和成果呈现方式。

步骤四:项目展示与反思,形成学习闭环

学生以演讲、展览、问答等形式,对项目进行总结和展示,其他学生则通过对每一组展示的作品进行记录,并在反思课上进行互相讨论和评价,培养批判性思维。

课时:4课时(学校提供专门的空间给学生进行展示,并邀请老师和家长参与)。

要点:团队合作,反思更新。

每个小组通过不同组员介绍、展现团队作品。每个成员可以用自己喜欢的方式介绍自己团队的美食、项目中的困难,以及与团队成员合作的心得等。同伴和参观者给出一定的评价和反馈,小组进行反思和更新。

在此过程中培养学生的元认知能力,引导学生认识到学习是一个持续的过程,在过程中可以不断提升和做得更好。

步骤五:课程评估

评价维度多元,包括自我评价(self)、项目伙伴评价(peer)、导师评价(facilitator)、观众评价(audience),由这四个维度组成的评价系统,更能增强学生个人成长的"获得感"。参与PBL前,对学生的发展状态有精准的评测;项目执行过程中,对学生的综合能力有中肯的评价;PBL结束后,对学生的个人成长有量化的评估。PBL评价系统中的各项参数,都是基于在真实世界中解决问题的能力。

附：

表 3-1 课程计划

学习周	内 容	活 动
第 1 周	了解联合国对非物质文化遗产的界定；中国现代八大菜系概述	● 介绍背景信息 ● 设定项目期望值和时间点 ● 设定目标词汇 ● 分小组，指定各小组主题
第 2—3 周	从烹饪书中学习	小组讨论并计划他们烹饪书中的部分应该如何规划
第 4—5 周	通过在线研究和访谈来学习如何制作他们小组指定的菜式	小组讨论他们制定的菜式及组员的职责分工
第 5—6 周	学习如何制作文件和使用各种元素	小组将他们烹饪书的部分放到一起并继续研究
第 7—8 周	练习展示技能并学习如何提供建设性的反馈	小组更新他们的项目进度。他们将对其他人的作品做出书面的反馈，包括建议和意见
第 9—10 周	学习用户友好的视频制作、脚本和故事板编写的原则	小组将为视频编写脚本和故事板，展示他们指定的菜肴
第 11—12 周	小组更新他们的烹饪书部分的版本	小组将更新他们的进度，对各自的工作进行书面反馈
第 13—14 周	小组展示各自的视频	小组将对各自的工作进行书面评价，包括意见和建议
第 15—16 周	小组对各自的工作进行最后的检查和纠错，班级将所有的作品打包集合在一个文件中	小组将把他们产品中的所有元素整合到一个班级产品中
第 17—18 周	小组将审核班级的最终产品，展示他们各自的部分，并把他们的经历反映出来	全班将进行最终的展示，学生们将进行个人自我评估

第五节 建设策略 2：多项互动中动态生成课程

动态生成性是当前新课程改革中提倡的新理念，它是针对传统教学的弊端而提出的。这一理念主要来自于后现代课程观，它强调课程应该是开放性、动态性和过程性的统一,课程目标和实施过程都是动态的、具有生成性的,课程构建中要不断接收课程实施过程中教师和学生的反馈,及时对课程进行动态调整。这就意味着课程本身并不是静止的、完全预设的、不能变更的。课程目标当然可以预设,也应该预设,但课程的发展价值并不是一经预设就能够完全实现的。课程内在的价值只有师生在课程实施过程中,在与特定的自然环境、社会环境、文化环境的能动作用中才能实现。

在传统的课程理念下,课程的实施主要依托于课堂教学来实现,教师的关注点聚焦于课程的目标、计划、课堂教学的预设,而忽视了教学过程本身,把教学过程看成是预定计划或方案的简单体现。而事实上,学生真实的学习过程不可能百分之百地按预定轨道行进,它是一个师生、生生及多种因素间动态作用的推进过程。"动态生成"是对教学或学习过程的生动可变性的概括。所谓动态生成性,是指在教学或学习活动中,教师与学生、教师与教学内容、学生与学习内容以及学生与学生等双向互动和多向互动中所发生的实际情况,生成的新的教学内容,这些内容有的是原定的教学内容(教材)中没有的,还有的是教学或学习过程中突然出现的。

动态生成性课程最主要的特点是参与性和动态性。学习的过程不可能脱离学生的个体性参与,动态生成性课程要求学生有效地参与教学活动,积极倡导教师与学生个体或群体之间的互动,以及学生与学生之间的互动。根据"基于文化理解的课程"理念,教师与学生有其各自不同的文化图式,在面对同一事物时,基于各自原有的文化图式,会关注到不同知识点,形成不同的理解和认识。在强调动态生成的课程实施过程中,师生、生生之间通过这种交流、互动,分享彼此的经验和认识,交流彼此的情感和体验,拓展彼此的眼界和视域,这样,最终形成各自新的文化图式,达成文化理解,使得学习成为立体交叉式的网状结构,形成知识的建构与生成。

以虹桥中学"自然笔记"课程群为例。

上海市虹桥中学地处上海市中心城区,占地面积10 734平方米,学校距离上海动物园1.4千米,距离沪杏科技图书馆400米,社区内绿地众多。作为一所公办学校,学校的生源大部分为外来务工人员子女,相比于其他同龄孩子,他们的学习基础相对薄弱,学习兴趣与动力不足,家庭教育相对缺失,见识与视野相对狭窄,情感发展不够丰富,与周围世界的联系、体验、参与都较少;在学习习惯与方法,自我管理能力,学习自信心等方面,也有明显不足。由于长期生活在钢筋水泥的森林中,日常缺少家长的陪伴,更是少有机会外出旅游,这些孩子对自己日常生活中所享用的一切不知来源,不加关注,没有感情,存在学习发展动力缺失,联想与想象力贫乏的"自然缺失症"。但是,从智力看,这些孩子与其他学校的学生没有明显差异,也是可塑性强、探索欲望强烈的可爱的孩子。

基于"让每个孩子在关爱中体验成功"的办学理念,学校聚焦于培育学生的创新素养,采取引发新奇、引导专业、引领精致的策略与方法,打磨出了专、精、特的校本课程——"自然笔记"课程群。希望通过这些课程,引导学生回归自然,观察自然,体验自然,学会与自然和谐相处,进而实现与自我和谐相处,与身边的人和谐相处,让学生在课程学习过程中,在学校和老师的关爱中,体验成功。

所谓"自然",其概念中包括三层意思。第一层,虹桥中学物候园中野生与人工形成的植物、动物、石子步道、坐具、其他由物候园面貌自身发展出来的内在特色如微生物等构成的一切。第二层,社会场馆,如上海动物园与自然博物馆。第三层,学生进行自然考察与研究教育项目的所在地——天目山。

所谓"笔记",包括"笔"和"记"两个概念。笔,既包括书写用笔,如铅笔、钢笔、毛笔、蜡笔等,也包括记录及存储用的音像器材、各类 APP、云空间。记,作为动词,指学生在学习过程中产生的记录、存储、分析、研究、参与等行为,也指学生在学习过程中产生的经历、体验等;"记"的内容和对象,则包括学生修习该校本课程时产生的经由学校、教师、学生自身选择后的各种内容,包括但不限于所观察对象的特点,过程中的身心表现,探究中的发现,对"自然"的加工创造、创意表达与表现,等等。

"自然笔记"课程群以"自然"为对象,以"观察"为基点,以"笔记"为要件,从不同的角度观察自然、认识自然、探索自然,以"人与自然的关系"为主线,形成了覆盖初中整个学段的系列课程。

1. 课程开发策略:专精特新,体验成功

"专":用专业的态度和方法,去学习专业内容和专业表达。课程要帮助师生双方在修习过程中习得专业知识与技能,所采用的过程和方法要符合课程内容所提出的专业要求,培养学生对"专业"敬畏与尊重的价值观;助力学生在一次次观察、阅读、合作、探究、体验、表达中,体验成功,积小成为大成,实现一段低起点高成就的学习之旅。

"精":精确、精微、精细。在具体项目的学习中,观察目标的设定要具体、精确,观察的方法和手段要精微、细致,对观察结果的记录要精准、明确。学生要能在观察过程中捕捉到随机出现或稍纵即逝的事物和现象,记录下别人容易忽略的细小现象,并提出自己的思考和问题。

"特":学校重构校内学习空间,建成自然笔记课程中心和微型物候园,用丰富的资源承载课程特有的学习内容,包括自然笔记创新实验室、自然创意工坊、科学微电影工作室、光与影创意制作室等,让"自然笔记"课程以先进、现代的方式实施。

"新":运用不同的教学方法和手段,增强观察的趣味性;主动拥抱和利用最新技术手段,让"自然笔记"课程与摄影摄像、微电影创作、戏剧创作与表演、创意设计与制作等相链接,激发起学生更大的学习热情,产生更丰富更优质的学习效果。

"自然笔记"课程群以真实情境和任务来落实跨学科学习内容,以项目实施推动合作学习与自主学习,以观察、阅读、合作、探究、体验、表达为主要学习方式,将学科课程与活动课程进行有机整合,从而培养学生的自主学习意识,提升其合作学习能力。

2. 课程管理要点

(1) 物质保障,制度跟进

除物候园之外,学校还配备了各类专用教室和专用仪器、工具、药剂,以及正常记录要用到的照相机、摄像机、笔记本电脑等设施设备;在器材的购用与管理,课程方案的申报、立项、实施、评价等方面,都有一套严格的流程与制度落实,全方位保障课程的实施。

(2) 合纵连横,内修外研

"自然笔记"课程是跨学科综合实践课程,"合纵连横,内修外研"是学校层面对相应教研的特别设计与安排。

"合纵"是指不同年级同一学科背景的老师们一起参加"自然笔记"课程教研。

"连横"涉及不同学科，即同一年级某一课程涉及到多门学科，如《自然笔记课程(上)》的模块一"校园中的植物"，其中的第1、2课时"观察任务1：形态多样的叶"，涉及生物、语文、美术三门学科，则相应学科老师在这个课时的教学备课时需要一起教研。

"内修"一是指学校内部的校本研修，二是指教师个体的自主研修。

"外研"是指学校落实安排本校教师与外校教师一起研修，地点不限于校内校外，本校教师也可以到校外开展研修，校外也不限于本区本市本系统。

合纵、连横、内修、外研，都是学校帮助教师具有课程实施所需要的专业知识、专业技能、专业精神的最有力、最有效也最受教师欢迎的策略与方法。

3. 课程实施策略

（1）"三层六法"的学习方式：观察、阅读；合作、探究；体验、表达。

"观察与阅读"强调的是学生个体层面的学习与思考。当学生在观察中有所发现时，他们就会产生很多疑问，他们对于阅读就有了更多的渴求。阅读将带领学生在语言文字世界中获取信息，认识世界，发展思维，并获得审美体验；而阅读所获又会反过来促进观察的继续深入。这个过程，正是基于和促进"文化理解"的课程实施的重要组成部分。

"合作与探究"强调的是学生团体层面的互动与互促。合作与探究相伴相生，通过合作与探究，学生有所发现，进而深度合作，再进行探究，循环往复。在提高自身水平的同时，学生的合作意识与合作能力、探究精神与探究水平也会不断提升。而整体平均水平的提升又会进一步推动群体中每个个体的提升，实现正向良性的互相影响。从"理解"不同个体、所在团体的"文化图式"，到融入、添砖加瓦地改进改善，最终形成团体、个体的新的文化模式。

"体验与表达"指向学生学习成果的获得及输出。体验与表达互利互促。相比于一般学习，学生通过体验获得的感受与感触会更加深刻，因此多样化的表达也就水到渠成了。表达所带来的成就感与自信心会促成学生更加深入地体验，循环往复，逐渐深入，使学生的收获不断丰富。"观察与阅读""合作与探究""体验与表达"这三个层面本身在不断实施的过程中得以深化，除了形成一种循环提升的内力之外，这三个层面之间也形成了一种不断激发、循环提升的过程。这个过程大概是：从观察到阅读，再到发现问题之后第二次观察；从体验到表达,继而在表达的激发下继续深入体验。

(2)"三引三联"的教学方法:引发新奇、引导专业、引领精致;联系历史、联系生活、联系前沿。

首先是"三引"。一是引发新奇。从陌生的或熟视无睹的事物上引发师生的新奇感。陌生事物本来就容易引发新奇,如果有人从大家视若无睹的事物中发现新奇现象,则更能引起强烈关注。

如一位老师抛出自己发现了"校园里的野生植物"这一消息;一名学生观察到校园里的梨树叶片上有凸起的"包",再观察,发现好多片梨树叶子上都有这样的"包";还有多名学生观察到校园菜苗的叶子上有虫洞……这些发现,引发了学生的惊讶和疑惑,也由此引发学生的科学探究之旅。"校园植物有危机?"的课程就是这么诞生的。

二是引导专业。教师要引导学生对观察得来的事物、现象、规律,作进一步的深研细究,争取在这个点上达到既博也渊的专业水准。学生基于梨树叶片上的"包"是什么这一问题,采集标本,用放大镜观察,看到了"包"周围长了黄色的毛,中间是凹陷的;随即开展班级交流,分享观察及思维活动,猜测这些"包"可能是细菌,也就是说树叶生病了;接着学生查阅文献,明白了"包"是一种病菌,学名"梨胶锈菌";然后大家开始思考病菌从哪来的? 如何给梨树治病? 学生阅读、再实地观察,找到了梨树近处果然栽有龙柏,龙柏的鳞叶上果然也有许多菌斑;最后就是采用环保配方为龙柏和梨树控制和消除菌斑("治病")。师生都在这个过程中体验到了成就感。

引导专业中还有极其重要的一条,就是在从描述现象到解决问题的完整过程中,教师要使用专业术语而不是日常生活用语。比如,"鳞叶""叶脉""标本""梨胶锈菌""控制和消除",描述不能含糊、笼统。使用专业语汇系统,一是为了追求精准;二是为了未来能跟专业人士更顺畅地沟通交流;三是方便未来可以阅读专业文献资料;最后就是能让学生体验到自己的课程学习非常专业,心理上可以迅速成长为对自己有专业要求的人。

三是引领精致。课程实施前教师预设得越充分,考虑得越细致,课程实施过程中的学生生成才能越精彩。课程实施的每一个步骤,都是教师精心考虑、认真设计的结果。

比如对学生观察力的培养。任何新的思想观点、技术、产品和方法的产生，都离不开观察；没有对周围世界的观察，感受、思考、体悟、灵感统统都是无源之水，无本之木。为了在课程实施过程中有效落实这一目标，教师需要提前考虑好并在课程实施过程中引导、帮助学生解决以下问题：观察什么；怎么观察；用什么方法、如何记录观察到的东西；观察之前做什么、观察之后做什么；由谁来做、如何分工等。如此才能保证学生在学习过程中的每一点细微收获都是有质量、有价值的，才能使课程在动态的修正、更新、完善中越发精致。

接着是"三联"。没有一项创意会凭空诞生，没有一项创造是无源之水。前贤先辈的经验、智慧，是后人进阶的肩膀；生活的现象、事件，是课程内容的源泉；学校、教师、学生三方于发现问题、解决问题中，产生创意、动手创造，体验成功。我们的探索、思考以及一时还无法解决的困惑、遗憾，也将成为后人的肩膀。这就是基于和促进"文化理解"的"三联"教学方法的价值所在。

一是联系历史。"自然笔记"课程群中，有若干门课程都会由老师介绍或学生在网络上自主搜索一些相关历史文献，以获取相应的知识、技能、经验、智慧。如"一场与纸的邂逅"课程中"了解衍纸"这一模块，通过参观博物馆以及听讲解员讲解，学生了解了衍纸的材料、造型、图纸设计、制作及用途；"探索自然的足迹"这一模块中，教师介绍了地壳运动、树叶化石、琥珀；"叶脉的华丽变身"模块中，教师介绍了叶脉画在我国的悠久历史、题材类型、工序制法、特点用途，等等。了解历史等背景知识，能建立学生与学习内容之间的情感连接，激发学生的文化自信，增进学生对后续探究的热情和对所需知识、技能的掌握。

二是联系生活。"自然笔记"课程群中的每一门子课程，都来源于生活、服务于生活，教学过程也注重从生活现象中找灵感、找方法。如课程中安排了指导学生对某区不同水产市场野生河虾、养殖河虾的营养价值进行比较的研究。学生对比了野生河虾、养殖河虾的平均重量（规格）、平均体长、含水量、矿物质含量、蛋白质含量等，得出了专业、可靠、可信的结论，完全可以用来为家长提供指导和服务。

从营养价值方面来看，不同产地的河虾含水量都在74%以上，其中淀山湖的河虾含水量最低。野生河虾的蛋白质含量最高，干重（烘干后所占的比例）可达63.67%，略高于人工养殖的河虾。但是在生物学意义上，野生河虾和养殖河虾的蛋白质含量是没有差异的,不影响消费者的食用;所以购买野生河虾或者人工养殖河虾都是不错的选择。

联系生活,使"自然笔记"课程鲜活、丰富,使师生有服务生活的本领,有借鉴生活的智慧。学生在观察中模仿,在交流合作中感悟,在体验实践中表达,收获的是文化图式的日新月异。

三是联系未来。为促进学生更好地发展,课程实施必须基于文化理解,在学生知识技能、过程方法、情感态度价值观(三维目标)方面,既要关照到学生的起点基础,也要为学生的未来需要早作考虑,做好长远的打算。虹桥中学"自然笔记"课程在实施中,牢记这一点,围绕三维目标,认真做好每一次项目研究,每一次创意表现和表达。

以"动物丰容——让我们与野生动物和谐共存"实践项目为例,这个实践项目出自"自然笔记"课程中的"动物丰容",荣获了第32届上海市青少年科技创新大赛"青少年科技实践活动特等奖"。

学生在上海动物园专家和学校老师的指导下,知道了丰容的类型主要有环境丰容、社交丰容、认知丰容、感知丰容和食物丰容,从此同学们再去动物园游玩,就会懂得的比别人多,也更能观察出门道,并初步知晓可以用什么方法更好地改善动物福利。这样的知识和技能,是能够让学生受益一生的。例如在观察到双角犀鸟不快乐之后,学生在专家和老师指导下,根据双角犀鸟丰容前后的表现,作行为情况记录与统计,后续还有一个学习评价,如下。

1. 你觉得观察时最重要的是什么?
① 确定观察对象
② 选择观察工具
③ 仔细观察并及时记录
④ 反思再研究
2. 通过完成观察任务,你的感想是什么?

这是一个内嵌了研究过程与研究方法甚至是研究思想的观察记录表与学

习评价单。经由这个实践项目，学生收获的不只是让双角犀鸟"高兴""快乐"起来的这种显性的成果和成就感，通过思考应该采取什么样的观察角度来观察不同的动物以及为什么是这样的观察角度，学生能够习得其中蕴含的科学研究方法与思想。

长期以来，对于多数普通民众而言，动物一直是被观赏、玩乐的对象。"动物们是怎么想的？""它们过得好吗？"等等，这些并不在普通民众的考虑范畴。但在虹桥中学，不仅这些参加了动物丰容探究小队的同学们知道了"动物也应该有'福利'，我们可以怎样为动物提高'福利'"，而且让所有同学都理解了这一点，且愿意加入到动物丰容的队伍中。同样因为这个项目，同学们亲自经历了动物丰容的全过程，对于人与动物、人与自然为什么以及如何和谐相处，有了直接的经验、直观的感受，由此形成的情感态度与价值观，也将是终生的、稳固的，并且他们会带动更多人形成这样的情感态度与价值观。

这就是基于文化理解，联系未来公民所需要的核心素养实施课程的魅力所在。

(3) 多元、多维的评价策略

多元针对"自然笔记"课程本身，即评价者有上级主管、学校层面，有本校及外校同行、社区、家长，当然最重要也最主要的评价者是学生。而对课程的实施对象——学生而言，则要求他们自评、学生互评、师评。总之，学校以访谈、观摩课程实施的课堂教学或学生活动、问卷调查等方法，对各相关主体采取多元评价。

多维包括评价的内容和评价的实施。以对学生自然笔记作品评价为例，绘制的真实性，绘画的美观性，记录的科学性，感受的真切性，记录方式的多样性等，都是评价指标。其中，对自我的观察方法，观察工具，记录方法，观察计划，观察感受，观察结论以及所发现并记录下的最有价值的特征的自我评价也涉及到了知识层面、方法层面、情感价值观层面的多重维度。

评价的实施有过程性评价和综合性评价。从大的层面来讲，过程性评价涉及学生在观察、阅读、合作、探究、体验、表达等不同学习方式、方面的自评、互评、师评。他们各自与问卷调查法、访谈法、档案袋法等相结合使用，目的在于提高师生对本课程的内容构建、课程实施、资源建设等不同方面的参与度、贡献度，促进师生融入、投入本课程的学习，在互相关爱中体验成功。

第四章 基于文化理解的德育模式的构建

几年前,重庆晚报曾从正面报道过这样一件事:重庆市某中学的一位校长,在学校年底举办的辞旧迎新联欢会上,请其母亲坐到主席台前的椅子上。面对近 2000 位全校师生,该校长双膝下跪,为其母亲脱鞋洗脚!洗毕,他转身对他的学生提出要求:希望他的学生像他一样,在家孝敬父母,在外尊重长辈,做一个现代的孝子(孝女)。

试想,这位校长这样的德育方式有效吗?

本章将从文化理解的角度论述基于文化理解的德育,并为各位读者呈现在实施基于文化理解的德育的过程中,行之有效的一些策略和方法。

第一节 美德的内涵与当下德育的主要方式

德育是中学教育最主要的方面,狭义的德育是我们作为教育者有目的地培养受教育者优秀品德的活动,也可以说是学生获得美德的过程(本章内容主要讨论这个意义上的德育)。那么,怎样的德育内容、途径、策略更加有效呢?

一、美德的内涵

美德(virtue)的拉丁文词根是 vir,意思是"男人(man)"。在这里,美德的本意是 manliness,即是男子气概。所以,在人格心理学里,美德成为"给一个人的自我增添力量的东西"。《史记·礼书》中有:"洋洋美德乎!宰制万物,役使群众,岂人力也哉!"后来,在国内外,美德一词也演化为高尚的道德行为和优良的道德品质。所以美德就成为人类道德的核心内容,甚至道德就是指美德,有道德的人就是指有美德的人。

美德具有相对性,对于不同的人际关系类型、不同的职业性质、不同的历史时代、不同的文化类型,美德的价值取向是不同的。比如,"诚实"是指"内心与言行一致,不虚假",它是人类的一种美德,但面对盼望战场上的儿子归来的母亲,我们可能无法诚实地告诉这位母亲,她的儿子已经战死这样残酷的现实。这样的不诚实不能说明你不具有美德素养,而是说明你具有理解和尊重他人的美德。所以,美德教育不具有绝对的价值意义,而是具有相对性。在不同的情境中,美德的内涵会发生变化,教育者一定要关注这种美德性质。

二、传统"美德袋"式的德育

美德往往是人类经过几十年乃至上千年的道德经验抽象形成的概念。在古代西方,德育的主要方式是"美德袋"式的教育方法。亚里士多德把美德分为10种,即勇敢、谨慎、乐施、慷慨、自豪、求荣、稳重、诚实、友爱、殷勤,这就是"美德袋"里的内容。基于这些内容,然后采用近乎灌输的方式进行美德灌输,这就是"美德袋"式的教育方式。在近现代西方,"美德袋"式的教育方式仍是德育的主要内容与方式。

在中国,从古代到今天,几乎也都是通过"美德袋"式的教育方式进行道德教育的。不同的是,"美德袋"里的美德内容不尽相同,如在封建社会,中国的美德主要是:孝、忠、诚、礼、仁、信等;到了当代中国,除了保留有益于当今社会的传统中华美德之外,爱祖国、爱人民、爱劳动、爱科学、爱社会的"五爱"也成为每个公民的基本美德。

但我们的德育方式却无多大改变,强调的仍然是单元的(价值观念)、一致的(内容)、灌输式的(方法)教育方式,即"美德袋"式的教育方式。如"孝",中国人在几千年的文化经历过程中将其抽象为"让长辈幸福"以及相关的典型故事。现行的道德教育将这类故事及有关"孝"的符号告诉学生,以为这就完成了美德教育。然而,网络时代改变了道德教育的内外部环境与内涵,多元文化的冲撞使学生茫然不知所从,人性的觉醒使学生开始排斥他们不能接受的灌输方式,所以"美德袋"式的德育方式在中国同样遇到了前所未有的困境。

在西方,从卢梭的"爱弥儿"到杜威的"儿童中心论",都强调教育(在他们看来,德育即教育)应该是儿童自由成长的过程。柯尔伯格道德两难的忧虑在这样的教育中是没有的,但问题同样存在:其一,道德不可否认是某一社会系统价值的体现,德育就是传递这种价值观的作用,但,这在卢梭、杜威他们那里很难实现。其二,美德的体验也是有一定指向的,这同样在卢梭和杜威那里很难找到。

当代美国著名道德教育家劳伦斯·柯尔伯格则明确反对这种"美德袋"式的德育方式。他认为这种方法有两种缺陷:一是无法解决德育中遇到的文化的多样性和道德价值的特殊性问题;二是无法有效处理道德为受教育者接受和内化的问题。这样的美德教育只给了学生一个美德符号意义,而抛弃了美德的理性智慧和情感体验。

三、德育生活化与辨析式德育的利弊

美国教育家麦金太尔(Aasdair Maclntyre)认为,德性是人类后天获得的,内蕴于实践活动的各种好的性质、品质和倾向。针对"美德袋"式德育的缺陷,麦金太尔提出了德育生活化、道德两难问题讨论法等德育方式。德育生活化是设想还原道德(美德)之中的理性智慧和情感体验,即将抽象的道德概念与具体的生活情境联系起来,从而突破"美德袋"式的灌输教育。后者是通过道德辨析提升学生独立的道德伦理的辨别能力,从而让学生在生活中自觉遵守社会公德,提高学生的道德意识。

探索中的德育生活化实践存在以下问题:其一,目前,我们理解的德育生活化在还原道德内在的理性智慧和情感体验过程中,将受到宏观条件和主观意识的极大限制,从而大大增加还原的难度。其二,还原的主体应是学生而非教师,但学生这个主体对美德的还原受到其认识的束缚。所以,在实际德育生活化过程中,这些还原的主体往往由教师来担当,即教师为学生设计好整个体验过程,然后让学生进入教师为他们设计好的生活情境中去体验道德感性知识。如让学生去南京体验抗战历史,提升爱国情怀;让学生每日打扫教室卫生,培育劳动习惯,等等。由于设计主体是教师,这种社会化德育大打折扣。比如,学生虽然在校认真打扫卫生,但是在家却连扫帚倒地也不扶起来。其三,目前,我们的德育生活化更多的是对现实生活的抽象,而非现实生活本身。其四,现代社会的美德不可能完全通过学生的直接道德经验获得。

在中学教育过程中,还有一种比较常用的德育方式是道德辨析法,即教师根据德育目标,针对学生的实际,选择相应的道德事例,或组织学生接触有关社会

道德现象,让学生进行辨析,然后得出结论,以提高学生道德辨别能力的一种德育方法。这种德育方法的优点就是让学生自己的观点得以充分表达,并使其在与他人进行观点交流的过程中形成比较正确的德育观点、观念。但道德辨析法也存在一些问题,由于学生缺乏道德生活的真实经历,所以其道德辨析后的道德认识还是停留在道德符号(或信息)层面,并没有进入道德内在的理性智慧和情感体验中。

第二节　基于文化理解的德育的内涵解读

我们知道了德育的主要目的就是为了让学生获得美德的外在表现方式与内在的价值观,即获得广义的美德知识。从文化理解角度来说,是让学生形成这个社会所倡导的主流美德文化图式。那么,什么样的道德教育方式才能真正实现学生美德在身呢?也就是如何让学生获得外在的美德行为方式、内在的美德价值观呢?这需要关注广义的道德知识的本质。

一、道德知识(广义)的特点与本质

在两千多年前的战国时期,著名的墨家著作《墨辩》对人类获得知识的性质有过精彩论述将人类的知识分为"闻、说、亲(传授之,闻也;方不障,说也;身观也,亲也)"。具体来说,知识一是直接来自前辈的教育(闻);二是来自学伴之间的辩论与自己的推理反思(说);三是来自自己亲身经历获得的经验(亲)。两千多年后的今天,现代哲学解释学认为:学生的成长一是通过直接吸收前人与他人的经验,二是在解释这些经验过程中获得新的属于他自己的知识;后者包括理性的解释与感性的体验两部分。由此可见,从广义知识(下面没说明的知识,包括道德知识,均指广义的知识)的角度,尽管跨度两千多年,我们对知识内涵的认识却几乎没有改变,只是表述方式不同,真可谓是异曲同工!所以,道德知识也是如此。

根据作者几年前研究的成果——基于理解的知识分类理论,结合布鲁姆的知识目标分类法和加涅的信息加工理论对知识的分类,我们将道德知识分为三类:一是道德识记类知识。这类知识

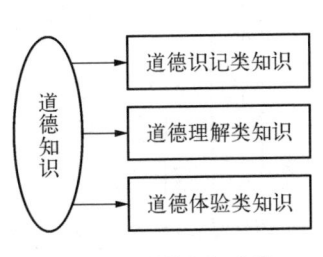

图4-1　道德知识分类

无需讲道理,也不需要理解,是定义类知识。例如五星红旗的结构等。二是道德理解类知识。这类道德知识分为两种,其一是通过一定的推理、类比等认知策略获得的道德知识,例如由 $A=B,B=C$,得到 $A=C$;其二是通过人类自身的解释获得的知识,例如人们对一些规章制度的认识。三是道德体验类的知识。这是我们经过亲身实践体验或经历事物本身才能掌握的知识。例如,"孝"的素养只有在人与人的相互关爱中才可能被掌握,孝子不可能是被说教出来的;师生之爱、情人之爱、夫妻之爱等,也是在彼此关爱中形成的,不可能是被灌输出来的。

我们可以从哲学角度来研究道德知识的特点。人类知识主要由直接经验与间接经验组成。对道德知识来说,同样可分为直接道德知识与间接道德知识。间接道德知识是人类几千年来形成的支撑人类社会稳定和发展的道德知识,它们以文字、图片、音像、实物等符号保存下来,是人类共同的智慧。如说起"谦让"的美德,人们就会想起"孔融让梨"的故事。同时,这种道德知识又通过传承,反映在人类自身的社会实践活动中,即蕴含在人类自身的社会现象中。这种知识是一个事实,是一种现象,而非故事。如"谦让",不是以故事与定义告诉人们何为"谦让"的符号,而是通过生活中人与人相互谦让的社会现象来感受何为"谦让"。直接道德知识是学生通过直接的道德经历与体验获得的,这类具有感性特征的道德知识以默会知识的形式存在于人类的活动中,学生必须通过相应的社会实践活动才能获得。故这种道德知识极易通过学生的理性反思成为学生的德性。如图 4-2 所示。

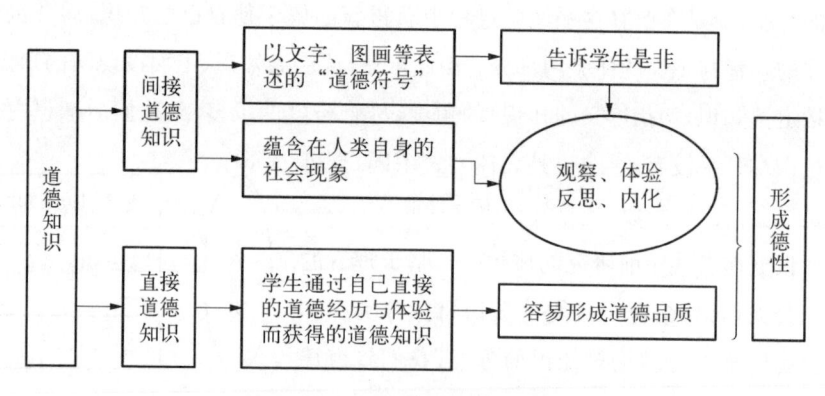

图 4-2 人的德性的形成过程

基于文化理解的中学教育理论与实践策略

二、基于道德知识性质的初步德育规律探索

借助德育生活化这一途径，我们确实可以让学生通过自己的直接道德经历与体验反思形成优秀的德性，但上面的叙述已明确告诉我们，现代社会的美德不可能完全通过学生的直接道德经验获得，在这种理想化的德育过程中，存在很多理论与实践的问题。

而笔者的研究表明，道德知识更重要、更生动、更直接的承载体——社会现象中的美德，它不仅是人类几十年乃至几千年传承的优秀道德（美德）符号，更是有血有肉、充满生命气息的美德现象。虽然人类社会现象中蕴含的这些道德经验（知识）并非是学生自己的直接道德经验（知识），但这些社会现象就发生在学生身边。学生可通过观察、甚至深入这些社会现象，直接体会到这些生动的、丰富的、有效的道德经验（知识），并通过自己的道德将其建构成为自己的美德感性知识，进而通过自己的自主反思成为自己的德性。

在传统的德育过程中，我们往往重视间接道德知识，如文字、图片、音像、实物等符号性知识的传输。但我们应该明白，当知识处于感官理性层次时，它只是一种信息，只有将这种信息与人的内在个性融为一体，进入人的无意识层面，它才可能成为人的一种道德品质。只有这种信念化的知识才可能成为生命的一部分，即美德在身。所以，只是让学生知道是非，是难以形成德性的。道德符号教育是低效的。道德认知（主要获得识记类及理解类知识）虽然是德育与学生形成优秀德性的重要渠道，但学生优秀德性的形成更多的是依靠美德体验的过程。

但仅有体验是不够的，学生美德的形成还需要道德理性的参与。社会现象中的美德，不仅包括人类几十年乃至几千年传承的优秀道德（美德）符号，也包括有血有肉的、充满生命气息的美德现象。虽然人类社会现象中蕴含的这些道德经验（知识）并非是学生自己的直接道德经验（知识），但这些社会现象就发生在学生身边，学生可通过观察、甚至深入这些社会现象，直接体会到这些生动的、丰富的、有效的道德经验（知识），并通过道德理性将其建构成为自己的美德感性知识，进而通过自己的自主反思使其成为自身的德性。所以，想要真正地让学生形成优秀道德（美德）品质，需要向学生传授以文字、图画等为表现形式的美德知识，但最有效的方式应该是让学生在体验这类道德知识的同时，使之成为德育的主体，去主动反思、建构美德知识。教育除了要推动学生通过自己

的直接经验实现美德品质的内化外显,更多的是要思考如何还原隐含在书面道德知识中的间接道德经验,并让学生进入这些经验中,让这些道德知识成为学生内在的需求,进而在道德活动中养成道德品质。

德育生活化确实可以让学生通过自己的直接道德经历与体验反思形成优秀的德性,德育生活化已部分解决了如何通过学生直接的道德经历与体验使其形成内化的道德品质并外显为道德行为这一问题。但是,大量蕴含在人类自身社会现象中的美德,却并没有为学生所接触并内化为学生的美德品质,或外显为学生的美德行为。为解决这一问题,我们提出了基于文化理解的德育观:"德育不仅仅是道德符号的灌输,更重要的是真实美德的体验。"

三、基于文化理解的德育

根据第一章对人的文化图式的定义,我们可以描绘出人的道德文化图式的内涵:其外在的道德行为习惯、语言等,其内在的、与外在道德行为习惯、语言等一致的道德价值观、情感等,如图4-3所示。由此可见,这种道德文化图式是学生后天获得的,是可以准确反映学生道德品质(德性)的。

图4-3 学生形成的道德文化图式

根据前两章对中学生文化图式特点与学生道德文化图式内涵的分析,我们可以清楚地知道,经过十多年的生活与学习,中学生的道德文化图式已经初步形成,也就是已经形成一定的道德价值观与相对应的行为方式等。根据文化理解的理论,他们对外来的社会道德文化模式以及对自身产生影响的其他人的文化图式会产生一定的排斥倾向,所以,外加的、带有一定强制性的道德教育效果对中学生是低效的。

我们希望学生形成新的道德品质(德性),即形成社会与教育者所希望的学生道德文化图式,意味着需要改变学生已有的道德文化图式,即形成新的道德行为与相对应的道德价值观等。根据文化理解的理论,最有效的方法就是让学生已有的道德文化图式与代表教育目标的社会道德文化模式以及其他人的道德文化图式发生接触与交流,在这一过程中,学生原有的道德文化图式为了适应外在的道德文化模式或其他人的道德文化图式会发生改变,从而形成教育目标所希望学生形成的新的道德文化图式。

根据上述定义,首先,基于文化理解的德育,使德育主体的主体性得以充分发挥,并始终与其主体间性通过交流保持理解,也就是说,其主体间性同时得以发展。其次,基于文化理解的德育,受教育者的道德文化图式不是在外来文化模式或图式的强迫下发生改变,而是受教育者通过将自身的文化图式与目标文化模式或图式进行充分交流沟通,为了使自己更好地适应未来,最后在达成理解的情况下发生改变,故这种改变是基于受教育者自身需要而发生的。这完全改变了传统灌输式的德育方式。

另一方面,关于这种促进学生道德文化图式改变的外来文化模式或图式,可以是社会、教师有意识、有目的地帮助学生设计好目标道德文化模式或图式,帮助学生接触并进入其中,然后使其与目标道德文化模式或图式充分交流沟通,并实现学生道德文化图式的改变,从而让学生形成新的优秀德性。

基于文化理解的德育模式注重让师生有目的地用自己的眼睛去发现社会生活中承载当代美德的社会文化现象,并努力使自己进入这种现象,将自己作为这种现象的一部分,去体会、记录(用各类媒体)与反思这类现象,然后在一定的范围内以某种方式重现这类现象,并与他人分享,从而引发师生深入讨论、反思,使社会中的美德内化为学生的优秀道德品质,外显为学生的美德行为。

在这样的德育过程中,德育主体通过情感认同、价值认同、目标认同,自主进入蕴涵美德的社会文化现象中,在体验美德现象的同时,使自己成为德育的主体去反思、建构美德知识,在潜移默化中成长、成才。例如,我们要弘扬"孝"这种美德,教师先给予学生一个美德符号:"孝"就是要敬重长辈、让他们感受幸福;"孝"既要孝敬长辈又要忠于国家民族,等等。然后,教师让学生去社会生活中发现这种美德现象,并走进这种现象,使自己成为这种美德现象中的一分子。

第四章 基于文化理解的德育模式的构建

学生动用可能的手段和能力,反思、记录这个关于"孝"的美德现象,并在课堂上重现这个关于"孝"的美德现象及由此产生的感性认识与理性思考,在课堂上与其他同学分享并引发其他同学对于"孝"的反思,进而形成关于"孝"的德性。

　　基于文化理解的德育不仅让学生认知美德符号,即美德的抽象意义,更让学生通过自己的发现、体验、反思、传播等,零距离感受美德符号背后的理性智慧和情感体验,从而促进学生形成我们所期待的优秀德性。

　　从这个角度来说,本章开头所引案例的结论是显然的,这位重庆校长的这种德育方式只给了学生一个德育符号,而且是灌输给学生的。所以,这样的德育方式连德育概念都是浅层次的,更不要说让学生形成一种美德习惯。故这样说教式的德育是低效的。

第三节　基于文化理解的中学德育课程

　　德育课程是实现学校德育目标与学生发展的重要载体,同样,基于文化理解的德育目标的实现也基于相应的德育课程。基于文化理解以及对课程内涵的理解,我们建构了基于文化理解的德育课程体系。

一、基于文化理解的德育课程观的特点

(一) 基于文化理解的课程观

　　传统的课程基本是由设定教育目标、组织教育内容、实施教育、进行教育评价等组成。即总是沿着课程开发的模式"归纳—演绎"的路径,近而控制课程。

　　从文化理解的角度来看,学生的成长是一种文化图式的交融,即学生将自身的文化图式与其周边的文化模式或图式相互交融。那么,作为学生成长的主要载体课程又是如何呢?那一定是学生基于已有的知识文化图式,将其与课程充分交融,并从不同"视域"去理解课程、建构课程的意义、从而丰富发展自身原文化图式的过程。所以,基于文化理解的课程理念不是被动依附于实践,而是把实践作为反思和解读的文本。这样的课程不只是分门别类的"学校材料",而且是需要被理解和建构意义的"符号表征"。于是,课程领域便由同质化的"程

序主义"的课程开发,转变为异质性的"多元主义的课程理解"。

由此可见,基于文化理解的课程给予学生的不是固定不变的课程,而是随着社会文化(文化模式)与师生生命(文化图式)的发展不断生成的课程。如对某一课程文本的理解,理解者本身的"文化图示"是时刻发展变化的,故无论从横向还是纵向来看,对某一文本的理解都是随着人的文化图式与社会文化模式的变化而变化的。而且这样的文化理解不仅产生于学生个体,更多的还是在一个群体的交流过程中完成的,故也会随着群体生命(群体文化模式)的发展而发展。所以,基于文化理解的课程一定是具有生成性的课程,也会是不完备的课程,而且永远不要梦想去寻找到所谓的完备的课程。

当然,基于文化理解的德育课程不排斥理解的开发,甚至这是文化理解的开始。但是,这种课程开发应是生成性、生命性的开发。

(二) 基于文化理解的德育课程观

学校德育课程是学校课程的主要内容,其基本原理也是来自于基于文化理解的课程原理。与此同时,德育有其自身的特点,譬如我们在上一节中提到,基于文化理解的德育最大的特点是:"德育不仅仅是道德符号的灌输,更重要的是真实美德的体验。"也就是说,要改变学生的道德文化图示,最关键的是让学生的道德文化图式与蕴含美德的文化模式或文化图式充分接触交流,这才是学生最终形成美德德性的最佳途径。这为学校德育课程提供了非常重要的理论基础。在此基础上,我们可以得出基于文化理解的德育课程观。

首先,基于文化理解的德育课程的第一个特点是:德育内容(道德文化模式)更接近学生的日常学习生活(学生的道德文化图式);德育方式与途径不是以灌输为主,而主要是让学生通过真实美德体验获得德性。

学校德育有一定的强制性与目的性,是为社会培养具有正确价值观、世界观、人生观和相应良好行为习惯的人。例如在中国,我们明确提出要培养德智体美劳全面发展的社会主义事业的建设者与接班人。同时,根据基于文化理解的德育原理,现代德育课程又必须与学生的道德文化图示相接近,才能有效实现德育的目标。所以,学校德育课程需要做到的是:表现国家教育目标的国家德育课程必须完整地在学校内实施,体现国家意志,为党育人,为国育才。但是,国家德育课程的内容与实施方法途径必须与学生发展特点(学生的道德文化图式)相吻合,也要与所在的学校特点(学校文化模式)相结合。故在有效实现课程目标的过程中,国家德育课程须以校本化方式实施,即国家德育课程要根据学校与当地社会文化的实际情况来实施;国家德育课程也要根据学生的道德文化图式特征有效地实施,让学生成为德育的主人,从而真正有效实现德育目标。这就涉及到学校德育课程以学生发展为本的设计。

其次,上面提到,德育的主要目标是社会要求学生成为社会和国家希望的、具有特定人生价值观与道德行为的人。但是,这种特定的人生价值观与道德行为标准(道德文化模式)会随着时代的发展而发生变化,故这种德育课程也会发生变化。同时,由于每个学生原有的道德文化图式不同,因此对于同一德育课程,不同学生的理解与执行的过程是不同的。所以,基于文化理解的德育课程的第二个特点是:我们允许学生对同一德育课程产生不同的理解;同时,为了达到德育目标,我们需要根据不同学生各自的特点,设计不同的德育方式途径,以达到真正的德育目标。

再次,基于文化理解的德育课程的第三个特点是:学校德育课程贯穿学生生命成长的全过程,从上面的分析中我们可以看到,学校德育课程既有一定的生命共性,也有特定的个性,特别是德育的方法、途径、手段等也因学生不同而不同。故现代学校德育课程要根据不同学生的道德文化图式展开,即学校德育课程既要服从国家组织的意志,也要尊重每一个学生选择自由与幸福成长的需要。

然后,基于文化理解的德育课程的第四个特点是:对于中学生来说,基于文化理解的德育课程在注重道德认知理解的同时,更注重的是让学生在真实的美德体验经历过程中获得我们所期望的德性。这是由中学生的成长特点与德育特性决定的。对中学生来说,其道德图式是不完善的,其道德价值观的形成更多地是由道德体验决定的,其美德行为习惯的形成更多地来自于美德体验经历。对中学德育来说,人的德性的形成同样存在这样的过程。故这是德育最有效的方法途径,也是基于文化理解的德育课程的特点。

最后,基于文化理解的德育课程认为,学校德育课程不可能是完善的、科学无误的、现成的课程,而是需要师生在德育实践过程中根据不同的文化图式而理解和建构意义的"符号读本"。所以,基于文化理解的德育课程并非一开始就是完备的,其内涵是在德育过程中不断被丰富的,这本身也是一个师生创造的过程。这就需要我们教育者与学生一起在德育过程中丰富德育课程内容与方法。

基于文化理解的德育课程既是学生形成优秀德性的载体,同时又是需要师生在德育过程中继续进行解释的符号表征,更需要师生在德育过程中不断创造与完善。而这样的过程既是师生获得新的德性的过程,也是师生道德文化图式完善发展的过程。

可以说,基于文化理解的德育课程是发展的课程,它可以促进学生创新意识与创造素养的提升。

二、基于文化理解的学校德育课程体系

根据上述基于文化理解的德育课程观,我们建构起如图4-4的基于文化理解的中学德育课程结构图。

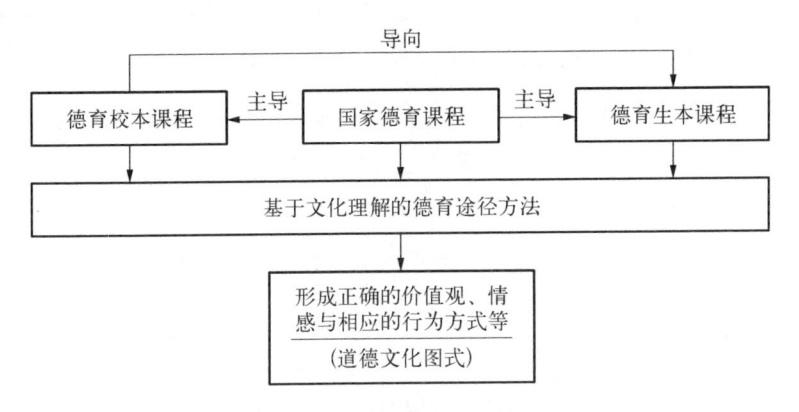

```
                      导向
        ┌──────────────────────────┐
        ↓                          ↓
┌──────────┐  主导  ┌──────────┐  主导  ┌──────────┐
│德育校本课程│←────│国家德育课程│────→│德育生本课程│
└──────────┘      └──────────┘      └──────────┘
        │              │              │
        └──────────────┼──────────────┘
                       ↓
        ┌──────────────────────────┐
        │  基于文化理解的德育途径方法  │
        └──────────────────────────┘
                       │
                       ↓
              ┌────────────────┐
              │形成正确的价值观、情│
              │感与相应的行为方式等│
              │  (道德文化图式)  │
              └────────────────┘
```

图4-4 基于文化理解的中学德育结构图

国家德育课程是为实现国家的德育目标而设定的课程。既包括显性的《公民》《道德与法制》等课程,也包括语文、历史、地理等学科的德育内容。所以,国家德育课程从目标、内容等来说,是为实现国家、社会意志而设定的,故学校必须完整地实施,才能保证实现"为党育人、为国育才"的教育使命。国家德育课程从德育方法、策略和途径来说,则可以根据学校、当地社会、学生、学科特点等来实施。

德育校本课程，主要就是指根据国家的德育目标要求，依据当地社会、学校与学生整体的特点，遵循德育规律而形成的德育内容、方法、策略和途径等。所以，德育校本课程的第一个内容就是要根据国家的育人目标与学校的实际，形成校本化的育人目标；其次是为实现这样的育人目标形成相应的德育内容、方法、策略和途径等。

根据基于文化理解的德育原理，德育生本课程要从学生现有的道德文化图式出发，也就是从学生成长、发展与生活实际出发，从学生思想品德发展的现状、问题和需要出发，尊重学生已有的生活经验，根据国家与学校的育人目标形成德育课程。当然，其德育目标是国家、社会所期望的育人目标和根据国家育人目标形成的学校育人目标。这样的课程还有一个特点是：课程是面向学生并逐步扩展至整个生活世界，即从封闭的教科书扩展到所有对学生有意义、有兴趣的题材。

上述三类德育课程要关注的一个问题是，这三类课程不是并列的。国家德育课程不仅仅提供了德育教材（内容），更重要的是提出了学校教育的德育目标。校本德育课程是在国家德育课程目标的导向下，根据学校特点形成的德育内容、途径、方法等；而生本德育课程，是在国家德育目标与学校育人目标的导向下，根据学生已有的道德文化图式形成的德育内容、途径、方法等。

同时，我们必须强调，基于文化理解的德育课程必须通过"基于文化理解的德育途径方式"来实现。根据上文理论，其主要特征是，让我们学生的道德文化图式充分地融入到我们所设计的目标道德文化模式或图式中去，在充分交流、体验、反思的过程中，改变或丰富自身原有的道德文化图式，实现学生道德文化图式的改变或丰富，从而实现学生的发展。

三、基于文化理解的德育课程之上海外国语大学闵行外国语中学实践案例

由于国家课程的内容与主要的实施方法、途径等在整体上是具有共性的，故本节内容不再赘述。下面，我们主要围绕德育校本课程与德育生本课程进行阐述。

为了更形象生动说明这些德育课程,我们继续以上闵外为例,来说明学校如何在"基于文化理解的中学教育"思想指导下,进行基于文化理解的德育的实践探索。

(一) 明晰学校育人目标与整体基于文化理解的德育课程的架构

上闵外是一所以外国语教育为特色的实验性示范性高中,学校秉持"明德笃志　学贯中外"的办学思想,践行"基于文化理解的学校教育"的教育理念。在育人目标方面,学校依据国家育人的总目标思想,根据学校办学思想与当下时代背景,倡导培育"言有物而行有格,具有民族情怀(V)、学术素养(A)、跨文化能力(G)的新时代公民",概括言之,即培育具有 VAG 特质的新时代公民,如图 4-5 所示。

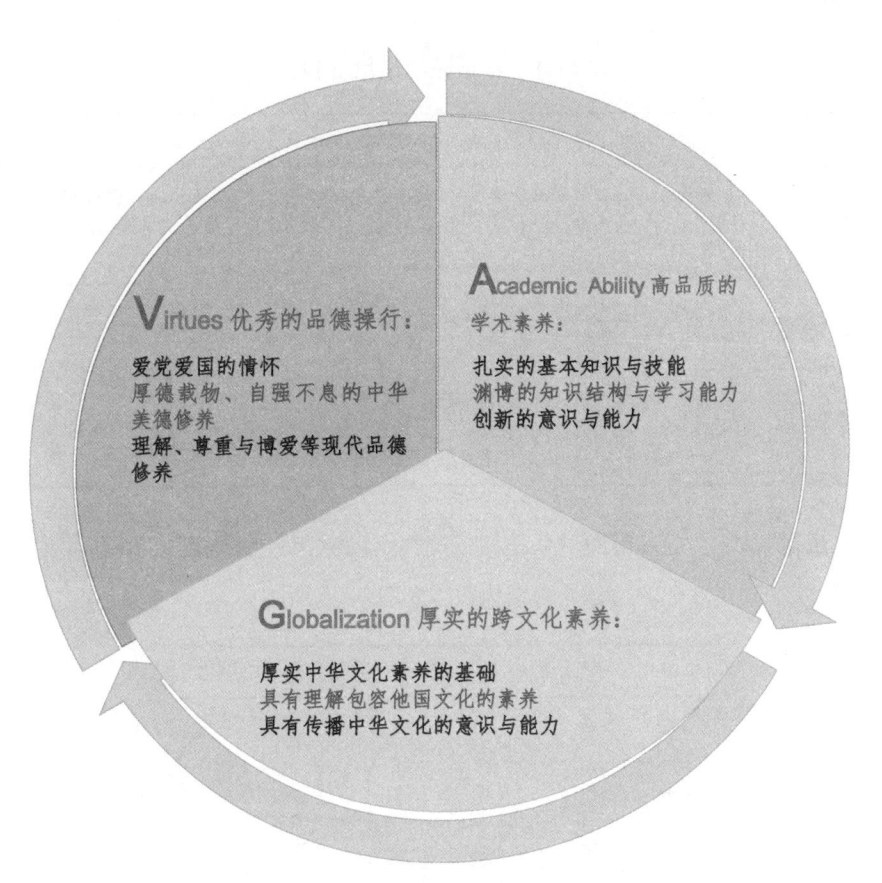

图 4-5　VAG 的具体内涵

提出培育"VAG特质的新时代公民",是对学校办学思想和教育理念的具体化描绘,也是教育哲学的形象化展示。作为一所中国的外国语学校,"民族性"是其立校的根基,是对中华民族美德和优秀文化的继承,厚植家国情怀,培养社会主义事业的建设者和接班人是学校的办学目标;"国际视野"是学校办学的特点,也是历史赋予这所外国语中学的使命;拥有高品质的学养和能力,培育跨文化的素养是今天这个时代学生必须具有的。所以,这样的育人目标符合今天这样一个全球化的时代,特别是习近平总书记提出的"人类命运共同体"思想;这样的育人目标是能可以为党育人、为国育才的。

根据上面的办学哲学思考,根据学生的实情,我们制定了各年级学生培养目标,如下表4-1。

表4-1 各年级学生培养目标

育人目标:培育具有VAG特质的新时代公民	
高一年级	正确人生观价值观初步形成;学科思维方式和学习方法开始形成;养成良好的生活、学习、为人习惯;感悟传统文化,了解世界多元文明,丰富人文积淀,发展理性思维
高二年级	基础知识和基本技能扎实;敢于质疑,勇于探究;善于合作,具有一定的创新精神和实践能力;理解外语背后的文化,具有独立的世界观、价值观
高三年级	具有个人志向和责任担当,具备社会适应能力,学会自我调适与自我反省;具备扎实的"双基"能力与一定的创新能力;具有民族文化自信,同时尊重和理解文化的多样性,具备一定的跨文化素养

根据"基于文化理解的中学教育"的思想以及学校上述的育人目标,我们设计了"基于文化理解的德育课程结构图",如图4-6所示。

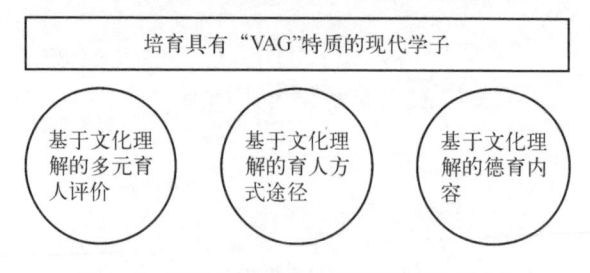

图4-6 基于文化理解的学校德育课程结构图

根据上述学校育人目标和我们对学校德育课程的理解,我们建构起学校基于文化理解的德育课程内容,如图4-7所示。

学校基于文化理解的德育课程内容
- 学科课程德育
  - 其知识、技能等为德育提供必要的工具性前提
  - 学科本身包含着大量思想价值与道德教育因素
- 行为规范与养成
  - 包含在学校与社会家庭所有学习生活中(文化)
  - 行为规范专题教育(中西方各种礼仪教育等)
- 德育专题与体验
  - 思想道德专题教育(道德认知)活动
  - 中外社会实践与家庭教育(主体体验)活动
  - 校园实践教育(主体体验)活动

图4-7 基于文化理解的学校德育课程体系

学科课程德育在学校德育中占有重要位置,不仅仅包含德育所需要的知识与技能,更重要的是学生的认知过程中会包含大量的思想价值与道德教育元素。所以,学科教育不仅是提高学生道德认知,养成学生优秀品质与习惯的主阵地,而且还为学生进一步的道德学习提供知识与技能等工具性知识。所以,在学科教育过程中,我们不仅要重视教育的内容,更要注重教育的方法与途径等。

下面,我们重点就学生良好行为的规范与养成教育课程以及德育专题教育课程两个方面作重点介绍。

(二) 良好行为的规范与养成教育课程

1. 行为规范课程设计的心理学依据

从西格蒙德·弗洛伊德(Sigmund Freud)的心理学观点看来,人的人格结构可分为本我、自我、超我,如图4-8所示。其中本我是与生俱来的人类基因,表现为生物性的一面,是非理性、非社会化、自私的;自我与超我都是来自后天的人生经验,自我追求现实并保护自己,超我是超越自我与本我,更多地表现出社会性的一面,是服从于社会道德的。一般而言,人格的这三个方面相互作用,并保持一定的平衡,使自身表现为一个正常的人。当超我在一个人的人格结构中占据统治地位时,这个人会表现得毫不利己、专门利人;当自我占据统治地位时,这个人会表现得自私但又不违法,可以说是一个以自我为中心的人;当本我占据统治地位时,这个人会表现出失去理智的样子。

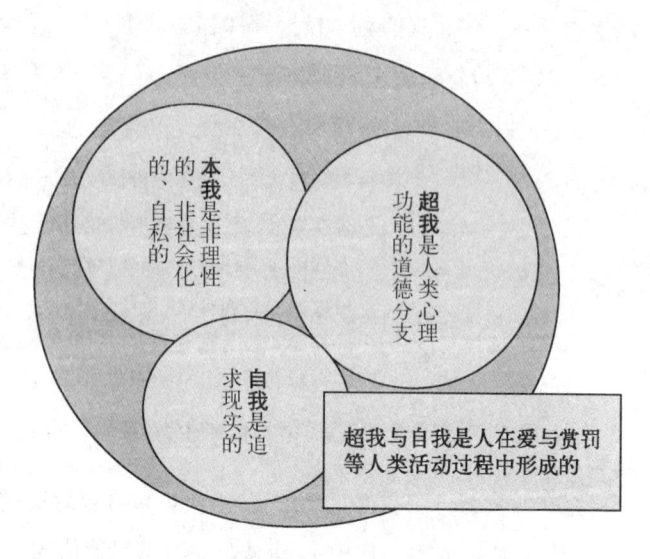

图4-8 弗洛伊德的人格心理结构图

依从弗洛伊德的这个理论,行为规范教育应更多地培养孩子们的超我人格,但又要同时照顾他们自我人格的完善,让他们在行为规范的教育与自我实践中体悟与认识到:一个人具有良好的行为规范,不仅仅可以让这个社会变得更加文明,还可以使自己成为一个有修养的人,更受社会欢迎,从而使自己得到更好的发展。

另一方面,从弗洛伊德心理学中的心理结构理论来看,人的精神活动包括欲望、冲动、思维、幻想、判断、决定、情感等,这些会在不同的意识层次里发生和进行。人的意识层次包括意识、潜意识(包括前意识)两个层次,类似于深浅不同的地壳层次而存在,故称之为精神层次。其中意识(conscious)即自觉,凡是自己能察觉到的心理活动就是意识,它属于人的心理结构的表层,它感知着外界现实环境和刺激,通过语言反映和概括

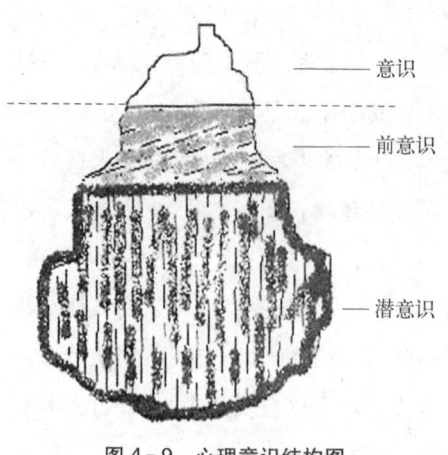

图4-9 心理意识结构图

基于文化理解的中学教育理论与实践策略

事物的理性内容。潜意识(subconscious,又称无意识、下意识),是没有被意识到的心理活动,代表着人类更深层、更隐秘、更原始、更根本的心理能量。它包括人的原始本能以及人类在后天活动过程中形成的习惯等心理能量。所以,人的潜意识一方面是来自遗传,如有人是与生俱来的左撇子等。但我们认为,潜意识更多的是来自于我们在社会生活中积成的习惯品行等心理状态,如开了10年汽车的驾驶员,其驾车时四肢的活动更多的不是受意识的作业,而是其潜意识的表现;又如敬老爱幼成为中华民族的一种文化,中国人在这种文化中形成了这种文化品行,也不受意识的作用,等等。笔者认为,人的德性更多地表现为人的一种潜意识。

什么是学生的行为规范教育?行为规范教育就是按照社会一定的行为准则开展的系列教育活动。从中我们可以看到,作为未来的社会公民,从小对学生进行行为规范教育不仅仅是必须的,也是可行的。学校通过系列、长期的行为规范教育,使之形成良好的学习生活习惯,形成优秀的文化品质。那么,学生行为规范教育的特点是什么?根据佛洛依德的心理人格理论,结合上述分析,我们不难得出一个结论:学生良好行为规范的形成主要是一种养成教育,是让学生在无数次重复正确的行为中养成的良好习惯与品质(一种潜意识)。当然,在这样的行为规范教育过程中,道德概念的灌输与一定时间内的行为规范是必须的。但是,对中学生来说,根据文化理解的理论,他们已经形成了比较成熟的道德文化图式,即形成了一定的道德概念与道德行为。此时,希望他们接受的行为规范教育,其实他们是抗拒的。所以,对中学生来说,灌输道德概念一定是低效的,靠教师权威迫使而形成的行为规范也是低效的。

2. 确定各年级行为规范的教育目标

有效的教育中,教育目标是非常重要的。因为教育目标对教育行为起着引导、评判、修正等作用,故我们首先根据学生的心理特点与发展要求,依据学校的办学目标与社会要求制定了各年级的行为规范目标。如表4-2所示。

对这些行为规范的目标要有一个正确的理解,即这些目标既是各学段的重点目标,同时,也是所有学段持续培养的目标。例如理想与奋斗,是高三的重点目标,但同时也是所有学段都要培养的行规目标。

表4-2 各年级行为规范教育的重点目标

高中年段	指标	行规教育侧重点	实施载体	达成标志
高一目标：懂规则 好学习 会理解 爱集体 初立志 高二目标：讲规则 有理想 会沟通 爱及人 有担当 能包容 高三目标：讲契约 做君子 勇拼搏 会尊重 爱社会 走四方	生活习惯	文明用餐；文明礼仪；集体劳动；住宿文明；作息时间；家务劳动；体育锻炼。	组织学习《中学生守则》、《上闵外一日常规》；教师陪伴学生，家委会督促落实；每天一小时体育活动；对话人生导师。	用餐文明，生活有序，友爱同伴尊敬师长；养成劳动习惯、寝室文明；各类体锻活动参与率100%，并形成活动爱好。
	学习习惯	主动学习，善于思考，积极探究，学习有方法；作业不抄袭，考试不作弊；制订个人生涯发展规划。	落实各科教学规范要求；教师指导开展小课题研究；老师指导学生制订生涯规划；对话人生导师、上外等考察；立志定位，形成人生理想。	学习有计划，作业规范，课堂学习气氛主动活跃；相互帮助，有问题意识；每人有一个小课题研究；每人制订一份生涯发展规划。
	交往礼仪	穿着整洁重仪表；主动问候懂礼貌；尊重他人隐私；友爱同学，尊敬师长；域外文化礼仪教育。	实施《礼仪教育》校本课程；对话人生导师；聆听专题讲座；挫折磨难、悦己纳人、尚知力行教育。	校服整洁，穿着率100%；师生问候率达95%以上；社会实践系列活动参与率100%；各类主题班会主体明确；能与外国友人正常交往，理解他文化。
	集体规范	遵守学校各项制度；两操动作到位；参与校园主题节日活动；提意见讲程序讲规则；各类集体活动与社会实践。	组织学习《中学生守则》、《上闵外一日常规》；加强体育教学及训练质量；开展八大主题节日/活动月；实施校园听证制度、各类社会实践。	学生无校级违纪违规，温馨教室、温馨寝室、温馨办公室；各类活动整齐进出场有序，特别是两操；学校主题节日主动参与，社会实践活动100%参与。
	社会公共规范文化理解	爱党爱国，关心人类命运；遵守社会公德，爱护公共财物；爱护校园、生态环境；具有民族情怀，理解他文化。	实施《礼仪教育》校本课程；加强信息科技与生态环保教育；上外专家家国情怀等系列讲座；感恩教育，18岁成人礼仪，社会实践；中外交流，他文化体验。	社会实践举止文明，社会生活体现良好上闵外学子文明风采；每人自觉维护网络，文明上网；自觉维护生态环境；每人参与中外文化交流，理解他文化。

3. 形成有效的行为规范的教育内容

根据上述行为规范教育的目标，上闵外结合国家德育课程，开发了基于学生特点的行为规范教育内容，如图 4-10 所示。

```
           ┌ 行为规范教育课程，包括学校生活、学习、日常礼仪等规范
学校       │ 学校仪式教育，包括各类活动、仪式、人际关系等规范课程
行规       │ 民族文化传统教育课程，包括具体优秀传统教育课程、各类节假日活动等
教育       ┤ 对国际文化的理解与尊重，包括国际文化课程、国外文化体验课程、国际交流等
课程       │ 行规文化实践体验课程，包括民族优秀文化体验学习、学军、学农、学工等
体系       └ 优雅学生行为的课程，如与 NDI 合作的舞向未来、引入赛艇运动等
```

图 4-10　学校行为规范教育课程

4. 形成基于文化理解的行为规范教育方式——理解、培育、体验、自主(U-ICE)

（1）建立学校理解文化，打造有文化的校园

首先在校园里形成理解文化，即学校与教育者要理解学生的所思所想与所表现出的行为方式，哪怕是与学校倡导的行为方式有所冲突，我们也要学会包容他们行为合理性的一面。同时，学校与教师要学会引导学生通过文化理解，理解自己的不足之处，并通过自己的行动来改变自己。在这样的过程中，学生逐步形成理解老师与学校教育的素养，从而与老师、同学建立起理解的关系，促使校园形成一种理解的文化。

图 4-11　学校空间文化建设

其次，学校高度重视学校空间文化建设，致力于形成温馨、向上、多元校园文化环境，潜移默化地引导学生成长。

第四章　基于文化理解的德育模式的构建

(2) 全员"陪育"，帮助学生形成优良的行为习惯

根据文化理解思想，实行全员导师制，实施"陪育"。上闵外的学生来自全上海各所学校，故他们的生活、学习、交往等习惯各不相同，他们对学习、未来等的观点也不一样，他们对学校的各类要求也不熟悉、有距离感。根据文化理解的理论，他们原有的文化图式与新的文化模式以及同伴、老师等的文化图式发生冲突。这时候，他们需要的是温暖与引导。故我们在全校范围内提出，老师要更多地通过陪伴学生获得学生的信任，并在陪伴过程中与学生共成长。

学习陪伴，有助于学生形成良好的学习习惯。从小学进入初中，从初中进入高中，学生首先不适应的是学习。因为对于学生来说，从小学到初中、初中到高中，学习的方式、强度等发生了巨大的变化，很多学生由于不适应，学习一落千丈。所以，从学生进入上闵外开始，我们就通过全员导师制，给每一位学生配上学生心仪的导师，帮助他们逐步熟悉中学的学习方式与强度，一步步养成良好的学习习惯，包括听课、提问、合作、探索、做作业、自学等。

行为陪伴，有助于学生形成良好的行为习惯。上面提到，初到上闵外，学生的行为习惯各异，一下子很难适应上闵外的校纪校规，也会对周边同学的行为有看法。我们的老师从学生入学的第一天开始，就通过各种活动、交流、班会等，首先让学生认识到上闵外校纪校规的合理性及其对在校学生的必要性，然后要求学生按照学校的相关规定规范自身的行为，如待人接物人的礼仪行为、各类仪式、二操、会议等。

生活陪伴，有助于学生形成良好的生活习惯。上闵外65％的学生住宿，98％的学生上完晚自修才回家，也就是说，上闵外学生除了睡觉，绝大部分时间是在校园里度过的，故良好的生活习惯对学生来说是非常重要的。故上闵外的老师牺牲大量的休息时间，在校园里陪伴学生生活学习，特别是高一第一学期，以引导学生在学习生活中、在润物细无声中形成良好的生活习惯。

给予心理成长陪伴，保证学生健康成长。对于新生而言，面对陌生的环境、陌生的人群与压力山大的学习，其心理会发生微妙的变化，如果疏于观察与引导，就会造成学生的心理问题。我国最新的中学生心理问题调查表明，初中阶段学生的抑郁检出率约为三成，重度抑郁检出率为7.6％—8.6％；而

到了高中阶段,学生的抑郁检出率接近四成,其中,重度抑郁的检出率为10.9%—12.6%[①]。由此可见,中学生学生的心理问题随着学生年龄的增加变得更严重。所以,学校采用全员导师制,陪伴学生走过生活与学习中的一个个难关,保证及时疏导学生可能发生的心理问题。

(3)体验美德,帮助学生形成优良的行为习惯与品德操行。

根据基于文化理解的德育模式理论,我们在前面关于有效德育理论与策略里提出,德育不仅仅是道德符号的灌输,更多的是美德体验。也就是说,对中学生来说,有校的行为规范教育,需要让学生认识到自己的行为方式是自己的重要修养,会对自己与社会文明会产生作用。但这远远不够,更重要的是要让学生在认识人正确的行为规范的重要性的同时,到美德中去亲自体验反思,才能更好地获得正确的行为方式。这就是我们提出的,在中学,德育有效的方式是"知—行"。即由知到行,并达到知行结合。

为此,学校教师与学生一起设计了三类美德体验。

第一类是校园文化体验。除了上面提到的建设优美校园,打造积极向上的学校空间文化外,上闵外全年9个月的校园学习生活,为学生设计了9个"文化节",每个文化节几乎均有一个月,让学生在校园体验到真实且经过设计的美德,从而达到我们的教育目的。

表4-3 学校校园主题体验课程

序 列	月 份	主 题	实践及价值导向
主题一	9月	体育文化月	运动会/团队精神
主题二	10月	特长展示月	闵外小舞台/个性展现
主题三	11月	感恩活动月	中外感恩文化及赠言/心怀感恩
主题四	12月	国际文化节	文化节汇演/跨文化学习
主题五	2月	假期分享会	Ted演讲/志愿服务
主题六	3月	绿色文明月	植树节/环保意识

① 参考2020年中科院《心理健康蓝皮书》关于青少年心理健康状况调查。

续 表

序列	月份	主题	实践及价值导向
主题七	4月	传统文化节	尚鸣辩论赛/民族情怀
主题八	5月	闵外达人秀	达人展演/创新精神
主题九	6月	毕业怀念季	毕业典礼/师生情谊

图4-12 校园文化体验课程

第二类是社会文化体验。根据基于文化理解的德育理论,真实的蕴含在社会生活中的美德体验,是德育最有效的途径。所以,上闵外高度重视学生的社会文化体验与反思。

在上闵外,除了大家熟悉的学工、学农、学军等各类文化体验外,做的有特色的是海内外社会生活文化体验。这是上闵外这所学校的办学特征所决定的,也是学校为了培养具有跨文化素养的一代新人而做出的努力。为了实现这样的办学目标,我们在海外与21所中学结成姊妹学校,并与这些姊妹学校达成小留学生短期交换协议,也就是说,姊妹学校之间,互派学生到对方学校留学,时间是3周左右,主要内容有3项,即到对方学校插班学习,与对方学校学生结对并住在小伙伴家,考察当地主要文化景观等。

第三类是学校、家庭、社会角色体验。在学校,我们要求每一位学生在学校学习期间,都要担任学校的某一角色,如班长、主持人、社团负责人、宿舍长等。我们要求学生在家里做好家庭里的角色,并承担一定的家务劳动。学校发起了

基于文化理解的中学教育理论与实践策略

图4-13 学校海外文化体验课程

社会志愿者活动,每位学生均要担任某一方面的志愿者,并通过研究性学习与基于项目的学习(PBL),调查研究自己感兴趣的社会问题等。

图4-14 学生社会、家庭角色体验课程

(4) 强化自主,提升学生形成优良行为习惯的内在需求

从理解、陪伴到体验,从基于文化理解的德育理论来看,学生已经形成了基本的道德文化图式,但要想使学生形成的优秀德性为他人与自己的未来服务,并形成可以自主发展的道德文化图式,对学生来说,还有非常重要的一步,那就是让学生达到"文化自觉",即学生能根据外来优秀的文化模式或文化图式,自觉改变已有的文化图式,并使自己得到发展。为此,学校帮助学生设计了自主管理、自主学习、自主生活。

管理自主：学校学生日常行为规范的检查、评价、表彰由学生自己完成；学校内大部分的学生活动、校园文化节等也由学生自己设计、组织、评价表彰。

学习自主：学生在老师的帮助下，自主制定生涯规划，自主安排自己的选课、社会实践、课题探索、学习过程、学习反思等。

生活自主：校园内的学习、休闲、活动、休息、用餐等均由自己安排。

（二）德育专题教育课程

根据学校的教育实际情况，学校专设德育专题教育课程，它包括四个方面：思想道德教育、社会实践课程、特色课程、校园德育实践课程。

1. 思想道德专题教育

对中学生来说，他们已经有了比较成熟的道德文化图式，对外来的道德教育有自己的判断。故要使德育有效，就要从道德认知开始，促进学生开展道德行为。而思想道德专题教育主要就是根据国家的育人目标，依据学校、学生的实际开展的有针对性的思想道德教育，其主要表现为提升学生的道德认知。在上闵外，根据育人目标，学校通过主题班会、英模报告、与先进人物对话、专家讲座、时事大讲堂、每周一次的升旗仪式、各类主题教育活动等来实现这些专题教育。其主要表现的方式包括：教师、专家、英雄模范报告；学生讲台；辩论；参观学习等。

由于这些内容在各所学校的案例中已有论述，故不再赘述。

2. 学生社会实践体验活动课程

道德认知是有必要的，但我们认为，道德知识具有认知、理解、体验的性质，道德知识更多地表现为一种体验性知识，但人获得德性的过程则重在体验，所以德育更多的是美德体验而非道德符号灌输。图4-15是上闵外高中学段开展的社会实践德育课程体系。

3. 特色课程，涵养优雅全人品格

作为一所外国语中学，我们不仅要让学生获得中华传统文化礼仪，同时也要求学生在理解外国文化的过程中，成为一名中外文明礼仪兼容的跨文化人才。所以，学校与中外教育机构合作，引入了一批中西文化融合的艺术、体育类课程，提升学生外在形象与内在的文化修养。下面，我们就以与全美舞蹈学会（NDI）合作，引进美国的"舞向未来"项目为例来说明这些课程对学生文化修养提升的作用。

学校社会实践课程体系
- 高一
  - 文化之旅：上外大学一日文化考察、苏杭二日文化之旅、国外文化体验等
  - 社会工作生活体验：一周军旅生活、一周农村生活、一周社会实践等
- 高二
  - 文化源探访：上海文化之源考察、绍兴二日社会考察、博物馆访研
  - 社会生活之旅：一周学工、一周东方绿洲军训、一周社会实践等
  - 每位学生一个课题研究（生活、社会、科学等方面），项目学习（PBL）
- 高三
  - 文化社会主体活动：南京自主体验探索活动、十八岁生日活动等
  - 人生导向：上外大学优秀学生结对、与教授专家对话、人生导航等
  - 大学生活体验：在上海交大、上外大学等大学做一天大学生
- 国外文化体验
  - 外教进课堂（每周一节）；引进全英文 steam 课程、NDI 等
  - 与美国等友好学校互访交流；外国学生住在学生家里；外企调研
  - 出国访问交流；开设国际文化节；外国文化深度研学等

图 4-15 中学生社会实践体验课程

图 4-16 美国的"舞向未来"项目活动

特色课程案例：文化理解，让舞蹈艺术教育在这里跨越中外时空

——舞向未来在上闵外

艺术，是人对美的形象与美的精神追求的统一。好的艺术一定具有为人们接受的生动、具体、感人的艺术形式，还应该是用来表达人们对美好生活与精神

第四章 基于文化理解的德育模式的构建

世界的追求。同时，在人们的艺术创造和艺术欣赏活动中，艺术所表达的情感不仅要与艺术形象联系在一起，也要与审美认知联系在一起，提高受众的审美认知，从而经过审美认知以及复杂的思想活动，人们生活中的美才能被发现、被感悟。这是艺术重要的目的。同样，作为为受众所喜欢的艺术，艺术的表现也一定反映受众的意识形态，即达到艺术的美与意识形态的统一。在中国，在上海，我们的艺术创造与艺术欣赏，不仅仅是现代的，为大众喜闻乐见的，还要是世界的，是中华民族的，更要是中外优秀艺术的融合。

但现实的问题却又呈现在艺术教育者面前。

在信息化时代来临之前，在理性主义与科学主义的主导下，艺术的外在形象与内在意识形态的变化是缓慢的，甚至几十年不变；其二，人类的交往面小，故其所面对的是源自其生活的属于他们文化圈的艺术。故对我们的生命长度来说，这样的艺术几乎可以长盛不衰。

但在今天的信息化时代，根据摩尔定律，人类创造的包括艺术在内的信息与知识每18个月翻一番，现代艺术所表现出的文化性、相对性、多样性的特征，对传统艺术的统一性、规范性产生了巨大挑战。

另一方面，信息化促进了全球化进程，同时导致各个民族文化的融合加速。2019年3月，习近平总书记在北京召开的亚洲文明大会上又进一步提出通过文明互鉴实现人类命运共同体，为我们艺术教育实现中外优秀艺术的融合指明了方向。

故在今天这样一个瞬息万变的信息化时代，这个问题主要表现在：在时间上，几十年前，甚至几年前的艺术形式与意识形态，对今天的人，特别是对现在的孩子来说，已经"过时"了，逐渐淡出他们的视野；在空间上，代表各种民族文化的艺术精彩纷呈，人们不知所措，特别是对文化图式还不完善的孩子来说，他们只凭着自己的感觉器官的喜好接受某种艺术形式。

所以，如何让我们的孩子在这样一个时代，接受正能量的艺术，包括我们优秀的传统戏剧与国外优秀的艺术，通过这些，为孩子们的健康成长提供一条充满美的路径，并使之成为他们未来生活的一部分，丰富他们的生活。这成为我们教育界与艺术界共同的问题。

2015年，我们与中福会少年宫团队、全美舞蹈协会合作，在学校全面开展

"舞向未来"的舞蹈艺术教育研究实践,取得了让人欣喜的成果,让优秀的舞蹈艺术跨越了时间与空间,成为孩子们的最爱,成为我们学校最靓丽的教育风景线,并帮助孩子们树立起正确的人生观价值观,让他们健康成长。

那么,上闵外为什么开展形式源于美国的"舞向未来"呢?又是如何实现这样的舞蹈艺术教育目标的?

上闵外是一所以外国语教育为特色的实验性示范性中学。首先,我们希望上闵外的学生成为具有VAG特质的未来公民:优秀的品德操行(Virtues);高品质的学术素质(Academic ability);厚实的跨文化素养(Globalization)。其次,我们认为,要有效提高学生外语素养,其中的一个重要支撑点就是学生对外语背后的文化的理解。而艺术是文化的一种重要表现方式,同时又是人类共同的语言,她用独特的美的形式反映了人们对美好生活的追求。所以,艺术教育是上闵外培育VAG特质学子的最主要的方式之一。而舞蹈综合了音乐、体操、表演等艺术元素,恰恰成为上闵外实行育人目标最合适的艺术方式。所以,上闵外从开办的那一天起就将舞蹈艺术教育纳为学校最重要的教育内容!并提出了上闵外舞蹈教育理念:享受舞蹈(Enjoy dancing)、润泽心灵(Nourish the soul)、优雅气质(Be elegant)。

什么样的舞蹈方式与内涵会受学生的欢迎并能达到我们的育人目标呢?

在长期的艺术教育实践中,我们发现,传统的舞蹈课堂教学都是以严格的形体训练为主,虽然在教育过程中也会贯穿一些激励性的教育方法,但"知易行难",要真正让零基础的孩子喜欢这样的舞蹈、敢于跳这样的舞,谈何容易!

所以,我们在中美文化协会主席杨雪兰女士的帮助下,与中福会少年宫团队合作,分析研究全美舞蹈协会(NDI)30年来在美国开展舞蹈普及教育的经验和做法,把适合中国学生的方法进行归类总结,和NDI专家共同研制出具有美国舞蹈形式、中国文化魂的"舞向未来"舞蹈教育方案。具体来说,舞向未来项目的舞蹈形式首先选择了青少年喜闻乐见的、在美国已深受学生欢迎的源自青少年日常生活的舞蹈形式,如"洗衣舞""摘星舞"等几个NDI经典舞步。同时,逐渐将我们自己的民族舞、现代舞、街舞以及生活中的一些典型舞蹈形式融入进去,我们的教师还创造性地将校园生活方式融入舞蹈中去,从而形成了学生喜好的、属于我们学生自己的舞蹈方式。

在舞蹈教学方式上,"舞向未来"教师以 NDI 教学方法:"你先我后""少说多做""旋转教室"等先进的教学方法为基础,同时也将自己的教学经验整合进去。如舞蹈教师将自己体育、舞蹈的教学风格融入课堂教学;音乐教师则将民族乐器加入教学伴奏,形成受学生欢迎的舞蹈教学方式。这些努力使得"舞向未来"既有国际范儿,又有中国味、上海味。使"舞向未来"更受学生欢迎。

在舞蹈内容上,"舞向未来"将学生喜好的这种舞蹈形式与我们的培养目标结合起来,反映我们教育的价值追求。所以,"舞向未来"的内容坚持以中国文化为主体,吸收其他优秀的文化元素,形成各种优秀文化的融合,实现习总书记的"文化互鉴"目标。在"舞向未来"舞蹈项目实践的 8 年中,一方面,舞向未来每年确定一个舞蹈教育主题,突显中国文化特点,从"美丽中国·少年梦",到"多彩校园""梦想起跑线"等。另一方面,也将这种优秀传统文化、家国情怀与校园生活、当下国内外优秀文化艺术相结合,形成学生喜爱、同时又有积极价值观导向的舞蹈内涵。

图 4-17 上闵外获全国一等奖的舞蹈展示

基于文化理解的中学教育理论与实践策略

例如，2016年，我校高中部师生编排了一部反映校园生活的现代舞"爱在身边"，内容反映了当下中学生面对生活中的困难老人所表现出来的尊老敬老的精神追求。这部表演舞使用的舞蹈形式既有我们中国传统的民族舞步，也有欢快的爵士舞与街舞形式，更有源自生活的生活舞步。一群零舞蹈基础的高中生，竟将这部舞蹈演绎得感人至深，深受欢迎，并获得2017年全国校园春晚金奖。这群学生不仅因此喜欢上了舞蹈，而且在这样的舞蹈熏陶下，心灵受到了滋养，形象和素养都得到了进一步提升。

这样的舞蹈形式与内容深受学生欢迎，今天，上闵外几乎所有的孩子都能跳上一段自己喜欢的舞蹈。例如，上闵外2016届125位学生，竟有115位学生组成了4个舞蹈团，他们参加市、区各类舞蹈表演比赛，并拿回来市、区一、二等奖。让人难以置信的是，这几乎都是舞蹈零起点的孩子。

为了进一步了解"舞向未来"项目在我校的实施情况，我们进行了全校性的调查分析。结果发现，在艺术基础素养方面，多数学生表示自己通过"舞向未来"学会了"和着音乐节奏跳舞"，以及"舞台表演仪态"，49.3%的学生表示学会

图4-18 校园舞蹈一景

第四章 基于文化理解的德育模式的构建

了"编简单的舞蹈动作"。孩子们还改变了"跳舞是女孩子的事""身材好才能跳舞"的看法。

在团队合作意识与能力方面,93.2%的学生表示,在"舞向未来"学习活动中和同学的合作状况"非常默契"或"比较默契",80.8%的学生认同,"舞向未来"让班级同学关系更融洽。

在想象力与创造力方面,"舞向未来"这一项目实践给予了学生自主创编舞蹈动作的机会。学生和家长都肯定了参与舞蹈创编有助于学生想象力与创造力的发展。还有73.2%的学生表示,"舞向未来"挖掘了自己的潜力。

在情绪方面,83.6%的学生表示"舞向未来"课可以释放压力、放松心情。在个性发展方面,"自信"是学生、老师、校长和家长提及最多的"舞向未来"带来的改变。

从中可见,"舞向未来"项目初步实现让"舞蹈"成为学生美好生活的一部分。同时,我校的舞向未来艺术团年均推出1—2个新创舞蹈作品,近几年陆续登上了多个高规格舞台。如上海各界人士春节团拜会、上海国际艺术节"音乐连接青年和未来"交流演出等。艺术团还受邀赴意大利参加米兰世博会"意大利之夏"交流演出等活动,赴美国纽约参加NDI"中国年"大型演出,受到广泛好评。

基于文化理解,舞蹈,在上闵外实现了时间与空间的跨越。

4. 学生校园德育实践体验课程

校园是学生学习、生活最重要的场所,也是学生进行美德体验最主要的地方。故我们重视学生校园德育实践课程的设计与实施,而且努力让学生成为这种课程的主人。如校园听证制是让学生体会如何当校园的主人;模拟联合国是让学生体会联合国的机制与各国的文化。这些活动致力于让学生成为学校各管理岗位的主持人,成为学校的主人,体验真实的成人世界,等等。

与此同时,学校重视让学生通过自己的校园文化节日体验课程提高道德素养。

课程案例:学校读书节的活动课程方案

一、读书节主题

读书,让生命更精彩。

二、读书节目的

1. 进一步丰富校园文化生活,营造积极向上、健康文明的和谐校园氛围。

2. 关注生命教育,将生命教育自然渗透在学生的读书活动中,展现学生的个性风采和学校整体精神面貌,使读书节成为教育教学的有力载体。

3. 引导学生通过各种阅读形式,零距离开展各种读书体验活动,进一步认识生命的意义,把握生命内涵,提升生命质量,实践生命价值。

三、读书节口号

认识生命,理解生命,感悟生命,讴歌生命。

四、读书节时间

一个半月。

五、读书节内容

本届读书节设置60项学生自主体验活动。主要有以下方面:

1. 第一阶段:认识生命。

① 一天静校读书,即暂停所有课程,组织学生读自己喜欢的书,并开展相关活动。

② "珍惜生命"系列活动:安全教育讲座、心理健康讲座、安全疏散演习和安全知识竞赛。

2. 第二阶段:理解生命。

① "探索生命"作家谈人生:著名作家陈村、赵长天、王小鹰主讲。

② "走出生命的困惑"系列:电影周、感恩之旅、十八岁成人仪式。

3. 第三阶段:感悟生命。

① "关注汶川,关注生命"辩论赛。

② 闵行区"奏响生命的最强音"作文赛。

③ "奥运感人瞬间"演讲比赛。

④ 感悟生命价值"家长论坛"。

4. 第四阶段:讴歌生命。

"生命礼赞"系列活动:诗词颂读比赛、"谱写和谐的生命旋律"主题班会展示、合唱比赛、美术书法摄影比赛和管乐比赛。

第四节　基于文化理解的德育创新实践

根据上述研究成果,我们用了多年时间,在上海多所学校进行了大量的实践研究,形成了大量基于文化理解的德育策略与方法。

一、基于文化理解的学校德育策略方法

德育是规约性的教育,是指导人由自然人变为社会人的过程,但其过程必须是为德育主体所理解的(人性化的)。因此,基于文化理解的德育过程必然是教师引领学生自主认识、体验、感悟、抉择、践行美德的过程,是师生主体性与主体间性均得到合理张扬的过程。德育过程中,若教师的主体性过分张扬而压抑了学生主体性的发挥,就会导致灌输式德育方式的出现;反之,学生主体性过分张扬,对于未成年的学生来说,又会失去道德的方向性,易出现极端个人主义。所以,基于文化理解的德育强调了师生主体间要保持理解性、通融性和共识性。基于文化理解的德育要达到主体性与主体间性的相互融合、合理发挥。我们在实践中探索出了一些基于文化理解的德育的操作策略。

1. 德育导师制,促进情感认同

我国的传统教育一直以来是自上而下的教育方式,教师承担着传道授业解惑的崇高使命,在引导学生不断成长的同时,由于师生之间的视域不同,师生之间也会产生一定的隔膜,甚至是相互误解。同时,随着应试教育不断抬头,师生间的情感距离呈现出越来越大的趋势,严重阻碍了德育工作的深入开展。所以,缩短师生的情感距离,寻求彼此的情感认同,是使德育工作顺利开展的重要前提。在实践中,我们采用德育导师制,促进师生之间的情感认同。

德育导师制是将学校班级德育的诸多目标、任务分解到担任"导师"的任课教师身上,导师对学生进行"思想引导、学业辅导、生活指导、心理疏导"。在德育导师制推行前,学校召开了学生动员大会,设计了问卷调查,了解学生的当前困惑与实际需求,并制订了"受导"学生档案、家访联络、谈心交流、特殊案例会诊等一系列制度,使得德育导师制一经推出,便受到了学生和家长的普遍欢迎。

随着德育导师与学生的正式结对,师生的交流突破了时间、场地、方式的限

制,通过课前课后、校内校外、电话短信、网络对话、每周的促膝谈心、每月的家访电访等各种形式实现。地理教师、历史教师、美术教师、体育教师等,那些以往徘徊在德育工作边缘的学科教师,有了更充分的接近学生的理由,在成为学生贴心朋友的同时,又扮演着学生成长引路人的角色。上海市某中学德育导师制实施几年来,取得了很大的成效,师生人际关系更加融洽,因行为偏差而造成的违纪行为显著减少,近年来,学校违纪数量下降近86%,表示喜欢并愿意继续接受导师帮助的学生达95%。和谐温馨的零距离师生关系的构建,在促进全员德育深入开展的同时,又为教学工作的开展装配了动力十足的引擎。

2. 校园听证制度,促进价值认同

学校管理者(教师)与被管理者(学生)之间往往存在着由于立场不同、价值差异(文化图式的差异)而造成的矛盾,学生与学校之间也是如此。在曝光、批评、指责无处不在的当今时代,虽然身处校园,但学生自主意识的觉醒也促使他们在校园中不满足于被动的角色,对很多问题都有着自己的见解和想法,扮演惯了家庭"小皇帝""小公主"的独生子女,也敢于或乐于表达内心的种种不满。因而,在面对学校管理时,相对于曾经习惯于服从权威、服从家长教师的一代人而言,"00后"的孩子们更有可能放大甚至批评学校制度的某些弊端,而网络的出现,又使得这种不满情绪的传播得更为迅速、广泛。这些批评意见的产生,可能来源于学校制度的不完善、学生对学校制度的不理解、学校决定的不透明⋯⋯而这种不完善、不理解、不透明,又使得学生在学习生活中的"犯规"行为频频出现。学校与学生、学生与教师间的矛盾冲突似乎不可避免。为此,我们采用了校园听证会制度解决这一问题。

"听证制"是舶来品,源于英国古老的"自然公正原则",即任何权力都必须公正行使,对当事人不利的决定必须听取他的意见。后来,"听证制"被运用于法庭审判和行政决议等方面。这个词语原本混迹于法律、行政等行业,与教育界没有任何交集。然而,在学校里,"听证制"的范畴却创造性地与中学生日常的班会结合在一起,二者碰撞出了奇妙的火花。校园听证制度,是指在学校规章制度的制定、实施、处分过程中,由学校行政部门、教师、学生或家长等利益相关人提出听证请求,学生自主委员会协调学校、学生、家长和其他利益相关者参与,就拟制定的规章制度、处分决定进行公开辩论、共同协商,为规章制度和处分决定提供重要参考。我们成立了三级听证机构：班级听证、年级听证、学校听证。通过公开、公正、公平的听证程序，让学生对学校生活的方方面面有了充分的发言权，使得学生真正成为学校的主人。

比如，学校德育处针对毕业年级学生学业紧张的特殊情况，拟对住宿生实施分级分时段熄灯规定，以推迟毕业年级熄灯时间。于是学生自主管理委员会在做了大量学生调查的基础上，召开了由各年级住宿学生代表、部分家长、行政、教师代表参加的校级听证大会。会上就是否实施以及如何实施这项制度进行了讨论交流，非毕业班学生提出了对部分寝室晚熄灯后造成的干扰的处理意见；毕业班学生则要求学校将已推迟至22点30分的熄灯时间再进一步推迟至23点30分；而家长则从学生身体健康的角度提出了科学安排的意见；生活教师从寝室管理的角度提出了自己的想法。

虽然该次听证会没有形成统一意见，但这无疑为政教处制定相关措施提供了科学思路。会后，德育处和总务处改造了相对僻静且集中的部分寝室，专供毕业班学生复习使用，不过，学校考虑到疲劳作战不利于身体健康，所以毕业班学生熄灯时间再进一步延长的要求未被采纳。经过修改后的人性化熄灯制度在第二次听证会上得到了大部分代表的赞同，这使得该制度得以人性化、科学地实施。制度建立过程中的征询性听证，不仅使学校的制度措施更具科学性，制度的贯彻落实也更为顺利，而且吸引了学生最大程度上参与到制度制定的过程中。多方位考量学生因素，从而使得制度制定走向多元主体，更加人性化。制度的实施与执行如果能摆脱只依靠行政命令的方式，而选择通过公开、公平、公正的民主管理方式，寻求双方的价值认同，在动态的平衡中达到知与行的有效统一，那么无论什么制度都能达到它的预期效果。

近年来，学校就学生处分、学校管理制度、春秋游等内容，每年举行了近20次听证会议，每一次听证会都能整合多方意见，不仅使得学生与学校的关系变得更为融洽，也让每一次听证会的决议得到了更好的贯彻落实。

3. 人生导航活动，促进目标认同

目标对于人生的重要意义不言而喻。为了使高中学生树立远大且符合实际的目标，学校利用大学附校的优势，依托大学丰厚的人文资源，开展人生导航活动。人生导航活动包含两方面内容，即由大学教授主导的"科学家讲坛"和由

大学优秀学生为辅导员的"感悟·体验·实践"活动。近年来,由上海交通大学副校长印杰教授挂帅,由刘西拉、马红儒、王瑾教授等交大名师组成的讲师团,来学校开设了数十场讲座。讲座主题既有与学科密切相关的"化学化工与日常生活",也有指导中学生如何成才的"一个优秀中学生应具备的素质",等等,讲座内容丰富多彩。在传授科学知识的同时,科学家们还传递了科学精神,为学生树立正确的价值观、人生观以及人生目标提供了宝贵的意见。

有目标并不等同于成功,目标还要具有可操作性。因此学校每学期还聘请了60多位交大优秀学生辅导员给予学生具体指导。例如,面向全体高中学生的"感悟生命"主题班会让同学们体会到了生命的沉重与宝贵;面向高一学生的"走进高一"经验交流会让同学们及时走出迷茫,步入高中生活的正轨;面向高三学生的高考复习经验交流会则从复习方法、心理调节到饮食营养等全方位介绍了高三年级应该注意的事项;面向高一、高二的社会实践活动则在各班级辅导员的指导下,大家根据自身情况自定活动主题、活动时间,其中涌现出不少优秀项目。

高一的实践小组在充分调查的基础上,撰写了长达15 000多字的调查报告——《关注全球变暖在校园》,其中提出了不少节能减排措施,并已经获得校行政会认可,正逐步在学校推行。高二的关爱流浪猫志愿者小组也是翔实调查、广泛宣传、切实行动。其他还有诸如前往肿瘤医院,为绝症患者做心灵按摩的关怀小组;前往民工聚集区,调查民工子弟生存状态的"同在蓝天下"活动小组,等等。这些实践小组各具特色,各有所长,既锻炼了学生自身的能力,又为和谐社会的创建贡献了力量。

除此以外,学校论坛上开通了名为"E路有我——与交大学子共读书"板块。学生在平时的学习生活中存在什么问题,只要在论坛上留言,就会有交大的学生们来解答。

由于担任辅导员的交大优秀学生基本上都是大一大二学生,他们也都是高考中的佼佼者,所以在共同策划、活动、体验的过程中,学生们能够感受并接收到成功者各种丰富而厚重的人生经验,这有利于他们将自己的奋斗目标转化为各种具体的实践行为,从而逐步接近自己的目标,接近属于自己的成功。

4. 设置理解室,提供情绪疏导

被人误解后,被误解者常常内心十分痛苦,情绪不安或闷声不响,拒绝别人的帮助。设置理解室的目的是让被误解者发泄内心的不满情绪与苦闷,吐露心里话,直至情绪稳定、心情愉快。这个策略可在不对他人造成负面影响的前提下随时运用。如当被误解者受委屈后很生气时,交往者可启发他痛哭,或允许其做出不伤害他人的某些过激行为,如踢打墙壁等;或者当被误解者说些过激的话时,不仅不予否定,反而给予肯定,待其情绪稳定后,再进行疏导。这也是一种情绪的发泄。

  这个策略还借助理解室实施。理解室类似实验室,由三个空间组成:一是发泄空间,里面有沙袋、跑步车、笔墨纸张等。朝着沙袋打拳在跑步车上狂跑,或用笔墨涂画,都可起到发泄的作用。二是舒缓空间,有缓解学生情绪的奇异的图画和雕刻、电脑游戏等,这些强刺激能很快吸引学生的注意力,使之心情平静下来。三是对话空间,即心理咨询教师或当事人在发泄者情绪稳定后,与之交心,使误解消除。

  这个策略的理解基础是,让学生发泄是为了他们调节情绪(实际上,有些师生受委屈后是需要发泄的,与其让他们不择手段、不分场合地随意发泄,不如让其进理解室发泄)。适当发泄不仅能减少学生的痛苦,避免一些身心疾病,而且发泄时的高情绪低理智状态往往可以让学生说出心里话,以便获得他人的帮助。而且,理解室不同于心理咨询室,是教师与学生谈心的理想去处。它不仅可以发挥心理咨询作用,而且可以发挥教育作用。人们知道,由于某些误解,许多学生害怕进心理咨询室,而对于进理解室,则很坦然。

  学生自己进理解室发泄,除在最后环节有心理咨询老师与之对话外,其余环节学生常按照自己的意愿进行。因此,教师要注意运用这个策略的过程与基本要求:(1)区别受误解学生的情况,对情绪反应强烈或内心非常痛苦者,或对别人的引导显得麻木者,可激励他们使用此策略。(2)巧妙地观察发泄者的情绪变化,或事后请发泄者谈感受。(3)兼用其他策略。(4)注意引导学生不要把理解室当成游戏室。

  5. 兴趣融合策略,转变不良态度

  由于某种原因造成态度严重对立后,双方直接沟通往往有感情上的障碍,而共同兴趣是人际吸引的重要力量。通过这种吸引力缩短双方的距离,那么学生在改变态度时的痛苦会极大减少,学生往往在不知不觉中改变。兴趣融合策略就是依据这一原理开发的。面对态度严重对立的双方,建议以双方感兴趣的话题或事情为中介,形成兴趣融合点,再逐步扩大对话范围,直至对方态度改变。这种方法主要用于对立情绪严重,不愿和对方对话,或心境灰暗,对交往丧失信心的自暴自弃者。

例如,李老师开始执教理解教育实验班的数学时,发现部分学生上课大声吵闹,故意找老师的岔子,不愿做作业,却很喜欢踢足球、打篮球、唱歌。于是,他经常在放学后与这些学生玩球、唱歌、聊天。过了一段日子,师生感情深了。学生觉得"老师真够意思,对我们这么好!"作为回报,他们开始专心听课,认真写作业。表面看来,李老师开始对不喜欢数学的学生"放任自流",是不严格教育学生的表现。但实际上,"退"是为了"进",先让学生满足合理的需要(如果需要不合理则不能满足,应改用其他策略),再将其打球的兴趣与学习数学的兴趣结合起来,形成共同兴趣中心。

运用这个策略的过程要求是:(1)先了解学生,发现对他们而言有特殊意义且合理的兴趣。(2)组织学生参加满足他们的兴趣或需要的活动,教师投身其中,或给学生提供服务,或参与具体的活动,与学生打成一片。(3)当学生对教师的态度开始发生变化,感情初步融合起来时,教师可巧妙地引导学生自己说出学习或其他方面的要求。(4)观察并记录学生态度变化的情况。(5)结合其他策略使用。

6. 校内留学策略,给与学生调试机会

缺少平等的待遇是许多学生发展不好的重要原因。因此,要尽可能让学生在学校里享受平等待遇。平等待遇包括物质待遇,如获得的物质类教育资源,还包括精神待遇,如得到的精神鼓励等。如果一个学生在班级里经常受到教师的训斥、同学的嘲讽,在班上抬不起头,那事实上这个学生就没有享受到同样的待遇,因而他有权力找到更适合自己发展的群体。同时,对于已处于弱势地位的后进生来说,与其在原有班级苦苦挣扎,不如换个环境"东山再起"。事实上,校内留学不是简单地改变学生空间位置,它可以改变学生的发展状态,即由原有的挫折状态改为激励状态。此外,校内留学体现了对教师的理解,有利于减少教师与这些学生的直接冲突,从重负中解放出来,以便更好地教育其他学生。

校内留学就是学校为满足学生的发展需要而采取的一种让学生在本校范

围内改变学习环境的措施,包括两种形式:一是学籍上更换班级的留学,即由A班调往B班;二是到其他班级学习某门学科的留学,即班级不变,可到其他班级听数学课、外语课等。这个策略主要适用于教师或学生的关系过于紧张且短期内又难以缓解的学生。

运用这个策略的过程与要求如下。

(1)要转变师生的观念。从教师方面来说,需要转变的观念主要有四种:一是"留学处罚观",即认为留学对象是有问题的学生,他们要么性格怪癖、不合群;要么行为异常、习惯甚差;要么学习困难、成绩低下。原有班级的常规对他们已经失效,不如让其换个环境"改邪归正"。二是"留学卸担观",即认为留学对象的种种"劣迹"既影响了班级的荣誉、同学的发展,又影响了班主任的"业绩",如果将其"留学"他班,则可恢复班级原有的"宁静"。三是"留学无能观",即认为留学对象一旦自己提出要转出他班,就证明原班的教师无能,没有将学生教好。四是"留学伤情观",即认为:"我对学生很负责任,可为什么学生不大领情,偏要留学他班让我难堪呢?"从学生的角度而言,要转变的观念主要有:留学是一种逃避现实的最好的办法;留学说明我是一个问题学生;留学是我对原班级教师的一种报复等。上述观点都是对"留学策略"的误解,当属改变之列。

(2)成立留学指导小组,负责指导并协调留学工作。

(3)诊断学生发展状况。实施留学策略的根本目的在于促进学生的发展。但如果在不了解学生原本发展状况的情况下就贸然实施留学策略,将适得其反。因此,应该全面诊断学生的发展,即学生发展的水平,学生发展的环境,学生发展与环境的关系等。在这个基础上,再挑选出适宜留学的对象。

(4)论证和设计学生留学发展方案。留学对象确定后,教师、学生、家长一起论证实施留学策略的合理性,并共同设计适合该学生实际情况的留学发展方案。

(5)举行有关的留学仪式。一般情况下,与留学有关的原有班级的师生将全面评价留学生的发展情况,留学生拟去的班级将致欢迎辞,并当场对留学生委以重任,学校行政则宣布接受留学生申请的决定。

(6)实施留学方案。由于留学方案是个性化的,因而在实施过程中将出现不同的操作程式。

(7) 定期举行留学生汇报活动。根据留学生的留学性质和具体情况,学校将举行不同形式的留学生汇报活动。对于受误解较深的留学生可采取文体娱乐活动的形式汇报;对于"怀才不遇"的留学生可采取"我是主持人"的活动形式汇报;对于"求新索异"的留学生可采取报告会、展览活动的形式汇报。

(8) 同时运用其他理解策略,不断跟踪记录

校内留学策略教育案例:长期校内留学

小晟同学性格内向,班里几乎没有一个同学与她谈得来。而且有几位男生总是给她搞恶作剧:把盛满水的盆子搁在教室门上方,待她进教室时水从天而降,她便成了落汤鸡。她的家长向学校反映情况,那几位学生十分恼火,决定对她实施孤立政策。因此她所处的环境更加"恶劣"。此时,小晟萌生换班之念,学校领导和班主任多次商量,并与家长沟通,最后做出了"同意小晟到平行班级留学"的决定。与此同时,学校指导小组老师对小晟同学的发展情况进行了诊断,认为她的主要问题是胆小、缺乏信心,不愿与人交往,学习成绩较差。在明确问题的基础上,留学指导小组制定了以培养小晟同学的自信心为重点的留学方案。

在实施留学方案的过程中,理解教育的理念得以逐步实现:

一是谈话促理解。小晟刚到留学班,尽管很多同学真诚且热烈地欢迎她,但她仍默然无语。无论上什么课总是低着头,下课后总是呆呆地坐在自己的座位上。对此,班主任多次找小晟谈话,让她了解新的班级和同学,了解老师的想法和做法。

二是表扬促理解。为了让同学们更了解她,班主任(音乐教师)上课时尽量请她回答一些她能回答的问题,并借机表扬她。此外,她上课安静守纪,作业也能完成,因此,班主任又常表扬她,并授予她班级"行为规范好榜样"的称号。这样一来,她在同学们的心目中留下了较好的印象,这就使得她与同学之间的理解沟通成为可能。

三是交流求理解。在小晟逐渐被同学理解的同时,班主任又为她安排了一个理解型伙伴,在学习上进行交流。在理解型伙伴的帮助下,小晟学会了"聊天""提问"和"告状",自信心增强了,心情愉快了,成绩也进步了。在小晟同学

留学取得了明显进步的时候,细心的班主任发现她在无人聊天的时候,仍眉头紧锁。班主任经过巧妙的试探,得知她父母不和。于是,班主任开始家访,既劝告家长,又安抚学生,减轻了小晟的心理压力。父母与子女、教师与学生、家长与教师之间的相互理解逐步加深,小晟的进步也在加快。随着学期末的临近,小晟毅然决定,下学期继续留学。

二、社会美德现象课程化的实践范式

根据基于文化理解的德育原理,笔者设计并进行社会美德现象课程化的实践。所谓社会美德现象课程化,就是让师生有目的地用自己的眼睛去发现社会生活中承载当代美德的社会现象,并努力使自己进入这种现象,将自己作为这种现象的一部分,去体会、记录(用各类媒体)、反思这类现象,然后在课堂上以某种方式去重现这类现象,引发师生深入讨论、反思并将其内化为自己的优秀道德品质、外显为自身的美德行为的过程。

此类德育范式的基本过程如图4-19示。

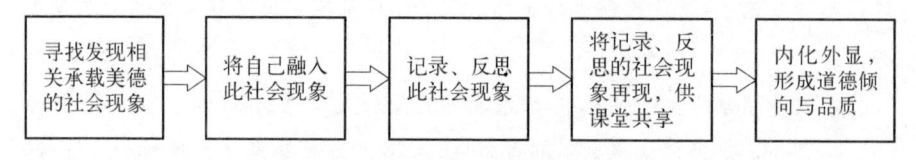

寻找发现相关承载美德的社会现象 → 将自己融入此社会现象 → 记录、反思此社会现象 → 将记录、反思的社会现象再现,供课堂共享 → 内化外显,形成道德倾向与品质

图4-19 社会美德现象课程化范式

下面笔者用高中案例来说明这种模式的具体做法。

"社会美德现象课程化"的高中实验案例

高中学生已有一定的道德认知与道德体验,但缺乏深层次的道德体验与反思,故他们并未形成稳定的德性。根据高中生的这个特点,笔者利用高一年级一个单元的语文学习,进行了一次教育实验。

高一(2)班的36名学生学习了高中语文第二册第一单元,这个单元的学习主题是"平凡的人"。该单元有杨绛的散文《老王》(刻画了忠厚而质朴的底层劳动者,传递出对不幸者的悲悯和愧怍),莫泊桑的小说《项链》(讲述身为小职员的太太玛蒂尔德向往上层社会的奢华和虚荣,为了一夜的风光无奈付出十年的辛酸,最终却坚守了自尊),臧克家的诗歌《当炉女》(塑造了一位失去丈夫的劳动妇女,勇敢而坚强地承担起不幸的命运,凸显了一个普通劳动者坚忍苦斗的人生态度)。

自然,这个单元的一个重要教学目标就是引导学生体会普通民众的生活和命运,了解人们生活的艰辛,感受平凡人物的内心世界,发现普通民众质朴品格中的光彩,从而进一步加强学生对社会人生的认识,丰富情感体验,关注普通人的命运,加深对生命意义的理解。

社会中有太多的普通人,他们淳厚、坚韧、善良,他们平凡而普通,承受着生活的重负;他们自有操守和向往,不乏动人的风采。但学生除了从文字里读到这些,在生活中也会有感受吗?

再者,本单元课文中的几个人物与当今时代都相距很远,学生自然会产生疏离感。作为教师,我们应该记得:语文是生活的语文。在生活这个大课堂里,身边平凡的人比比皆是,鲜活的例子俯拾皆是,学生却往往视而不见,而我们老师往往钻在书本里去寻找平凡的人,岂不可笑?

所以,单元教学任务结束后,智慧的语文老师给学生布置了一项特殊的作业:在一个月内,利用休息的时间,到生活中去,用自己的双眼去观察发现心中平凡的人。同时,走近这些平凡的人,与他们一起感受酸甜苦辣,记下那些美丽的瞬间,写下你的感受,将相片与感受制作成幻灯片上传至老师的邮箱。

对于这项作业,学生感到很新奇,很兴奋,连续一个月的星期五、星期六、星期天,老师的邮箱爆满。36位学生带着饱满的热情完成了作业,直到一个月后的星期一,还有学生不时问起老师是否收到了他的作业。看到他们对此项作业如此关注,热情如此高涨,老师们又设计了一个大型的针对平凡人的感悟交流分享会。分享会上,每个人踊跃上台分享他看到的平凡人的不平凡,以及他们的收获反思,而这种发自内心的交流分享又进一步强化了学生对平凡人的认识。

由此我们不得不反思,我国自古以来就有"学而优则仕""万般皆下品,唯有读书高"的精英教育传统。人们读书的目的不仅仅是为了谋生,而且还有更高的目的,就是要做"人上人"。为了做"人上人","头悬梁,锥刺股",吃多少苦、受多少累都无关紧要。于是,今天我们的学生从不缺少精英意识,因为从小就被家人告知:"好好读书,考一流大学,做白领、做公务员、开公司……"可是,每个孩子都能按照家长的预期成为精英吗?处于金字塔尖的精英是整个社会最上层的那群人,他们永远是少数!我们的学生走出校园以后可能会分布在金字塔的各个层面。如果居于金字塔底,他将如何看待自己的身份,是自卑自贱、自怨自艾地过一辈子,还是以一个普通劳动者的心态和定位而奋进,在自己的职业领域里取得成就,快乐幸福地过一生?如果将来居于金字塔尖,他是不是更应该尊重平凡的人?为老百姓说话做事,为民生谋福利。

如今,很多学生都具有一种自负和期待,他们精英意识浓厚,想着将来成为有权者、有钱人,可以洋洋得意、扬眉吐气,可以凌驾于他人之上,从未想过将来的自己很可能就是社会中的一个普通劳动者,而我们的教育恰恰应该告诉每一个受教育者:不论自己是否是精英,只要踏实奋进,在自己的领域里有所成就,就会找到幸福。如果有幸成为这个社会的精英,身份不该是你用以炫耀的资本,而是为民众谋福利的机会和责任。

我们的教育必须重视培养学生奋进的精神和悲天悯人的情怀。这种德性对现代学生来说太重要了,而单纯地通过语文课的符号灌输是无法达成我们的目标的。

"不观于高崖,何以知颠坠之患;不临于深渊,何以知没溺之患;不观于海上,何以知风波之患。"孔子的话形象生动地阐明了知识与生活实践之间的关系。当真的走进生活后(即学生原有的文化图式与真实世界的文化模式交融后),学生们发现了平常没有注意过的人们,他们新奇、兴奋、感慨、激动,然后开始静下来思考。他们发现平凡的人们用劳动养活自己,就像小齿轮一样默默地转动,正是这些默默无闻的小齿轮,带动着社会这台机器不停地运转。

学生们发现平凡的人们用自己的双手创造自己的生活,他们是如此坚强地面对生活!学生们发现生命是平等的,我们都在努力地生存。学生们还从平凡的人们身上看到了坚强、奋进,感悟到我们应该尊重与敬佩他们。学生们反思:"衣食无忧的我们,在设施齐全的教室里上课的我们,还有什么资格自暴自弃,抑或是埋怨父母给的生活还不够好。"学生们开始感慨:"用我们这些多出来的幸运给予他人一些力量吧!不是同情,不是怜悯,而是人与人之间平等的尊重。"他们惊呼"懂得感恩吧,知足常乐吧!"……

所以，当学生真正地走进生活，发现隐藏美德的社会现象，由此而触动心灵世界，才可能形成德性。

最后，我们来回答本章开章时的问题。从本章的观点看，这位重庆校长的德育方式是低效的。他给了学生一个道德符号，即帮长辈洗脚就是对长辈的尊重与爱，但这个道德符号有没有被学生接受？从基于文化理解的德育来看，这种德育方法对中学生来说很难接受，一是因为中学生已经形成自己的道德文化图式，对外来的、被动接受的道德符号有一定的排斥性；二是这种成年人的道德观与现代学生有一定的距离。假设学生接受了这位校长的这个道德观点，但我们从文化图式理论来看，学生只是在自己的文化图式里增加了一个道德观念，其他的行为方式习惯等远没有跟上，故学生远没有形成整个文化图式！根据文化理解理论，让中学生有真实的美德体验，才是形成这种道德文化图式最有效的办法。

第五章　基于文化理解的师生关系的建立

中学教育中,师生关系和谐的重要性不言而喻、众所周知。这里分享一个笔者经历过的真实案例。学校里有个青年化学老师,是位男教师。他的专业知识和教学技能都很好,但他班级的教学成绩总是很不理想。他很苦恼,我们管理者也感到困惑。通过调查,我们发现,这位青年教师在无意识中有一个非常不好的习惯,那就是人比较刻薄,课堂上经常用言语讽刺、挖苦学生。这让很多学生在课堂上非常难堪,特别是女同学,更是"无法忍受"。于是,同学们开始讨厌这位教师,不想上他的课,更希望班级成绩不好,"让老师出丑",等等。如此,班级师生关系恶劣,教与学关系破裂,形成恶性循环;这就造成了眼前的教育局面。知道了原因之后,在我们的帮助下,青年老师知错就改,积极改善与学生的关系,使得教与学渐渐走上正常的轨道,学生成绩逐步提升。上面案例再次证明,对于和谐师生关系的建设,怎么强调和重视都不为过。

建设和谐的师生关系之前,我们要对师生关系的内涵有个整体认识。总体来看,师生关系内容丰富,横向分类和纵向层递形成系统。师生关系横向上可以分为四类:课内的师生关系、课外的师生关系、校外的师生关系和信息时代网络上的师生关系。纵向上又可以分为三类:传统的师生关系、基于理解的师生关系、基于文化理解的师生关系。各类师生关系横向协调、纵向衔接,追求平等、尊重、交流、沟通、共同发展的师生关系的美好境界。以下是上海市吴泾中学在基于文化理解建设和谐师生关系方面的思考与实践。

第一节　基于文化理解的和谐师生关系

师生关系是指教师和学生为实现教育目标,在教育教学过程中结成的相互关系,包括彼此所处的地位、作用和相互的态度等。其本质是一种人际关系,是一种特殊的社会关系和人际关系。良好的师生关系,不仅是顺利完成教学任务的必要手段,而且是师生在教育教学活动中的价值、生命意义的具体体现。和谐师生关系的建设对提高课堂教学效率、促进学生的身心健康发展、推动教师专业发展和提升教师职业幸福感都具有十分重要的意义。

师生关系包括教育关系、心理关系与伦理关系等。首先,教育关系是师生关系中最基本的表现形式,也是师生关系的核心。它从教育过程本身出发,教师是组织者,学生是学习者,同时又是学习的主人和自我教育的主体。其次,心理关系则是师生间在教育活动中产生的心理交往和情感交流;它伴随着教学活动的开展而自然形成,贯穿于师生关系的全过程。最后,伦理关系是指在教育教学活动中,教师与学生构成一个特殊的道德共同体,各自承担一定的伦理责任,履行一定的伦理义务。伦理关系处于师生关系体系中的最高层次,对其他关系形式具有约束和规范作用。学生的道德观念有很大一部分是从教师那里获得的,教师会潜移默化地对学生施以道德方面的影响。

一、传统教育的师生关系

传统教育体制下,原有教育理念中的师生关系呈现出了绝对权威与绝对服从,因而是不平等的。在传统的教学过程中,师生常常处于一种不对等的地位之中,学生的主动性被抑制。传统的教育管理也片面地强调管理和接受管理,要求学生对管理者的绝对服从,否定了学生的主体地位,剥夺了参与教育管理的权利,从而造成民主管理的缺失。传统的教育情境还忽视了师生间的互动,在教学中,教师单纯、机械地进行知识灌输,扼杀了学生积极探索知识的潜能,严重影响了学习的能动性,教师和学生之间容易产生隔阂。而且,这种教育教学更多地强调学生的成长、进步,对教师的专业持续发展关注不够。

另外,由于社会环境和传统教育观念的影响,师生间依然存在着不和谐的现象,表现为教师和学生之间情感关系淡化,教师过分关注分数,不能做到尊重学生人格等。

二、基于理解的师生关系

理解是建立师生感情的基础,是建立民主、平等的师生关系的基础,是学生积极行动的先导。无论什么事情,如果学生不理解,教师却硬要他去做,则无法产生好的效果。

教师和学生是学校教育活动的主体,他们因文化知识的传递与交流结识为一种特殊的理解关系,这种关系随着社会文化的发展而显现丰富的价值内容。因此,正确认识师生理解关系的文化意蕴,是一种具有远见的价值选择。

在教育活动中,教师要把自己的学生完全当成一个独立自主、自由发展的人,要尊重其独特而完整的个性,而不能把自己的意志强加给他。教学对于学生来说,不只是知识的传授,而应该是不同文化图式之间的碰撞和理解。我们评价一位教师为好教师,往往不单单是因为他所教的知识比较专业,而且因为他的才学品行、生活热情、气质胸怀等较为出众。当教师的才学、品行与学生相遇,就会产生教育的"化学反应",从而构成一种特殊的教育关系。

三、基于文化理解的和谐师生关系

如今,由于社会高速发展,即使是同一地域成长的师生,影响他们的文化模式与图式也差异巨大,使得师生各自的文化图式差异较大。这种师生个体文化图式的差异,就造成了目前教育面临的挑战——师生关系紧张。文化理解是解决这个问题的有效手段与目的。作为教育者的教师来说,一方面,要主动去了解学生的文化图式,引导学生自觉去适应周边的群体文化模式与个体文化图式,从而引发自己文化图式的积极变化。另一方面,要根据学生的文化图式特点,改变自己的教育方式,使学生的文化图式与自己的文化图式发生交融,从而实现换位思考,实现文化理解,促使学生的文化图式向积极的方向变化。

新型师生关系源于学校文化的意义建构,文化知识随着师生之间的交往活动,逐渐达成一种默契的符号共识。师生关系的文化意蕴,体现在对师生关系的一种文化解读。从人文角度来看,师生关系本质上是一种具有文化生成意义的教育关系。纵观学校中师生关系所存在的诸多问题,如认识代沟、情感隔阂、价值对峙、身体伤害等,多是由于师生之间对于角色观念和行为理解的分歧而造成的,这实际上是一种基于各自不同生活经历的文化冲突。师生关系在学校中存在的意义不只是展现一种文化内容,更是学校文化新意义创造的共生现象。

因此,教师和学生在人格上是平等的,在交互活动中是民主的,在相处的氛围上是和谐的。它的核心是师生心理相容,通过心灵的互相接纳、相互理解,形成师生至爱的、真挚的情感关系。基于文化理解的师生关系的宗旨是本着学生自主性精神,使他们的人格得到充分发展。这主要体现在:一方面,学生在与教师的相互尊重、合作、信任中全面发展自己,获得成就感与生命价值的体验,获得人际关系的积极实践,逐步完成自由个性和健康人格的确立;另一方面,教师通过教育教学活动,让每个学生都能感受到自主的尊严,感受到心灵成长的愉悦。在这个过程中,师生共同成长。

总之,基于文化理解的师生关系具有以下特点:相互平等、彼此尊重是和谐师生关系的基础,教学民主、管理民主是和谐师生关系的关键,互动合作、共同发展是和谐师生关系的源泉。这就是基于文化理解的师生关系的内涵;基于文化理解的师生关系中包含的教育关系、心理关系和伦理关系,在此得到最优发展。

那在中学教育中,建设基于文化管理的和谐师生关系,有哪些策略和方法呢? 首先,提升教师的文化理解素养是关键。学校要加强教师的教育理想和信念教育,不断提升教师的思想道德和专业素养水平,让教师们能够理解自己、了解学生,从而实现更好的文化融合、文化引领与文化图式的改进和提升。

其次,要引导学生积极参与和谐的师生关系的建设。教师要引导学生志存高远、发愤图强、热爱学习。由此,学生更能尊重教师的智慧付出,同时也能换位思考感受教师的爱心与奉献,积极配合教师的教学工作,通过多种方式帮助教师,还积极寻求彼此间的共同点,达成师生关系最大程度的和谐、默契和温馨。

最后,顺势而为,学校要以建设时代和谐校园推动和谐的师生关系的发展。学校要强化社会和谐的时代观念,打造和谐校园的物质环境和精神空间,进一步开拓师生互动交流的平台。同时,学校还要把和谐师生关系的发展纳入学生评价和教师工作评价体系,从管理机制上确保基于文化理解的师生关系的积极发展。

第二节 提高教师文化理解素养是核心

对于如何建立基于文化理解的和谐师生关系,上一节,我们从理论上作了阐释;下面三节,我们以上海市吴泾中学的实践探索来加以具体说明。

上海市吴泾中学是闵行区一所普通公办初级中学,也是上海市百所初中强校工程实验校之一。学校生源结构较为特殊,其中随迁子女群体占比较大(据统计约为75%)。他们来自全国各地,有着不同的成长环境与文化背景,以至于他们对上海义务教育阶段的教育和上海学籍的学生产生了不同程度的误解乃至不理解。他们渴望能够受到和上海籍学生一样的教育,即享受到所谓的同等教育。这个问题的解决就涉及文化理解。

因此,摆在学校教育面前的迫切任务,是思考如何把这些随迁子女乃至全体学生培养成具有文化理解素养的人。为此,学校结合校情,深入贯彻执行党和国家的教育方针政策,加强实践研究,通过强校工程实验项目的全面落实与稳步推进,整合优化学校教育教学各方资源,积极构建文化理解背景下的新型师生关系,实现学校随迁子女教育公平最大化,切实提升学校整体办学水平。

学校认为,建设和谐的师生关系,教师是第一要素,教师的文化理解素养是关键。因此,学校要加强教师队伍建设,切实提高全体教师的文化理解素养。

一、加强师德建设,强化教师文化理解的责任意识

教育发展,教师是关键。没有高质量的教师就没有高质量的教育,要实现教育的公平性,首要的问题就是要高度重视师资队伍建设,建立一支高素质的教师队伍。因此,学校自从接受外来务工子女入学后,一直把教师队伍建设摆在首要位置,致力于端正教师观念,提升教师思想水平。

师德是教师最重要的素质,是教师的灵魂。师德决定了教师对学生的热爱和对事业的忠诚,决定了教师执着的追求和高尚的人格。

高尚的师德是对学生最生动、最具体、最深远的教育,学校积极开展师德建设系列活动,陶冶教师的道德情操。在开展师德建设活动中,学校成立了工作领导小组,制定了活动方案,进行了分工,明确了职责。通过教职工大会和各种

培训活动,宣传师德师风建设。学校组织教师学习师德师风建设知识读本、师德要求、教师的"十寄语"和"十禁语"等。学校还向部分学生家长发放了调查问卷,征集了家长们对师德师风建设的意见。教代会代表还发出了遵守教师职业道德倡议书,校园里部分走廊上张贴了师德标语。全体教师庄严宣誓,遵守教师职业道德规范。

学校还开展了师德标兵的评选,举办师德演讲,引领全校教师在一个个感人至深的师德故事中获得爱的洗礼,使教师的师德修养获得进一步升华;开辟宣传栏,在教师办公室张贴《中小学教师职业道德规范》,对教师进行深入广泛的职业道德教育,使他们端正教育思想,真心实意地关心、爱护、培养、教育每一名学生。学校要求教师利用休息时间,根据学生的家庭状况和思想动态,有针对性地进行家访;组织教师进行重点家访,耐心细致地做学生思想工作,拉近师生间心理距离,使学生感受到师爱如阳光般的温暖。

通过一系列的学习活动,全体教师根据自身实际拟定了公开承诺书,全体教师把"依法执教,爱岗敬业,热爱学生,廉洁从教,为人师表"的庄严承诺留给了学生、家长、社会各界人士,增强了自身的道德责任感,提升了自身的心理健康素质。

二、构建学习型组织,提升教师开展文化理解的能力

教师要教好学生,必须精通所任学科的大量专业知识,还必须具有广泛的文化修养。即使有了"一桶水",也还需要不断更新补充,才能源源不断地提供给学生的"一杯水"。总之,教师需要不断进行知识更新,才能适应时代发展的要求,更好地构建基于文化理解的师生关系。

1. 加强教师培训,更新教育观念

为了让教师树立终身学习理念,将工作与学习融为一体,强化科研意识,提升校园文化品位,使学校彰显出自身的特色。学校结合本校实际和教师工作,自实施强校工程以来,积极组织教师学习教育学、心理学,开展业务专题讲座与教学研讨;同时还积极创设条件让教师走出去,去学习先进的教学方法,掌握科学的教学手段,指导帮助教师在实践的基础上学习理论,再用理论指导自己的实践,优化课堂教学结构,提高课堂教学水平,促进教学质量的提高。

2. 开展校本培训，落实继续教育

学校组织全校教师参加了区、校两级的学习活动。教师们认真研读指定书目，每人每学期开设研修课，反思教学实践。每学期举行一次全校大型研讨活动。此外，分年级、分学科、分备课组的小型研讨活动在学期中按需求随时开展。每一位教师都积极投入其中，不断学习，不断充实自己，不断提高教学质量和教书育人的本领，鼓励学生进行创造性思维，引导学生在发掘兴趣和潜能的基础上实现全面发展。

学校积极开展各级各类骨干教师评比展示活动。每学期每个骨干教师至少都开设了一节展示课。同时，每一位骨干教师的课堂也向全校教师开放，由此建立了教师培养制度，注重活动内容与形式的创新，强调"注重过程、淡化名次"，要求人人有收获。另外，学校每年确定一个教研主题，培养和锻炼了一大批青年教师，也使校内的教研氛围日趋浓厚。

3. 开展教学研究，提高教学水平

学校注重提高集体备课质量。各教研组有研讨主题，备课组有活动重点。如2021年，教研组的主题是"有效活动设计"和"学困生的转化策略"。各备课组的研讨根据自己的实际情况，从不同角度展开，如数学、综合理科组研究学校实施的校本作业的编制，注重分层作业的实行，力图有效兼顾到不同层次的每一个学生，让每一个学生都能有所收获。

经过多年来的实践，学校教师的业务水平有了很大的提高。在平时的教学中，教师们不抛弃、不放弃每一个学生，大家都能注重言教，注重身教，以身作则，为人师表，以自己高尚的人格和品德去教育、影响学生。同时，学校也逐渐构建起学习型组织，教师们树立起终身学习的理念，形成全员学习、全程学习、团队学习和工作学习化、学习工作化的氛围，教师们在学习中全面成长。

依据学校创建规划目标要求，围绕"乐和"课程创建与实施，学校从实施心理健康教育、建设德育课程、打造创新实验室建设、改进课堂教学评价、提高命题能力、实现作业有效分层、打造活力课堂、注重教学细节等多个方面开展多种形式的培训与观摩、指导与互动，挖掘了支撑学校教育持续发展的源动力，激发了教师自主发展的内驱力，提高了教师贯彻课标的执行力，培养了一批专业素质高、业务能力强的教师骨干群体。如今，梯队成员既有区骨干及其后备、区闵

教论坛之星、希望之星,又有镇骨干和教坛新秀。持续发展的专业能力为教师们开展基于文化理解的教学互动打下了扎实的基础,学校基于文化理解的师生关系更为和谐。

第三节 和谐德育促进师生关系更融洽

为进一步建设和谐的师生关系,紧密师生文化理解的心理关系,上海市吴泾中学注重开展和谐德育。

一所学校要追求内涵发展,应解决的核心问题是:为每一个孩子寻找"有营养的教育"。只有这样,学生才有可能全面而有个性地发展。在大力发展德育课程,对全体学生开展和谐德育时,我们从学校实际出发,力求结合学校城乡结合部学生及随迁子女学生占比较大的特点,围绕"阳光、尚德、有梦想"的教育理念,努力拓展德育课程空间。

德育课程不仅关注学生的知识与能力、过程与方法,还关注学生的情感、态度、价值观,着重研究课程实施中的分年级要求和"乐和"课程与班集体建设的关系,从而为学校中占比较大的弱势群体子女创设一个健康成长的氛围。

学校一直把"阳光、守信、有梦想"作为学校的育人目标,也就是将"自主人格""合作互助""探究实践"作为学生培养的核心指标。据此,学校逐步形成了"乐和育人"的课程体系,树"信心"、勇"追求"、善"面对"、乐"实践"已经成为孩子们的努力方向,"健康、快乐"成长已经成为学校教师、家长与学生的共同愿景。学校利用如下的教育内容与方式,寻求学生的共同点,提升随迁子女的文化理解素养。

学校"乐和德育"活动课程建设,表现为在乐和校园文化背景下,围绕民族精神特色班集体和"乐和"班级的创建,以建设"乐学乐研乐助人,和谐和睦善交往"的校园文化为目标,进一步探索在新的历史条件下,运用集体力量促进青少年学生健康成长的途径、载体、方法,并在培养学生,发展教师的同时,促进学校办学水平的整体提高。之前,新课程改革提出"学校是生命力生成的场所,是教师和学生成长的乐园",致力于构建以人为本的和谐校园,这既是新课改的重要目标,也说明关注学生学校生活已经成为当今教育的热点之一。结合学生现状,我们针对了全校700名学生进行了生活快乐程度调查,学生学校生活快乐的相关因素主要包括课业负担、人际关系、成就感、学校生活自由度和丰富度等。

调查结果显示,学生对学校生活的总体满意度情况如表5-1所示。

表5-1 学生对学校生活总体满意度调查结果

题 目	回答与占比			
你喜欢上学吗?	喜欢(36.4%)	一般喜欢(44.5%)	不太喜欢(10.1%)	不喜欢(9.0%)
你在学校中的生活快乐吗?	快乐(30.4%)	比较快乐(37.5%)	不太快乐(24.1%)	很不快乐(8.0%)

有24.1%的学生感到"不太快乐",还有8%的学生感到"很不快乐"。如何使每个孩子快乐幸福成长,如何开设学生喜爱的课程,是学校应该思考的问题。从立德树人的角度出发,我们决定去德育活动课程中寻找答案,德育课程的打造应该围绕如何使孩子们变得阳光、诚信、有梦想,追求和谐发展、主动健康发展。我们重点结合学校已有的各项德育活动,融合学生责任感教育、文明礼仪教育、民族精神特色班集体建设等,形成以行为规范为基础、以民族精神特色班集体为特色的分年级重点实施的乐和德育课程。具体来说,就是"三境界,五意识"目标的确立。"三境界"即让学生懂得享受快乐、会寻找快乐、能创造快乐,从而深化了学生的"五意识"——六年级与集体乐和,做一个守则的中学生,这是特色班集体的初步形成阶段;初一年级与学习乐和,做一个明理的中学生,这是特色班集体的进一步发展完善阶段,重在技能训练;初二年级与自己乐和,做最棒的自己,做一个自律的中学生,这是特色班集体的成果展示阶段;初三年级与社会、自然乐和,做一个自觉的中学生,这是特色班集体建设的规模形成阶段,此时,学生已经能将乐和精神自觉运用到日常生活学习中。

德育活动课程的安排不同于国家规定课程,其灵活性更强。我们通过调查协调,使德育活动课程固定化,以便课程的有效实施。活动课的安排既有年度的活动,如学校固定的四大活动——读书节、科技节、感恩节、艺术节,又有学校每年的常规活动——少代会、庆六一活动、换巾活动、十四岁生日活动、毕业典礼、军训活动等。另外还有分学期的每月活动——时政知识讲座、校园达人秀、心理健康周活动等,以及固定课时的德育活动——青少年礼仪教育校本课程、责任教育校本课程、主题班会、法制报告等。最后,德育活动课程还包括每天上午课间操的健身操活动等,以保证学生德育课程的按时有序进行。

课程评价采用了多元化的评价机制,包括了学生的参与度、学生的快乐度、学生的自我评价、小组评价、教师评价甚至是家长社区的评价等。多种评价机制的实施,保证了学生的每一次活动都能得到公平公正的对待。

"不以分数论高低""快乐学习"对于学生来说尤为重要。学校积极探寻发展性评价,通过评价发现和发展学生多方面的潜能,了解学生在发展中的需要,激励每个学生的个性化发展;着眼于学生发展的多元化评价机制,关注学生的生活和生成性问题,尊重学生的多元选择,实施以鼓励性为主的评价策略。活动课中注重调动学生的情绪,使学生在轻松愉快的气氛中进行活动。敏锐地发现学习困难生的点滴进步并适时鼓励,让他们也品尝到成功的喜悦。老师们针对学生日常学习过程中的表现、所取得的成绩以及所反映出的情感、态度、策略等方面的发展,做出发展性、过程性、全面性评价,来激励学生学习,帮助学生有效调控自己的学习过程,使学生获得成就感,增强自信心,培养合作精神;同时使学生从评价的被动接受者变成评价的主体和积极参与者。

课程实施重点在年级组。每年开学初,年级组召开会议,分阶段目标制定年级实施计划,班级根据年级计划制定富有本班特色的班级计划,再具体落实。

各年级认真组织学习讨论,以形成共识。就德育课程的时间安排来说,分为固定课时和非固定课时。固定课时就是将其融入基础性课程,放在课内进行,以"与集体乐和"为例,年级组长召集任课老师提出本年级相关课程实施设想,要求基础课老师在一学期的课程中,结合本课程内容进行设计,一定程度上将"与集体乐和"渗透于课堂之中。非固定课时包括即时课程(如专题讲座、班队课、主题教育讲座、年级组大会等)和社会实践等(如志愿者服务讲解员等),推进过程中的主体是学生和班干部。

在德育活动课程的推进过程中,学校也会有针对性地选择教材,如中预年级的《青少年礼仪导航》、七年级的《中国民俗民风》、八年级的《诚信教育读本》、九年级的《理想教育读本》。校本教材《青少年礼仪导航》已正式出版且在全校广泛使用,它也被评为区优秀校本教材。另外,健美操教材也被评为区优秀校本教材。

一、校园常规节日与健身操活动

吴泾中学的校园常规节日有四大节和三小节,四大节包括三月科技节、五月读书节、九月感恩节、十二月欢乐节;三小节包括"六一"儿童节、端午节、元宵节。这些节日的德育活动课程主题包括:"感恩于心、感恩于行""爱读书、让读书成为一种习惯""崇尚科学、动手动脑""热爱艺术、提升审美""传承民俗民风"等。

如一年一次的中国年——闹元宵活动。由于学校学生大都为外来务工子女,假期会回原籍过年,所以我们利用过年的时间,给同学布置了一系列有趣又容易做到的活动,如:拍摄一张家乡过年的特色小吃、特色活动的照片,做一份有特色年味的小报,写一篇过年感受的随笔等。这些活动是学生亲身经历的,有趣的,也容易做到的。通过开学后的校内展示过程,同学们感受到节日的快乐,也感受到民族文化的博大精深,体会到传统文化的魅力,同时对元宵节也有了更深入的认识。

又如"我探索、我创造、我快乐"的科技节活动。在活动中,同学们可以利用课余时间去参加比赛,每个人都有表露才华的机会,每个人都很快乐,活动中得到的奖励更是调动了大家的积极性。相比于被动接受的知识,这些基于自愿而主动获取的知识更为牢固。

还有"阅读让生活更美好"的读书节系列活动。在这个活动中,同学们制作了宋词小报、宋词书签、二十四节气小报。在制作这些小报的过程中,每个人都很努力,也都在翻阅相关资料,老师也会提供有关资料,在这一过程中,大家不知不觉地就学习了这些知识。活动结束的时候,大家尝到了胜利的果实,也收获了知识。

更有走进名校,感悟春天,去华师大赏樱等"走进名校"系列活动。在踏青时节,学生们走进华东师范大学,在樱园中感受春天的美好。围绕这一主题,教师们设计了四项专题探究:"用文字触摸春天"——撰写美文,记录活动感受;"用英韵书写春天"——以"wonderful spring"为主题撰写英语短文;"用创意描摹春天"——发挥想象,完成树叶创意画;"用足迹记录春天"——运用地理知识和绘画技巧,绘制从学校到华师大樱园的路线图。通过有的放矢的活动设计与安排,在开心之余,同学们还感受到属于名校的氛围,这能让他们以此自勉,向着名校的方向努力。这是让学生在观赏美丽景色的同时,通过感受名校的氛围来激发学习的动力。

  各种各样的活动不仅促进了学习的效率,也促进了师生间的文化理解,让大家感到快乐,可谓事半功倍。所以,谁说读书一定是"十年寒窗苦读"?谁说学习的岁月像一幅没有色彩的水墨画,缺少生机?我们的同学在多姿多彩的活动中,感悟到了学习的快乐,也在快乐中学习。

  吴泾中学是上海市学校少年宫、闵行区"舞向未来"试点学校、上海市健美操基地学校、上海市学校排球联盟成员学校。全校成立了34个学生社团,确保每一位学生都有机会参与。学校健美操社团成立十几年,健美操运动不但对人的身体机能有一定的锻炼价值,更主要的是它以健身为基础,融健美与健身为一体,既注重外在美的训练,又注重内在美的培养。国际、国内大赛的体验,让孩子们提升了自信,在训练的同时也培养了孩子们的意志力、忍耐力以及团队精神。《文汇报》题为《健美操跳出自信与快乐》一文,对学校办学特色进行了全面报道。北大何可欣同学深深感谢母校,感谢健美操队为她成功助力。

二、青少年礼仪特色课程

  由于学校处于城乡结合部,近八成的学生是随迁子女,学生的文明礼仪受家长及周边环境影响比较多,学生中有语言粗俗、举止不雅等现象。基于这一情况,学校把文明礼仪教育作为加强行规教育的落脚点,通过生动活泼、学生喜闻乐见的系列活动,使学生系统地了解基本礼仪常识,掌握待人接物的方式方法,并以此辐射家庭,影响社会,推动地区文明建设。

  为此,学校根据学生年龄特点,分层次开发了相应的教材,包括中预年级的《青少年礼仪导航》、七年级的《中国民俗民风》、八年级的《诚信教育读本》以及九年级的《理想教育读本》,各册教材之间互相渗透、融合。

  我们认为,学生行规教育的实施离不开课堂的训练和认知。校本课程的课时不同于基础课,因此学校充分利用拓展课、兴趣课、班队课、校会课、社会实践活动、主题班会等,将礼仪教育融入课堂。以《青少年礼仪导航》为例,学校在中预年级每周安排一节课,时间灵活机动,可以放在班会课进行,也可以放在午会课进行。课程内容除了书本上的知识之外,更多的是学生的探究、模仿秀,如礼仪知识竞赛、调查、礼仪示范表演、模仿秀、文艺演出、礼仪长廊、文明礼貌用语征集等,使学生在活动中掌握文明礼仪的方式方法,养成文明习惯。课程同时将礼仪教育活动和特色班集体创建以及年级行规要求结合起来,通过以《青少年礼仪导航》校本教材为载体的学习、体验和实践,大大地提升了学校学生文明礼仪素养。

同时,课程的评价方法多元化,对教师的评价主要通过听课、查阅资料、调查访问等形式进行,并将其记入业务档案。评价标准主要是"三看":一看学生实际接受的效果;二看学生问卷调查的结果;三看教师的教案等。对学生的评价主要通过发展性评价的形式进行:一看学生学习过程中的表现,如积极性、参与状况等,分为"A、B、C、D等级",作为"优秀学生"的评比条件;二看学习成果,即通过日常表现、社区评价、家长评价等形式开展,将其成果记入学生成长手册。

通过一段时间的实践,我们发现该课程使得师生关系更融洽,师生互动更和谐,课堂焕发了新的活力,全校师生的文明素养得到了提高,学校整体教育教学水平也发生了较大变化。学校连续被评为市级行规示范校,也先后获上海市安全校园、区和谐校园等荣誉称号。

三、民族精神特色班集体建设

在青少年学生中开展民族精神教育,增强青少年学生对国家和民族的责任感和使命感,立民族精神之根,树理想信念之魂,是培养和造就为中华民族伟大复兴而奋斗的一代新人的必然要求,也是培养学生良好行为规范的一个重要抓手。许多历史名人身上的品质,正是一个公民,或者说社会主义国家的公民所需要的基本素养。做这些的目的也就是为了日后他们走上社会,能够尽快地融入其中,能够早些完成"社会化"的过程。这是对学生个体而言的。

同时,对于整个社会来说,这也能够起到维护社会秩序的作用。学生能够以英雄人物为榜样,规范自己的行为。通过此项活动,引导学生树立正确的价值观、人生观、世界观，完善学生人格，使学校民族精神教育真正落到实处，推动了良好班集体创建，同时也提升了学生的行为规范素养。每年9月，学校都会利用中预年级新生入校的契机，开展以体现民族精神的特定事件和人物为中队命名的活动。如2016年正值红军长征胜利80周年，于是预备年级8个中队，全部以赤水、金沙江、井冈山、泸定等长征关键词命名，还分别设计了班徽，制订了相应的行动目标。在接下来的4年学习生活中，各中队将围绕目标，结合分年级要求，挖掘民族精神中优秀的人物和事迹作为行动的榜样。

1. 中队命名：每年9月利用中预年级新生入校教育，开展以体现民族精神特定事件和人物命名中队的活动。老师、学生、家长齐动员，集思广益，各抒己见，确定队名、队歌、中队口号、中队目标。"长征中队、洋山中队、航天中队"一个个鲜活的班名成为了班级强大的精神支撑。

2. 阵地建设：为了巩固和理解民族精神内涵，班级铭牌、班级黑板报、民族精神角、班级网页、特色班歌成为了重要的宣传窗口。

3. 技能培养：学校开展以中华传统民族民俗文化为主要内容的技能培养。如：书法、国画、武术、编中国结、古诗文诵读、民族舞蹈、民族歌曲、民族器乐、包粽子、健美操、排球、乒乓球、剪纸等。利用班会课、自修课、课外活动、社团活动等组织学生学习训练。学生在学习中体味了中华传统文化的博大精深。

民族精神特色班集体建设中，学校层面会开展多种多样的活动。

1. 各类主题活动：各年级每学期举办以民族精神为内容的主题班会评选展示活动。如特色班级铭牌比赛、讲民族精神小故事比赛、古诗文诵读比赛、班级民族精神教育角评比、班级网页比赛、班歌和特色歌曲演唱比赛、书法比赛等。

2. 传统节日主题教育活动：学校结合传统节日、重大纪念日、重大历史事件，开展民族节庆教育、仪式教育、礼仪教育。如端午节的包粽子、元宵节的包汤团等活动，让同学们在积极参与主题活动、把握传统节日内涵的过程中，获得对传统节日历史文化精髓的认同，学习、继承和弘扬中华民族的优秀传统文化。每年两次的大型社会实践活动体验，要求学生们在活动前挖掘当地民族精神的教育资源，了解必要的历史背景。这些活动激发和促进了孩子们的成长，让同学们在享受快乐的同时，理解了民族精神的内涵，感悟到了民族精神的意义和价值,将民族精神内化为自身的精神品格。

系列的德育活动促进了师生文化理解,使得学生得到发展,教师得到成长,学校知名度也不断提升。

四、分阶段实施生涯导航计划

学校根据学情,积极设计生涯教育活动,做好学生的学业分流、专业选择,将生涯教育与课堂教学、德育活动、心理教育有机结合,分阶段实施生涯导航计划。同时,利用学校办学特色、五大节日以及心理月、职业生涯体验等,引导学生认识职业,构筑梦想。六年级通过心理活动课的自我个性探索与课堂教学,让学生探索自我,全面了解自己的气质、性格、优缺点等。七年级通过职业体验与职业访谈活动,深入了解各种职业所需要具备的技能和应储备的相关知识,让学生初步了解、体验各种职业,并有所感悟。八年级进行初步的职业兴趣测试,学生们根据兴趣选择适合自己的拓展课、参加相应的特色课程或学生社团,大致了解今后的专业方向与职业方向。九年级注重学业指导,通过学业指导专题讲座,让学生明确适合自己的学业方向和初步的职业梦想。

学校通过邀请各类学校的校长以及各行各业的校友、家长来校举行报告会、职业介绍等,拓宽学生的眼界以加深对职业的认识,帮助他们明晰自己的学业方向。作为对口输送优秀队员的上海市西南工程学校、上海市医药中等专科学校,他们的健美操队已成为职业学校健美操领域的佼佼者,参与国际大赛也屡次获得殊荣。

健美健身操运动的普及和推广,使艺术、体育教育得以持续发展,确保了艺术、体育特色教育的优势。特别是近几年来,学校大力推进师生共同参与"舞向未来"健美健身操运动,借助"智慧传递"展示平台,使健美健身操运动迈向了新的高度。"汗、乐、慧"的运动理念使师生在参与中沐浴阳光、尽享快乐,促成了师生和谐、生生和谐、校园和谐,为健美健身操运动赋予了新的含义。德育分层主题教育课程也在区级以上范围有了一定的影响力。市级行为规范示范校的创建成功,促使学校德育工作向更高层次发展,也助推学校基于文化理解的和谐师生关系更上一层楼。

第四节 "乐和"课程厚实师生文化理解关系

厚实基于文化理解的和谐师生关系,加强教育联系,学校的特色课程建设是一个扎实之举。为此,上海市吴泾中学选择了通过"乐和"课程建设,厚实学校师生的文化理解关系。

为了让全校学生,特别是让外来务工子女能在吴泾中学感受到快乐,按照学校"乐教乐学乐助人,和谐和睦同发展"的办学理念,实现培养"阳光自信有梦想"的吴中学子的目标,学校在传承校园文化建设思路的基础上,提出了"乐和"文化建设的构想,打造乐和课堂,构建乐和课程,培养乐和学子,实现本地子女和外来务工子女之间的教育公平。学校进行了课程建设,整合课程,形成了吴中乐和课程方案,力图让每一个吴中学子能在乐和课程的学习中"快乐学习、快乐生活",懂得"与学习乐和""与集体乐和""与自然乐和",从而将快乐的健康心理影响延伸至他们的一生。

吴泾中学的办学理念是"育人为本,和谐发展"。学校以立德树人为教育的根本,不仅致力于培养学生善于学习、学有所长、身心和谐、阳光自信、自强不息、尚仁厚德、心怀梦想、勤于追梦的良好品质,促进每一位孩子潜能的开发、能力的全面提高,而且努力创造条件,为学生的终身学习、全面发展和幸福生活奠定基础。我们要以教师的和谐发展为前提,以学生的全面和谐发展为目的,以学校的和谐发展为保障,以社会的和谐发展为条件,致力于形成学校发展过程中人与人和谐,人与学校环境和谐,课程与学生发展和谐的局面。学校坚持全面贯彻党的教育方针,全面实施素质教育,让每一位学生都得到全面发展,不仅注重智力,还注重学生的德、智、体、美、劳"五育"并举、和谐发展。

经过多年的努力和长期的积累,学校打下了良好的"乐和课程"基础,其中部分课程已脱颖而出。学校已拥有一批在本市、区,甚至全国有影响力的课程。优质课程的影响力已辐射周边学校社区,如学校陶笛课程开到了社区。学校健美操课程飞越几千公里去往新疆喀什普泽五中。学校健美操课程开设多年,被评为闵行区优秀拓展课程,校健美操队取得了国际国内多项健美操比赛大奖。"乐和德育课程"被评为区级优秀校本课程,学校在"乐和德育课程"推进中被评为上海市行为规范示范校。

特别是近几年来,学校通过以健美健身操为龙头的"汗、乐、慧"阳光体育活动的开展,依托以"多元合一铸品行、自信自强创特色"为目标的课程建设,使学生在活动参与中体验成功的快乐,逐步建立和增强自信心;通过"高效课堂"的打造,力促教师的课堂教学更加有效,从而使学生感受到学习的轻松和快乐;通过加强行规教育、民族精神特色班集体创建等德育活动,使学生的身心得到全面、健康发展。学校的办学质量稳步提升、社会美誉度逐渐提高、办学特色日益明显。

在全体教师的不断努力下,经历多年的摸索、研究、实践、反思、提升、总结,学校创造了自己的有效课堂教学经验——"预学＋导学"乐和课堂教学。学校积极推进"预学＋导学"的教学实践与研究。教师按照"有趣、有用、有效、有限"原则,借用学生的思维进行开放性设计,将"小而精"的预学案推送给学生。"预学"不仅让学生积累了学习的初步经验,而且让学生通过查阅资料和网络搜索等途径获取更多的资源,形成对新知识的心理储备。教学中,教师注重调动学生的兴趣,使学生在轻松愉快的氛围中学习。对于学习困难生的点滴进步,教师要能够敏锐地发现并适时鼓励,让学困生也品尝到成功的喜悦,逐步克服对学习的畏惧情绪,增强学习的动力,变"要我学"为"我要学"。"预学＋导学"的教学实践给学生带来了不一样的学习体验,让教学活动变得更加有趣。

吴泾中学"乐和课程"的理念是:让每一个孩子都阳光、尚德、有梦想。我们希望既能满足学生身心健康发展、全面发展的需求,又能提供个性化发展的空间,为培养"阳光、尚德、有梦想"的乐和人追梦助力!

为了丰富学生的生活,提升学生的生活品质,学校在选定拓展课、探究课内容时,关注了让课程贴近生活、联系生活和基于生活经验以及增进学生的生活体验等原则。教学过程中做到从学生的生活经验出发,联系生活现象教学,为学生创造各种各样的生活经历,让学生得到最大程度的锻炼,为学生创造"在做中学""在尝试中学""在体验中学""在玩中学"等多种学习方式的机会。

"乐和课程"的目标是:传承校园文化建设思路,构建"乐和课程",让吴泾中学的孩子们能够快乐学习、和谐成长,促进每一位孩子潜能的开发、能力的全面提高,培养"阳光、尚德、有梦想"的乐和少年;培养学生善于学习、学有所长、身心和谐、阳光自信、自强不息、尚仁厚德、心怀梦想、勤于追梦的良好品质。

学校课程结构为三大类:基础型课程、拓展型课程和探究型课程。其中每一类又有相应的课程科目。基础型课程是为学生各方面的发展奠定基础的课程。拓展型课程是培养学生发展性学力和满足个性发展需求、体现教师业务特长兴趣、形成学校品牌特色的课程。探究型课程是培养学生自主探究、团队合作、创新精神和实践能力的课程。

在落实国家课程的基础上,学校开发多门学科探究类和拓展类校本课程,从时间和内容上保证课程的实施。课程面向全体学生,使所有学生有更多的机会选择并投入学习的持续发展过程;通过多样性的学习内容和学习体验促进学生身心健康及全面发展。

学校"乐和课程"的纵深发展也是为了充分利用、挖掘丰富的在地文化资源。吴泾中学处于闵行区东南地区吴泾镇属城乡结合部,比邻华东师范大学闵行校区、上海交通大学闵行校区、东海职院以及紫竹科学园区。校园周边还有衣恋、先锋、中航商用飞机发动机研发中心、冠捷、森马等大企业。学校拥有丰富的在地文化资源。

与此同时,学校还与中国航海博物馆、上海海事大学合作,借助博物馆、周边高校等丰富的文化资源,不断充实发展学校"乐和课程"的内涵。学校每学期都有固定的六、七、八年级学生参加东海学院、航海博物馆职业体验活动及课外社会实践等活动。特别是与中国航海博物馆的馆校合作,学校充分利用博物馆资源做了大量深度航海校本课程的开发与实施。

一、打造"乐和社团",推进乐和课程的实施

乐和社团以培养创新精神与实践能力为重点,促进学生全面发展,丰富学生的课余生活,让不同学生在不同的领域有不同的发展,让每个学生获得成功的体验,从而做到"乐学"。社团活动要有总体目标,学校制定总的社团活动方案,组织各社团辅导教师制定特色社团活动方案、实施内容和具体要求。

学校有30多个"乐和学生社团",其中最有影响力的是在世界大赛中屡屡获奖的学校健美操队、拉拉队社团、陶笛社团。

这些活动大量吸纳了外来务工子女的参与,通过参与社团活动,每一个孩子都有了获得成功体验的机会,这可以使学生的个性得到全面和谐的发展,从而自尊、自立、自强、自信地迎接美好的明天。学校借助这些活动项目推广,提

升农民工子女自信心的实践研究,寻找适合农民工子女的实际教育方法,促进学生身心全面、和谐发展,促进教师、学校的可持续发展。

如今这些以外来务工子女为主力的社团活动,已取得了丰硕的成果,学校的健美操队屡次在国家级、市级比赛中获一等奖,队员们大多也获得了二级运动员称号,排球也在区里获得冠军。劳技竞赛获奖、科技竞赛获奖、艺术类获奖的主力也是外来务工子女,最近学校获得的各项荣誉和成绩都离不开这些外来务工子女的参与。

通过活动发现,这些孩子从上课不肯举手,回答问题声音很轻,腼腆,活动经常躲在后面,比较迟疑、踌躇,即使简易明确的事情也不参与、不发表意见,即使参与发表意见,也会打折扣,表现欠佳等,到现在的精神饱满,积极参与校内外各种活动,积极发表意见,学习积极向上,形成积极、勇敢、乐观、向上的个性品质。这些孩子已成为大家公认的好孩子,许多毕业班的孩子也成为了中职校的宠儿,被他们提前录取。

更可喜的是,我们发现这些课对学生的吸引力是如此的强烈。就拿"舞向未来"来讲,通过"舞向未来"的实施,孩子们兴趣盎然,在平时也总是饶有兴趣地跳上半天。通过班级、学校"舞向未来"活动,学生的运动能力和团结协作能力都有所提高,同时也激发了学生的创造性思维能力。另外,通过"舞向未来",我们教师的教育观念、教育能力也得到了更新和提高,对学校促进校园文化建设起到了积极推进的作用。"舞向未来"在学校如火如荼地开展,"舞向未来、舞出自信、舞出精彩"的口号时时响起在吴泾中学的校园。如今的吴中校园处处洋溢着青春的活力,"舞向未来"也在吴中的校园形成了一道亮丽的风景线。

"舞向未来"的实施,促进了学校校园文化的建设,丰富了学校课程设置,促进了育人内涵的发展,使得学校的学生融合到了一起,共同发展、共同提高,同时也提升了学校的知名度。

二、落实"课程整合",推进乐和课程的全面实施

在国家日益重视航海海洋科普教育,建设海洋强国的中国梦的引领下,学校与中国航海博物馆合作,开发出以航海海洋科普教育为主题的系列课程。中国航海博物馆成为学校学生社会实践与探究实验基地,为学校开设航海课程提供丰富多彩、具体详实的教学内容,也为学校打造特色航海课程提供有力支持与帮助。

学校根据校情以六、七、八三个年级学生为主体,以航海课程为载体开展了航海科普教育的社会实践与探究学习。在航海科技、历史、人文、地理、机械制造、航船模型制作等各类活动中培养学生善于学习、学有所长、身心和谐、阳光自信、自强不息、尚仁厚德、心怀梦想、勤于追梦的品质,成就"阳光、尚德、有梦想"的吴中"乐和少年"梦想。航海课程的开发实施为学生全面发展、张扬个性提供了体验、感悟、锻炼、展示的平台与机会,有利于培养学生们对航海事业的热爱,弘扬中华民族灿烂的航海文明和优良传统,树立海洋意识,建设海洋强国。

航海系列课程的最大特点就是将航海知识与学校已有课程进行整合(如表5-2)。课时上长课与微课相结合;内容上将航海知识整合、融入到学校的"乐和课堂"中。比如六、七、八年级劳技课,分别开设2—3课时初级纸质航模制作、水手结打法;六、七年级地理课开设2—3课时海洋知识与海洋权益、国际航运中心的建设;七年级体育活动开设一学年(上、下两学期)手旗旗语(与海事大学合作);九年级社会课开设2—3课时极地生活;九年级数学课整合三角比在航海中的应用;八年级物理课开设航船与浮力等课程。航海知识与学校其他课程的有机融合,丰富了"乐和课程"的内容,为学生全面发展、张扬个性提供一个锻炼、展示的平台与机会。"课程整合"推进了乐和课程的全面实施。

表5-2 航海系列课程内容

序号	航海课程名称	序号	航海课程名称
1	船模制作初级、中级、高级班	9	海上厨房探秘
2	关于船舶铸造材料的发展	10	海水的组成
3	亚丁湾护航	11	船舶绘画
4	航海人文精神	12	海上船舶安全与灭火防火
5	与海洋精灵的对话	13	航海与浮力知识的应用
6	由基础航海英语开启海底世界之旅	14	航海中的营养与健康
7	海上习俗以及海上礼仪	15	新航路开辟时期欧洲的造船技术和航海技术
8	鲁滨逊漂流记之航海寻宝		

三、开发实践类课程,推进乐和课程有效实施

社会实践课"快乐暑假、扬帆远航——我是未来航海家"夏令营活动,为同学们带来了寓教于乐、激情飞扬的航海实践体验。让同学们学乐在其中。

通过"小小博物家"社会实践课活动学习,同学们利用博物家笔记、探究工具,仔细观察身边的自然物,动手操作,亲身体验,完成了自主探究和学习的过程。本课程的学习,为同学们开启了自然之旅,可以使同学们发现自然之美,领悟自然真谛。

"文化寻访与传播"是我们开设的另一门社会实践课。在语文组教师的辅导引领下,学校八年级学生参加吴泾陈列馆志愿者讲解团,同学们的讲解声情并茂,屡受好评。丰富的课程实践,让孩子们在一次又一次的锻炼中获得了自信、快乐。社会实践课中,同学们的潜能得以挖掘,能力得以提高,学校"乐和课程"也得到了有效实施。

四、推进乐和课堂教学改进,引领学生成为学习的主人

哲学家海德格尔说过:"教"的目标就在于"学"。为此,吴泾中学注重引导和激发学生进行自我体悟,自我探究,自我判断,自我建构,自我修正,自我完善,使其思想方法、价值观念、知识体系、能力素养在不断的自我汲取与内化过程中,成为内生的养分,促进内生并不断增长。

当学生通过各种磨练、体悟、探究、建构、内生以后,他所发生的增长,才是他真正的生命形态,因为学生有了自己良好的价值观、人生观、世界观,所以学习对他而言不是负担而是成长必需的养分,他便会乐于其中、徜徉其中。

由此,学校积极推进基于学生内生增长的"乐和"课堂教学改进实践,就是基于证据导向和数据采集,通过不断改进教学评价方式,促进学生学习内生增长,从而实现师生教学立场的真正转变,最终形成学校独特的"乐和课堂"教学范式。

首先,我们提出了"三三四"原则,如图5-1所示。

其中"三定"以立德树人为基本原则,要做到因材施教,首先要摆正教师立场,时刻做到"以学生发展为中心"。

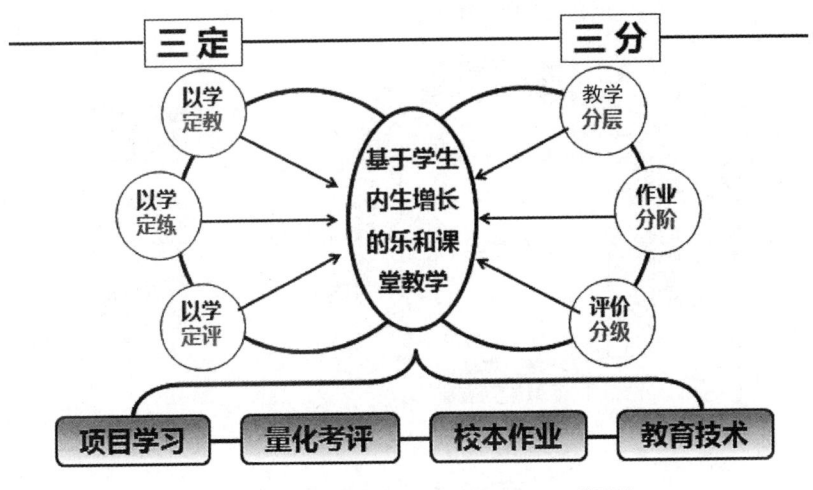

图 5-1 "乐和课堂"教学范式的"三三四"原则

"三分"是指通过分层教学、分层作业、分层评价来为学生搭台、减负、凝心，从而帮助学生自信、增效、聚力，最终实现内生、增长。

基于"以学定教"的原则，进行"目标分层"，通过项目式学习的任务驱动，在每节课的教学中，进行目标分层、问题分层、练习分层、活动分层等，给不同层次的学生设立不同的目标，使其符合学生的最近发展区需求，满足学生的成长需要。基于"以学定练"的原则进行"作业分阶"，通过设计不同完成率及质量评价标准的作业，激发不同层次学生的自信心和荣誉感，再结合荣誉作业等手段促进学生的自我评价和内生增长。基于"以学定评"原则，在量化考核中，对不同层次的学生给予不同的奖章和奖品，设计争章细则、奖品换购细则等制度，从而激发不同层次学生的学习动力，帮助他们在现有的基础上不断内生增长。

"四要素"则牢牢抓住课堂教学的点点滴滴，强调课堂教学要有"项目式学习"的大局观，"量化考评"的过程性，"校本作业"的个性化，"教育技术"的高效性。通过项目化推进来设计深度学习方案，让真实学习真正发生；采用大单元备课，提升教学设计的站位；对教材内容进行教学化处理，以实现教学内容的有趣、有用、有意义；探索与新目标匹配的学科典型学习方式；实施教学评一致的教学，让核心素养"落地"。

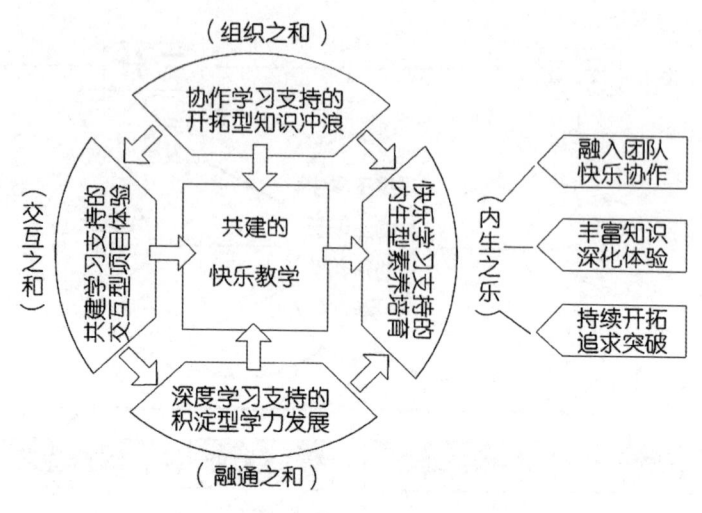

图 5-2 吴泾中学师生"共建的快乐教学"模型

其次,吴泾中学建立和完善了师生"共建的快乐教学"模型(如图5-2)。在此环境中,学生是主动学习者;教师的作用是引起、维持、促进学习,学习的目标是学以致用;学习的内容是蕴含意义的任务,即真实情境的问题解决,教学过程表现为高投入、高认知;学习评价为真实情境下的问题解决、完成任务的表现,反思即悟中学,是必需的。

《文汇报》曾对学校教师做过这样的报道:"即使同样生活在上海,同样是教师,他们的讲台却与众不同——张张都在'教育洼地'。他们的学生更为多元,不仅外来务工人员随迁子女占了很大比例,就连本地孩子,家庭背景也十分复杂。"面对棘手的教育难题,学校在立德树人、课堂教学改进、特色创建等方面进行了较为成功的实践与探索:通过以健美健身操为龙头的"汗、乐、慧"阳光体育活动的开展为切入口,依托以"多元合一铸品行、自信自强创特色"为目标的课程建设,使学生在学习以及活动参与中尝试成功的快乐,逐步建立、增强自信心;通过"高效课堂"的打造,促使教师的教学更加有效,使学生的学习变得轻松、快乐;通过加强行规教育、民族精神特色班集体创建等德育活动,使学生的身心得以健康发展。

"快乐学习、健康成长"成为了吴泾中学的办学主基调。在这样的模式下,学校于短短几年的时间内,在教学形态、教学范式、教学质量上呈现出了跨越式的发展,促进教育教学转型,实现学生内生增长、助推教师专业成长,厚实基于文化理解的和谐师生关系。

  近年来,上海市吴泾中学通过一系列卓有成效的实践研究,关注师生关系建设中的文化理解,优化教育关系、心理关系和伦理关系,通过文化理解教育培养学生的文化理解素养,把学校全体学生,特别是随迁子女培养成具有文化理解素养的人,为他们的健康成长和幸福人生奠基扎实的基础,努力提高了学校的整体教育教学水平,最大限度地实现了教育公平。

第六章 基于文化理解的生生关系的建立

基于文化理解的教育,即在充分理解中学生现有个体文化图式的基础上,引导他们与需要学习的其他个体的文化图式或社会的文化模式、知识结构图式及其背后的文化模式等充分接触、碰撞,从而使得教育对象(中学生)的文化图式朝着教育目标方向发展的过程。所以,基于文化理解的中学教育不仅仅是教育的手段与方式,也是教育的内涵与目的,即教育的一个重要目标是培养具有文化理解特征的人。在理解教育的视野下,学校中存在以下三种关系,一是家校关系,二是师生关系,三是生生关系,这三种关系既相互独立又相互关联。一位具有文化理解素养的学生,他才有可能理解、欣赏同学的成功,包容、接受同学的不足,成为一个在班级中受欢迎的人,拥有良好的生生关系。班级中良好的生生关系能使学生感觉到轻松、愉快;同学之间也会有更多的支持和合作。同时,良好的生生也能有效地提高班级学生整体的学业成绩。总之,良好的生生关系使学生感到成功、进步和发展的快乐。

以下是上海市松江区新桥中学就学校当前生生关系所做的调查,以及针对调查结果,学校建设基于文化理解的良好生生关系的策略方法与明显成效。

第一节 学校当前生生关系的现状调查

在当下这个时代,信息化高速发展,学生获取信息的速度极快、渠道极广;交通方式的迅猛发展,人员的自由流动,不同地域的学生在同一个班级相聚,所以生生之间的文化图式差异大。这种生生之间个体文化图式的差异,给建立良好的生生关系带来了挑战,而文化理解是解决这个问题的有效手段与目的。

作为教育者的教师来说,要理解这种差异,主动去了解每位学生的文化图式,引导学生换位思考,使学生之间的文化图式发生交融,实现生生之间的文化理解,从而引发学生个体文化图式的积极变化,自觉去适应班级的群体文化模式,进而建立具有高度凝聚力的班集体。

从学校来看,生生关系发生的最基本单位就是班级,班级也成了研究生生关系最主要的阵地。于是,上海市松江区新桥中学以班级为单位,以班主任为主导,以其他科任老师为辅助,以课题为引领,由学校教科研室牵头,开展了"基于文化理解的生生关系的建立"之探索与实践。

清华大学社会学系教授罗家德在《社会网络分析讲义》一书中,将个人在组织中的社会网络分为以下四种:咨询网络、情报网络、信任网络和情感网络。而网络即关系,由一组组关系而形成了组织中的网络。所以,在区级课题"借助 Ucinet 提升班主任工作效能的行动研究"和市级德育条线课题"借助 Ucinet 提升班级凝聚力的行动研究"的研究基础上,学校将学生在班级中的生生关系分为咨询关系(A)、情报关系(B)、信任关系(C)和情感关系(D)。基于此,松江区新桥中学设计了调查问卷(如表6-1所示),并采用分层随机抽样的方式,在六、七、八年级分别抽取两个班,对学校生生关系情况做了调查。借助社会网络分析软件 Ucinet 分析整理,调查结果如下。

表6-1 班级生生关系调查问卷

姓名		班级		学号	
关系编号	问题陈述		写出每个问题最先想到的两位同学的学号		左侧同学中你最愿意和哪两位成为朋友(写学号)
A	如果学习遇到困难,你经常跟班上哪些同学讨论?				
B	你通常会与班上哪些同学分享班级里好玩的消息?				
C	你有班上哪些同学的联系方式(微信、手机、QQ等)?				
D	如果你有烦心事,会向谁诉说?				

一、二维班级生生关系图分析

基于学校课题研究成果,在班级生生关系中,按照"四分法"可把班级学生分为核心人物、纽带人物、普通人物和边缘人物。

"核心人物"即在班级生生关系中起到核心作用的学生,关系网在班级中最大。

"纽带人物"即在班级生生关系中起到纽带作用的学生,关系网小于核心人物,但却大于普通人物,在二维班级生生关系图中居于纽带位置。

"普通人物"即在班级生生关系中表现一般,关系网小于纽带人物,但却大于边缘人物。

"边缘人物"即在班级生生关系中被边缘化的学生,关系网为零,位于二维班级生生关系图的左上角。

但四类人物不是一成不变的,会随着年级的变化、性格的改变、成绩的变化等而改变,即随着学生个体文化图式的改变,其会形成对班级其他个体文化图式新的理解,并与班级文化模式进一步融合,生生关系随之发生变化。可见如果学生具备了文化理解素养,那么生生关系自然就会得到改善。

图 6-1 到图 6-6 是通过分层随机抽样调查,借助社会网络分析软件 Ucinet 形成的六个班级的"二维班级生生关系图"。它们很清晰直观地反映了各个班级的生生关系状况。

经大量研究发现,最理想的二维班级生生关系形态应该是"多核心—环形放射状"。每个班级要有 2—3 个核心人物,整个班级生生关系图呈现大环形,大环套小环,通过纽带人物紧密相连,即班级生生关系中存在若干小团体,小团体之间有至少有一条通路,在通路的连接下,又共同形成了一个稳固的大团体。

1. 六年级 A 班:生生关系不太好,班级凝聚力较低

图 6-1 为六年级 A 班的二维班级生生关系图。按照"四分法"可知,A 班核心人物(关系网为 6)有六位,学号分别是 1、4、5、7、9、14;纽带人物(关系网为 4 或 3)有三位,学号分别是 29(强纽带人物)、11 和 13(弱纽带人物);边缘人物有八位,学号如图左上角所示,结合班级总人数为三十四人,可知这一类占比较高。从这一指标来看,六年级 A 班班级生生关系不太好,班级凝聚力较低。其余 15 人均为普通人物。该班级中存在三个较大的"团体",第一个位于图的左

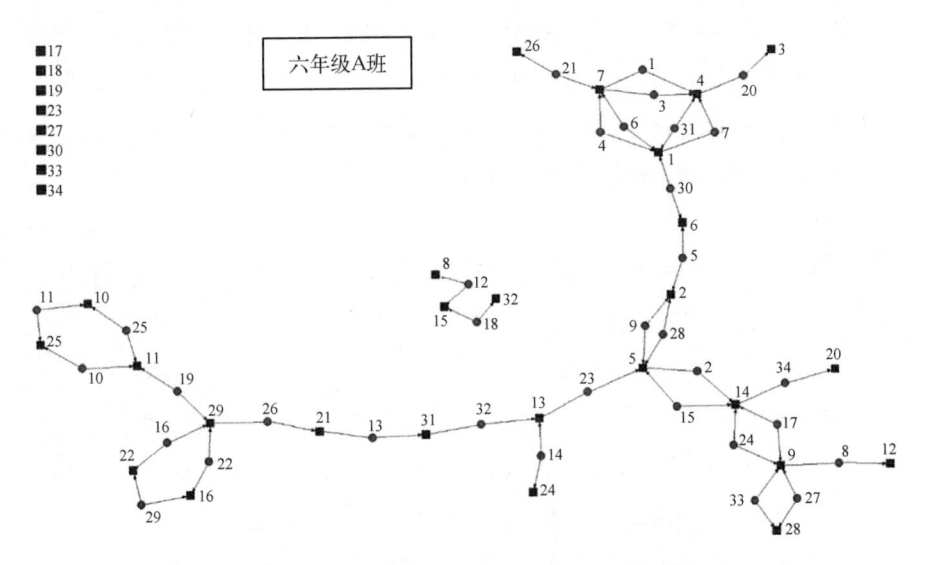

图 6-1 六年级 A 班的二维班级生生关系图

侧,以 29 号和 11 号为核心,通过 19 号紧密相连;第二个位于图的右下角,以 9 号、14 号和 5 号为核心,规模比第一个大;第三个位于图的右上角,以 1 号、4 号、和 7 号为核心,而且形成了闭环,联系非常紧密,稳固性最好。

2. 六年级 B 班:生生关系紧密,班级凝聚力强

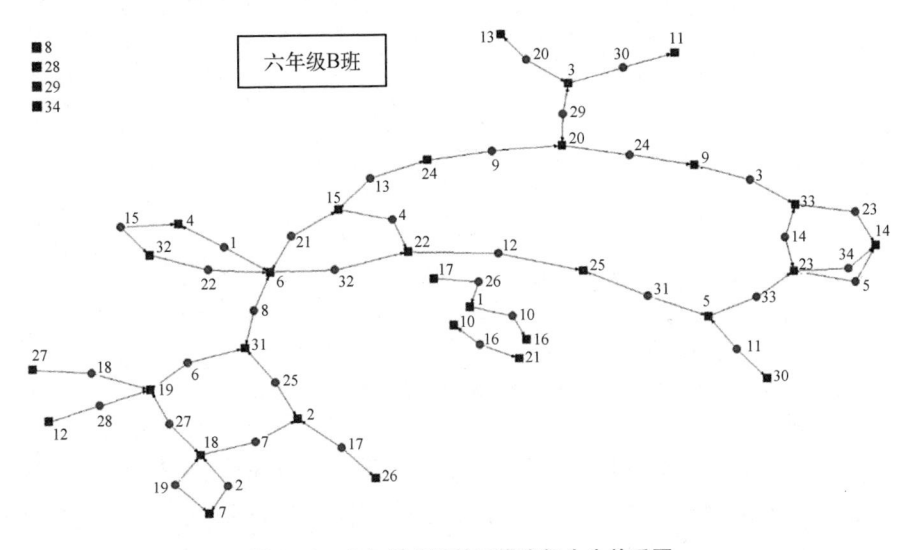

图 6-2 六年级 B 班的二维班级生生关系图

第六章　基于文化理解的生生关系的建立

图6-2为六年级B班的二维班级生生关系图。按照"四分法"可知,B班核心人物(关系网为5)有一位,学号为6。纽带人物有十二位,强纽带人物(关系网为4)有三位,学号分别是18、19和23;弱纽带人物(关系网为3)有九位,学号分别是2、3、5、14、15、20、22、31、33。边缘人物有四位,学号分别是8、28、29、34,与A班相比少了一半。

可见,六年级B班比A班生生关系要好,班级凝聚力要高;其余均为普通人物。另外如图所示,该班级生生关系呈现出一个较大闭环,而且形成了以2号、18号、19号和31号为核心形成了一个关系小闭环,并通过核心人物6号与"大闭环"紧密相连。6号以其核心作用把周围同学紧紧地靠拢在了班级生生关系的大闭环中,而且在图右侧以14号、23号和33号形成了一个关系紧密的"小团体",也紧紧依附于班级大闭环中。所以与六年级A班相比,六年级B班的生生关系更优,班级凝聚力更强。

3. 七年级A班:生生关系比较散乱,班级凝聚力不强

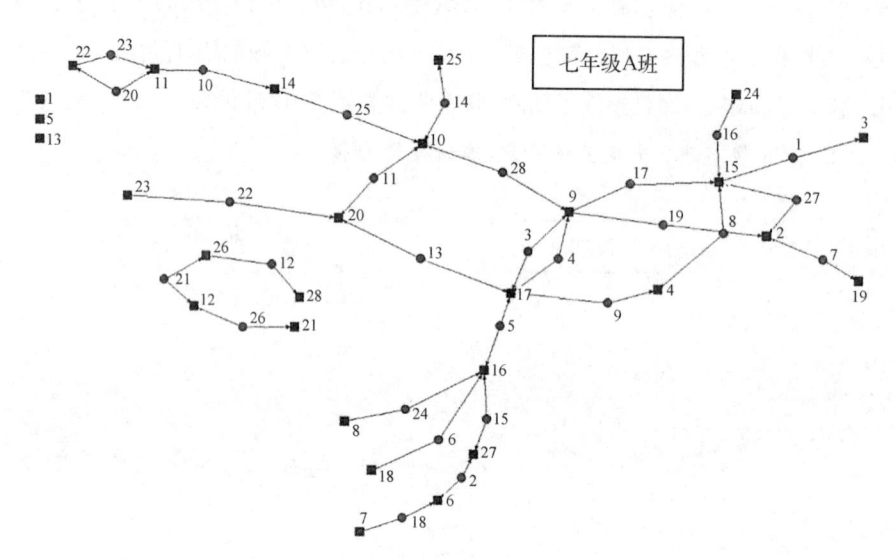

图6-3 七年级A班的二维班级生生关系图

图6-3为七年级A班的二维班级生生关系图。按照"四分法"可知,A班核心人物(关系网为5)有三位,学号分别是9、15、17,三者的关系网相互交织融合。这于班级生生关系不利,容易造成关系的碰撞和破裂,就如同三块磁铁靠

得太近,要么相吸、要么相斥,相吸则会形成绝对的凝聚力核心,相斥则会给班级生生关系带来非常不利的影响。此时就取决于三位同学的"文化理解素养"了。纽带人物有5位,强纽带人物(关系网为4)有两位,学号分别是10、16,弱纽带人物(关系网为3)有三位,学号分别是2、11、20。边缘人物有三位,学号分别是1、5和13,数量不多。其余均为普通人物。整体来看,七年级A班的生生关系比较散乱,中间关系闭环较小,且有重叠。除了核心小闭环,未形成紧密的或者重要的小团体,班级凝聚力不强。

4. 七年级B班:生生关系整体比较好,班级凝聚力强

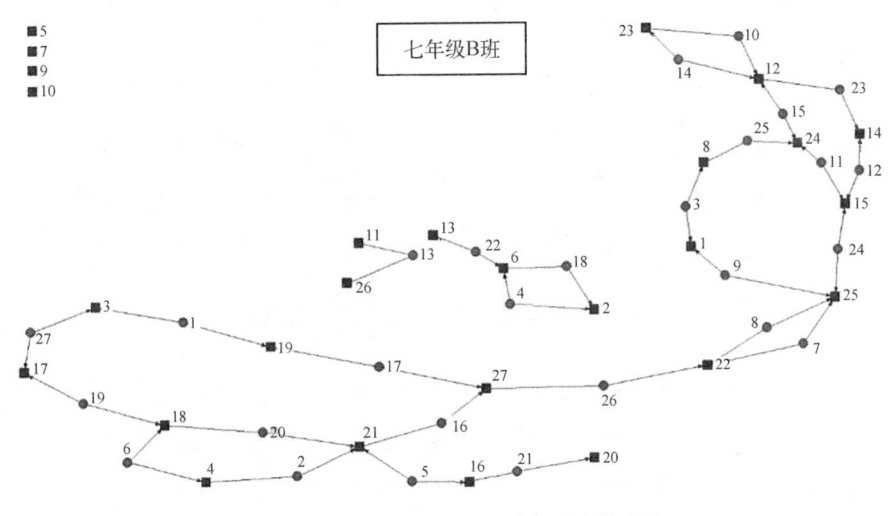

图6-4 七年级B班的二维班级生生关系图

图6-4为七年级B班的二维班级生生关系图。按照"四分法"可知,B班核心人物(关系网为4)有三位,学号分别是12、21、25;纽带人物(关系网为3)有六位,学号分别是6、15、18、22、24、27;边缘人物(关系网为0)有四位,学号分别为5、7、9、10;其余均为普通人物。

如图所示,该班级中存在两个较大的"团体",这两个团体通过22号联系在一起。第一个团体位于图的左侧,以21号、27号和18号为核心,形成了一个闭环。第二个团体位于图的右侧,以12号、24号和25号为核心,也形成了一个闭环,规模与第一个相当。除此之外,该班还形成了一个游离于大集体的小团体,即以6号为核心的六人小团体。综上,该班由于两个较大团体的存在,班级凝聚力应该会优于七年级A班。

5．八年级A班：边缘人物占比较大，生生关系稍微有些疏离

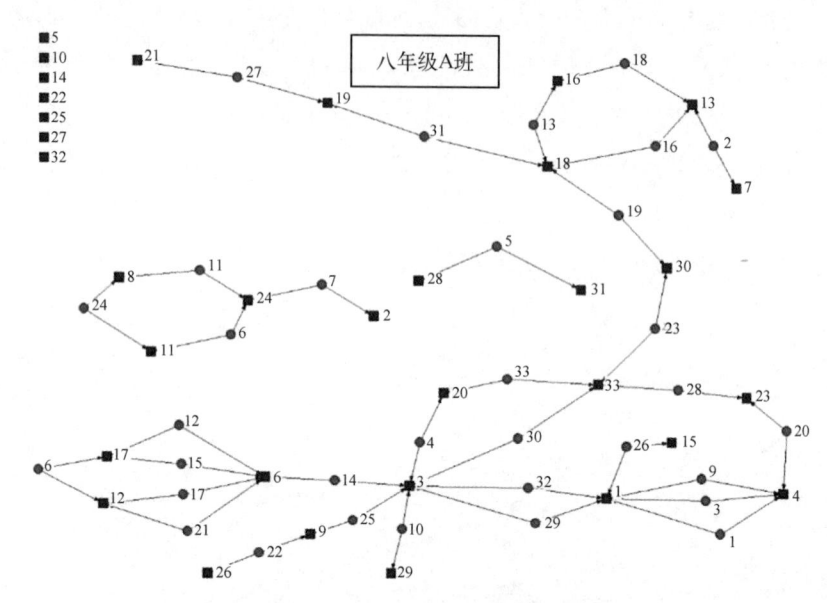

图6-5 八年级A班的二维班级生生关系图

图6-5为八年级A班的二维班级生生关系图。按照"四分法"可知，A班核心人物有三位，学号分别是1(关系网为6)、3(关系网为7)、6(关系网为5)，这三位同学占据了班级中18个关系网，相当集中；纽带人物(关系网为4)有三位，学号分别是4、18、33；边缘人物(关系网为0)有七位，学号分别是5、10、14、22、25、27、32，人数较多，占比较大；其余均为普通人物。

如图所示，该班级中有一个大团体，以3号、1号、33号和4号为核心，形成了一个紧密的闭环；图的左侧还有一个以6号为核心的小团体，上方有一个以13号、18号为核心的小团体，这两个规模相当，均相当于大团体的三分之一；还有一个游离于班集体之外的小团体，以24号为核心组成的小闭环。整体来说，边缘人物占比较大，生生关系稍微有些疏离，班级凝聚力有待加强。

6．八年级B班：生生关系非常紧密，班级凝聚力较强

图6-6为八年级B班的二维班级生生关系图。按照"四分法"可知，B班核

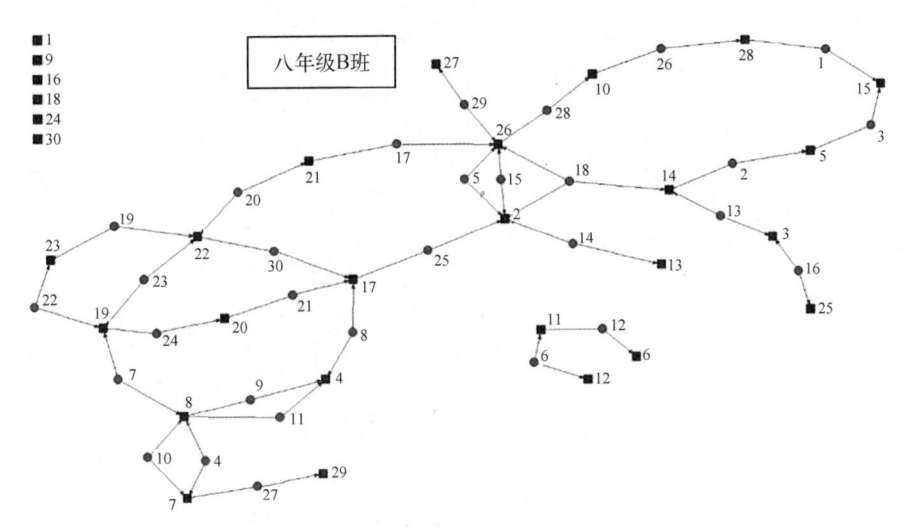

图 6-6 八年级 B 班的二维班级生生关系图

心人物有三位,学号分别是 2(关系网为 5)、8(关系网为 5)、26(关系网为 6),8 号与 2 号、26 号相距较远;纽带人物有五位,强纽带人物(关系网为 4)的学号分别是 17、19、22,弱纽带人物(关系网为 3)的学号分别是 4、14;边缘人物(关系网为 0)有六位,学号分别为 1、9、16、18、24、30,人数较多,但比八年级 A 班少了一位;其余均为普通人物。

如图所示,该班级生生关系整体形成一个大闭环,关系比较畅通,右侧以 26 号、2 号、14 号为核心组成了一个大环套小环的稳固团体,左侧以 22 号、17 号、19 号和 8 号为核心,也形成了一个大环套小环的稳固团体,而且这两个团体之间有两条通路相连,关系相当稳固。所以整体来说,该班的生生关系比八年级 A 班良好,班级凝聚力也更强。

整体来看,六个班级都存在边缘学生和游离于班集体关系之外的学生,这都不利于生生关系和班级凝聚力的发展。

二、基于班级生生关系矩阵数据的分析

借助"班级生生关系调查问卷",形成了班级生生关系的矩阵数据,如图 6-7。

以七年级 B 班为例,该班级有 27 人,纵向为学号,主动选择,每人选择两位同学;横向也为学号,被动选择,最后一行为横向对应学号同学的"关系网",关

第六章 基于文化理解的生生关系的建立

	1	2	3	4	5	6	7	8	9	10	11	12	13	14	15	16	17	18	19	20	21	22	23	24	25	26	27
1	0	0	1	0	0	0	0	0	0	0	0	0	0	0	0	0	0	0	1	0	0	0	0	0	0	0	0
2	0	0	0	1	0	0	0	0	0	0	0	0	0	0	0	0	0	0	0	0	1	0	0	0	0	0	0
3	1	0	0	0	0	0	0	1	0	0	0	0	0	0	0	0	0	0	0	0	0	0	0	0	0	0	0
4	0	1	0	0	0	1	0	0	0	0	0	0	0	0	0	0	0	0	0	0	0	0	0	0	0	0	0
5	0	0	0	0	0	0	0	0	0	0	0	0	0	0	0	1	0	0	0	0	1	0	0	0	0	0	0
6	0	0	0	1	0	0	0	0	0	0	0	0	0	0	0	0	0	1	0	0	0	0	0	0	0	0	0
7	0	0	0	0	0	0	0	0	0	0	0	0	0	0	0	0	0	0	0	0	0	1	0	0	1	0	0
8	0	0	0	0	0	0	0	0	0	0	0	0	0	0	0	0	0	0	0	0	0	1	0	0	1	0	0
9	1	0	0	0	0	0	0	0	0	0	0	0	0	0	0	0	0	0	0	0	0	0	0	0	1	0	0
10	0	0	0	0	0	0	0	0	0	0	0	1	0	0	0	0	0	0	0	0	0	0	1	0	0	0	0
11	0	0	0	0	0	0	0	0	0	0	0	0	0	0	1	0	0	0	0	0	0	0	0	1	0	0	0
12	0	0	0	0	0	0	0	0	0	0	0	0	0	1	1	0	0	0	0	0	0	0	0	0	0	0	0
13	0	0	0	0	0	0	0	0	0	0	1	0	0	0	0	0	0	0	0	0	0	0	0	0	0	1	0
14	0	0	0	0	0	0	0	0	0	0	0	1	0	0	0	0	0	0	0	0	0	0	1	0	0	0	0
15	0	0	0	0	0	0	0	0	0	0	0	1	0	0	0	0	0	0	0	0	0	0	0	1	0	0	0
16	0	0	0	0	0	0	0	0	0	0	0	0	0	0	0	0	0	0	0	0	1	0	0	0	0	0	1
17	0	0	0	0	0	0	0	0	0	0	0	0	0	0	0	0	0	0	1	0	0	0	0	0	0	0	1
18	0	1	0	0	0	1	0	0	0	0	0	0	0	0	0	0	0	0	0	0	0	0	0	0	0	0	0
19	0	0	0	0	0	0	0	0	0	0	0	0	0	0	0	0	1	1	0	0	0	0	0	0	0	0	0
20	0	0	0	0	0	0	0	0	0	0	0	0	0	0	0	0	0	1	0	0	1	0	0	0	0	0	0
21	0	0	0	0	0	0	0	0	0	0	0	0	0	0	0	1	0	0	0	1	0	0	0	0	0	0	0
22	0	0	0	0	0	1	0	0	0	0	0	0	1	0	0	0	0	0	0	0	0	0	0	0	0	0	0
23	0	0	0	0	0	0	0	0	0	0	0	1	0	1	0	0	0	0	0	0	0	0	0	0	0	0	0
24	0	0	0	0	0	0	0	0	0	0	0	0	0	0	1	0	0	0	0	0	0	0	0	0	1	0	0
25	0	0	0	0	0	0	0	1	0	0	0	0	0	0	0	0	0	0	0	0	0	0	0	1	0	0	0
26	0	0	0	0	0	0	0	0	0	0	0	0	0	0	0	0	0	0	0	0	0	1	0	0	0	0	1
27	0	0	1	0	0	0	0	0	0	0	0	0	0	0	0	0	1	0	0	0	0	0	0	0	0	0	0
关系网	2	2	2	2	0	3	0	2	0	0	1	4	1	2	3	2	2	3	2	1	4	3	2	3	4	1	3

图 6-7　班级生生关系的矩阵数据

系网最大的即为班级中的“核心人物”，其次的为“纽带人物”，为零的是边缘人物。基于此，不仅可以形成“二维班级生生关系图”，还可以量化分析班级生生关系的“平均距离”，即班级中任意两位同学关系相连的最短平均路径；还可以量化分析班级的凝聚力指数，即基于生生关系距离的内聚力或紧密度，范围从 0 到 1，值越大表示凝聚力越强。如图 6-8，七年级 B 班生生关系的“平均距离”为 4.993，班级“凝聚力指数”为 0.261。

GEODESIC DISTANCE

Type of data: ADJACENCY
Nearness transform: NONE

For each pair of nodes, the algorithm finds the # of edges in the shortest path between them.
Average distance (among reachable pairs) = 4.993
Distance-based cohesion ("Compactness") = 0.261
(range 0 to 1; larger values indicate greater cohesiveness)
Distance-weighted fragmentation ("Breadth") = 0.739

图 6-8　量化分析班级生生关系的“平均距离”

基于班级生生关系矩阵数据，被抽样的六个班统计分析如图6-9。

被抽样班级的凝聚力指数

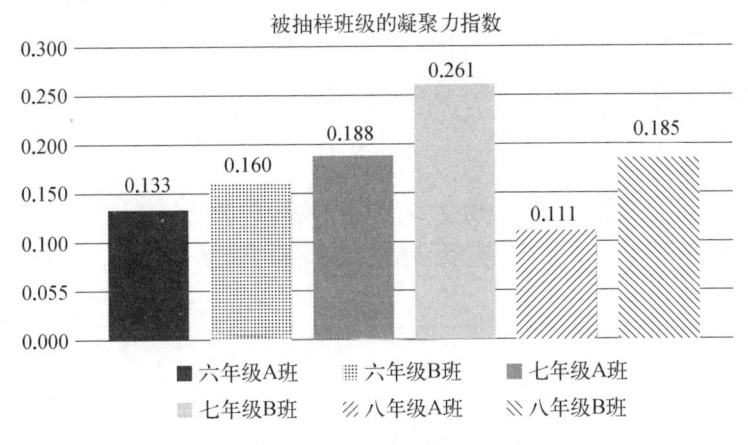

- 六年级A班：0.133
- 六年级B班：0.160
- 七年级A班：0.188
- 七年级B班：0.261
- 八年级A班：0.111
- 八年级B班：0.185

图6-9 六个班级的凝聚力指数

六个班级中班级凝聚力最强的是七年级B班，达到了0.261；班级凝聚力最弱的是八年级A班，只有0.111。横向来看，每个年级B班的班级凝聚力都高于A班。

被抽样班级学生关系的平均距离

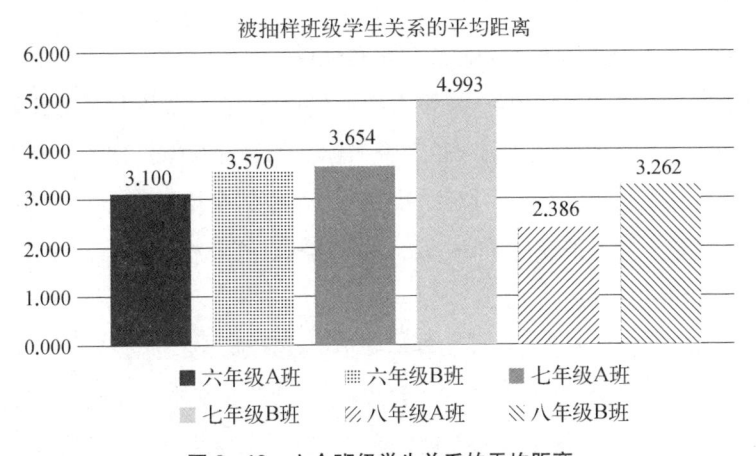

- 六年级A班：3.100
- 六年级B班：3.570
- 七年级A班：3.654
- 七年级B班：4.993
- 八年级A班：2.386
- 八年级B班：3.262

图6-10 六个班级学生关系的平均距离

六个班级中平均距离最大的是七年级B班，为4.993，即在该班级中任意一个学生想要联系到另外一名学生，中间平均只需要经过约5位同学；平均距离最小的是八年级A班，为2.386，即在该班级中任意一个学生想要联系到另外一

第六章 基于文化理解的生生关系的建立

名学生,中间平均只需要经过约2.4位同学。从通常认知来说,平均距离越小越好,但研究发现并非如此,抽样数据显示:平均距离与班级凝聚力指数呈现绝对正相关,凝聚力指数越高,平均距离越大。但对于一个相对封闭的集体组织,例如班级,应该有一个最优范围,这个还值得进一步研究。

第二节 基于文化理解的良好生生关系建立的策略方法

基于调查研究和实践,上海市松江区新桥中学对于建立良好的生生关系,摸索出了以下有效的策略方法。

一、基于"四分法"开展具有针对性的干预措施

根据学校课题研究成果,在班级生生关系中把学生分为"核心人物""纽带人物""普通人物"和"边缘人物"四类,更加明确了在班级生生关系中每位同学所处的位置。在二维班级生生关系图的基础上,基于"四分法"可以采取以下干预措施改善班级生生关系,增强班级凝聚力。

1. 以核心人物和纽带人物为主组建班级团队组织

由于核心人物的关键地位、纽带人物的衔接作用,可以安排核心人物担任班长(中队长/团支部书记)职务,强纽带人物担任班级(中队/团支部)委员,弱纽带人物担任小队长(小组长)职务,其他岗位根据情况协调安排。每学期末进行一次班级生生关系的摸底调查,在下学期初根据生生关系变化进行班级团队岗位的改选。

2. 核心、纽带人物与边缘人物搭配安排班级座位

班级生生关系中,核心人物加上纽带人物的人数基本大于边缘人物的人数,例如抽样的六个班级中边缘人物数量最多的是六年级A班,有八位,该班级核心人物加上纽带人物的总数是九位,所以可以安排一位核心人物或纽带人物与一位边缘人物做同桌,借助他们的影响力,争取把边缘人物融入班级关系中,以改善边缘人物的生生关系。调查表明,核心人物多为品学兼优的学生,纽带人物性格较好、学习优良,而边缘人物往往多为学困生,这也为学困生的转化提

供了策略,在班级中建立一一对应的"帮扶关系"。

3. 异质分组组建班级合作学习小组

采用异质分组的方法,组建班级的合作学习小组,即理想条件下,每个合作学习小组包含"四分法"中的四类学生。但由于每个班级中四类学生的人数不确定,有多有少,无法平均分配,所以要尽可能保证每个学习小组至少有两类及以上的学生组成。

以七年级 B 班为例,该班级共有 27 人,其中"核心人物"有 3 人(12 号、21 号、25 号),"纽带人物"有 6 人(6 号、15 号、18 号、22 号、24 号、27 号),普通人物有 14 人,边缘人物有 4 人(5 号、7 号、9 号、10 号)。我们尝试把全部学生分成五组,两组六人,三组五人。这样进行异质分组,将三位核心人物分开,四位边缘人物也分开:

第一组 12 号、6 号、5 号,加上两位普通人物,共五人。

第二组 21 号、15 号、7 号,加上两位普通人物,共五人。

第三组 25 号、18 号、9 号,加上两位普通人物,共五人。

第四组 22 号、24 号、10 号,加上三位普通人物,共六人。本组没有核心人物,所以配了两个纽带人物带一个边缘人物。

第五组 27 号,加上五位普通人物,共六人,本组没有边缘人物。

接着,我们为合作学习小组制定明确的合作学习的流程和要求,并明确合作学习时的职责分工。例如由核心人物或纽带人物担任组长,总负责本组的合作学习;安排记录员工作,记录员可以轮流担任等。合作学习分为课上合作和课下合作。课上合作是在课堂上老师的引导下开展的,而课下合作学习是一种学习共同体的形式,可以课下一起玩耍、休息,或一起学习、讨论交流等,还可以延伸到课余时间,包括周末、寒暑假等。实践下来,新的合作小组效果非常好,生生关系更为紧密,班级凝聚力也更强,教育教学成效大为提升。

二、举办丰富多彩的校园文化活动

以"活动育人"为导向,开展丰富多彩的校园文化活动,给学生之间创造相互交流、学习的平台和机会,增进生生关系。从学校层面来说,学校开展了系列常规活动,例如校园艺术节、阅读周、体育节、科技节、数学节、社会实践月等;还有以节日为契机的系列活动,例如六一儿童节的"少年宫才艺展示"、五一劳动节的"我劳动 我光荣 我健康"等;还有以寒暑假为契机开展的"读万卷书,行万里路"的小队实践活动。从班级层面来讲,要充分利用好午会课、班会课,周末、寒暑假等时间开展具有特色的班级自主活动,如"诗歌分享会""好习惯养成记""阅读交流吧""自主队会课"等系列活动,还有集体生日会、周末读书会、寒假结对实践活动、暑期阅读漂流计划,以社区为单位组织开展的各项自主小队活动。

三、建设一支高效的班主任队伍

以学校德育处为主导定期开展系列班主任工作培训,例如学校的"班主任每月例会""学期培训""学年培训"等,提升班主任日常班级管理的效能;以科研室为主导进行班主任的科研素养培训,针对生生关系设计专门的培训课程,让每位班主任掌握班级生生关系调查统计的能力,并学会使用社会网络分析软件Ucinet进行量化、可视化分析,例如学校基于课题研究开设的"社会网络分析软件在班级工作中的运用",以定期全面了解班级的生生关系状况,然后开展有针对性的改进措施,改善班级生生关系,提升班级凝聚力。

班主任以学校温馨教室的创建为突破口,重视班级文化建设,包括班级环境布置,班徽、队旗、班级口号等集体性标志等。班主任要发挥主导和协调作用,与其他任课老师一起形成一致的教育理念,采取一致的奖惩制度,共同遵守班级规则,平等对待每一位学生,以仁爱之心育人,宽严相济、张弛有度地开展班级日常管理和对学生的教育教学工作。

四、开创"社区家委会",组建"四级家委"体系

当前义务教育阶段实行的是"就近入学"原则,所以一个班级的学生基本上居住在学校周边的几个社区,这为"社区家委会"的创建奠定了政策基础。"社区家委会"是以学生居住的社区为单位,通过民主选举而组建的。以社区家委为基础,民主选举产生班级家委,组成"班级家委会";以班级家委为基础民主选举产生年级家委,组成"年级家委会";以年级家委为基础民主选举校级家委,组成"校级家委会",以此形成学校独创的"四级家委体系":社区家委——班级家委——年级家委——校级家委。

"社区家委会"的组建是一大制度创新,进一步完善了学校家委体系,形成了"社区—家庭—学校"三位一体的家校共育新格局;在社区家委基础上选举的平均分散在各个社区的班级家委,也形成了"社区—家庭—班级"三位一体的家班共育新格局,这为学校的家校协同育人奠定了坚实的组织基础。经过试验班级的研究发现,社区家委会的组建形成了以社区为单位的"学习生活共同体",这一共同体具有地域上的就近性和时间上的灵活性两大特点,家长可以相互学习、互帮互助,学生可以一起学习玩耍,周末假期一起活动,他们紧密地联系在了一起,所以班级的生生关系形态呈现了社区化分布(如图6-11所示),居住在同一个社区的学生形成了一个个十分稳固的小团体,又紧密围绕在一起,有利于良好生生关系的形成和班级凝聚力的提升。

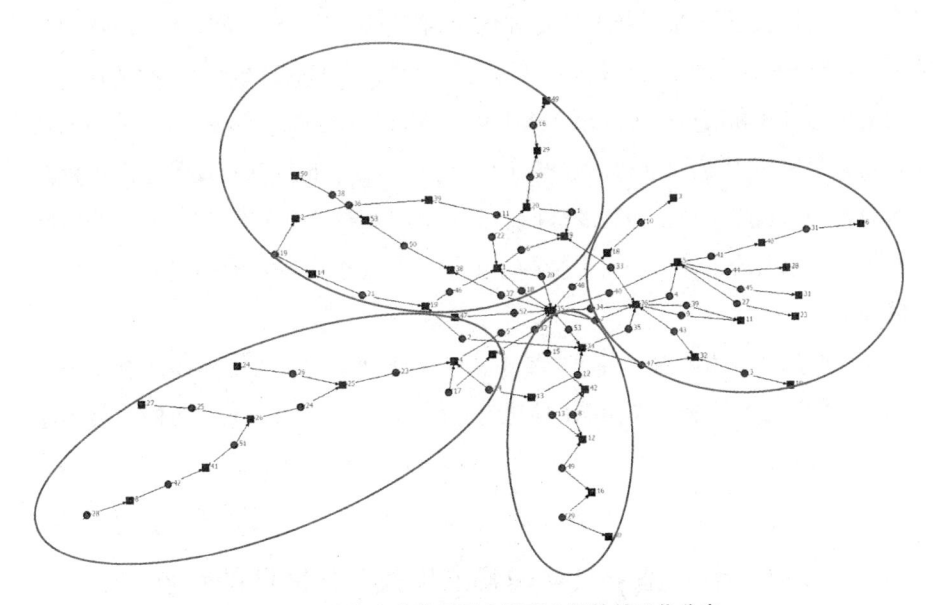

图6-11 班级生生关系形态呈现良好的社区化分布

第六章 基于文化理解的生生关系的建立

第七章 基于文化理解的学校工作团队的建设

2017年,上海市松江区第七中学举办了隆重的三十周年校庆活动。活动中"我与七中"的故事微论坛上,9位老师回顾了他们与七中的感人故事:有创业之初对工作条件简陋的回忆和理解,有对困难学生的关爱、无私帮助以及热心辅导,有对老教师言传身教的感悟和传承,有对七中严谨学风教风的理解和敬佩,有对七中和谐团队的向往,有一家人与七中大家庭的奇妙缘分,有新松江人对七中的喜爱和期待……三十年来七中的景和人有了很大的变化,但七中的精神一直没变,七中人对学校的爱没有变。他们的故事也深深打动了上海市松江区教育局局长陈小华。他高度赞扬七中三十年来取得的成就,赞扬成就背后所凝聚的七中人的精神——七中精神。七中精神集中体现在七中优秀的工作团队身上。

那么什么是团队呢?当下学校中基于文化理解的优秀工作团队有怎样的特点?建设学校优秀工作团队的策略和方法又是什么呢?本章我们将聚焦这一重要话题展开讨论,并提供上海市松江区第七中学的实践案例。

第一节 基于文化理解的优秀工作团队的特点

《现代汉语词典》对于团队的解释是"具有某种性质的集体;团体"。美国戴维·约翰逊(David Johnson)和罗杰·约翰逊(Roger Johnson)在《领导合作型学校》一书中指出,"仅仅让许多人在一起工作不能称之为工作团体",并将工作团队分为四类:伪团体、传统的团体、合作团体与高绩效合作团体。

伪团体是指成员被指定在一起工作,但是团体成员对这种工作没有兴趣。他们相遇,但不希望在一起工作或相互帮助以取得成功。成员之间常常彼此干扰他人取得成就,沟通贫乏,协调蹩脚,彼此误导,使别人混乱;工作懒散,找机会搭便车。结果是整体之和小于个体成员的潜力。团体不成熟,因为成员们对团体的未来既无兴趣又不愿承担责任。

传统团体是指成员同意在一起工作,但是并不认为这样做有什么好处,成员之间的互相理解、相互依存性很低,对工作虽然加以组织,但团体成员几乎没有可以联合进行的工作。成员之间不会对任何其他人的成就负责,除非是他们自己的工作。成员之间的互动主要是共享信息,并阐明怎样完成任务。然后,就各做各的事情。对他们成就的认可和报偿都是个体化的。成员们是作为分享的个体而不是作为一个团体的成员来阐明其责任。团体成员不接受社会技术的培训,团体领导人是受指派的,只负责指导成员的参与,对团体努力的质量却不作分析。

合作团体是指其成员都能承诺对自己和他人的成就最大化这一共同目标负责。该团体有几个明显的特征。首先,为团队目标提供了一个使人非信不可的目的,这个目的激励着成员准备行动,并实现超过他们个体成就的目标。每个成员都对自己和全队同伴及作为整体的团体的行为负责。团队成员相信"沉浮与共",以及"如果有一个人失败,那么我们都失败了"。其次,合作团体的聚焦点在于团体和个体的责任心。团体成员对自己和其他人负有高质量工作的责任,他们对达成团体的整体目标尽责。第三,团队成员从事的是真正的共同工作。他们不仅开会,共享信息和观点,而且通过成员的共同努力和贡献,生产独立的工作产品,并且给予小组同伴获得成功所需要的帮助和鼓励。第四,团体成员学习社会技术并期待将其用于协调他们的工作,以便达成目标。所有团队成员都肩负领导的责任。最后,由团体就他们在达成目标的有效性和成员共同工作的成效两个方面进行分析。

高绩效合作团体是指成员能满足作为合作团体的所有标准,超水平地实现赋予其成员的合理期望。高绩效合作团体与合作团体的区别在于必须使其成员能彼此对他人和团体的成就负责的层次不同。当然,这样的组织太少了,大多数团体永远无法发展到这个层次。

借鉴上述对于团队的分类及其特征分析,结合学校工作实际,我们认为当下学校优秀工作团队应该具备以下特点。

1. 工作团队成员对学校文化高度认同

上文提到，教育中存在的一个重要问题是师生之间的误解与不理解，而这种不理解与误解最重要的原因是师生的文化背景不同，双方均从自己的角度去思考问题与看待他人，从而造成对自己与他人的误解，最终导致教育的低效。因此上一章节，我们着重就文化理解的师生关系的建立进行了探讨。事实上，教师作为工作团队中的一员，如果对学校文化不了解、不理解、不认同，就很难做好教育教学工作。"校园文化"是一所学校校风、校训、学风的综合体现，不仅能够陶冶师生的情操，规范师生的言行，而且能够激发在校师生对学校教学理念与准则的认同感，具有强烈的向心力和凝聚力。校园文化包含学校的历史、现状、愿景。

"历史是最好的教科书"，了解一所学校的历史，有助于工作团队认识学校的今天从何而来，明天去往何处。

沃伦·本尼斯（Warren Bennis）曾经说，"在人类组织中，愿景是唯一最有力、最具激励性的因素。它可以把不同的人联结在一起"。所谓愿景，是一种关于未来的思想、景象或意向，即将来会成为什么样的见解。一个有效的愿景应该清楚而具体，并激发全校师生员工的热情。

2. 优秀工作团体是互相理解、彼此成就

在这样的团队里，突出的是团队的成就，团队因获得整体的成功而骄傲，每个团队成员能够感受到队员们的关爱、鼓励、帮助，共同成长，而非逞个人之英雄。就教师工作团队而言，每一位教师都有优点，有别人所不具备的长处，能够在精神生活的某一个领域里比别人更突出、更完善地表现自己。这一点正是每一位教师在教育学生这一复杂过程中所作的个人贡献。每个老师和其他老师互相协作，不仅组内共享教育教学资源，而且就学生的教育问题进行深入研讨，互相出点子，为团队成员的进步而感到高兴，大家不仅是"同事"的关系，更是不可分离的"家人"。每个人都想着为这个"家"增添一份温暖，尽力为这个"家"排忧解难。

3. 优秀工作团队由具有教育素养的教师组成

苏霍姆林斯基在《给教师的建议》一书中的"谈谈教师的教育素养"一节里里，指出教育素养的这一重要特征的第一标志，就是教师在讲课时能直接诉诸

学生的理智和心理。教师不是宣讲真理,而是在跟学生娓娓谈心,教师跟学生之间建立了一种密切的交往关系。他还指出,教师的教育素养的一个很重要的因素,就是要懂得各种研究学生的方法。教师应当了解学生的健康状态,了解他的智力发展和身体发展的个人特点,了解影响他的智力发展的生理因素。基于对学生情况的充分了解,教师才能理解学生,才能带着欣赏和宽容去帮助学生成为更好的自己。教育的目的不是让学生和其他人相比,而是让学生不断优于过去的自己。只有这样,教师才能获得学生的理解和由衷的爱戴,才能促进学生的生命成长,"帮助每一个人打开眼界看到自己,使他看见、理解和感觉到自己身上的人类自豪感的火花,从而成为一个精神上坚强的人,成为维护自己尊严的不可战胜的战士"。

第二节　优秀学校工作团队建设的策略方法

学校文化是一所学校的灵魂,增进教师团队对学校文化的理解是凝聚人心、激发教师为学校的发展贡献自身教育智慧的重要方法。

一、增进工作团队对学校文化的理解

以上海市松江区第七中学为例,七中目前是松江区规模最大的一所公办初中。学校始建于1987年,到了20世纪90年代,七中是松江办学质量的排头兵。进入21世纪,学校前后合并了区少体校和一所农村学校,规模无限扩大,那时又正好是建校那批骨干教师集中退休,再加上民办学校兴起、优质学校崛起,导致优秀学生生源大量流失。在这三重危机重压之下,学校教师开始人心浮动,七中原先奉行的精神慢慢被稀释,甚至有个别青年教师对吃苦、奉献提出了质疑,教学质量严重滑坡。当时,老校长提出"合作,让成长更精彩"的办学理念,稳定了学校的局面,现任校长刘琳在此基础上提出,合作理念的意义在于营造合作文化,让优势叠加,产生1+1+1大于3的效果。

刘琳校长分析老七中辉煌的一个重要因素是,所有七中人是用"特别能奉献、特别能吃苦、特别能战斗"的精神干着事业,所以她特地组织大家回顾了七中故事,重新审视老七中精神,领导班子率先垂范诠释。七中人再一次肯定了

老七中精神在新形势下独特的价值,提出了"特别能奉献、特别能吃苦、特别能战斗、特别能合作"的新精神。这种精神是校魂,是全校教职工共同创造和遵循的价值取向与行为准则,每个七中人都为构建"理想家园"而自觉奋斗着。全校齐心合力努力着,学校的教学质量逐年稳中有升,2019年松江教育局向市里报一所优质初中,就推荐了七中;七中在连续三年中考里,考取市重点高中学生人数位居全区公办学校前列,学校重新赢得了老百姓的信任。

二、增进工作团队成员之间的互相理解

校长作为一所学校的领路人,要倡导和践行谦虚谨慎的品格,尊重每一位教师的人格,虚心听取每一位教师的建议,广泛征求每一位教师的意见,营造一种有序而又富于人性化的氛围。以七中为例,在刘琳校长的带领下,学校的管理逐渐从"以制度落实规范人,以细节检查督促人,以质量监控考核人"的精细化管理发展到"以思想引领人,以文化熏陶人,以信仰凝聚人"的人文化管理。这一转变其实就是由对师生的外在要求向符合师生的内在需求的转变。在七中的校园中,每一个人都可以感受到一种生机勃勃的正能量。

此外,学校想方设法增进教师团队成员之间的互相理解,充分发挥每一位教师自己的优点和育人作用。以七中为例,2003年1月,松江少体校合并到七中。经过十多年的磨合,学校已经有效整合了竞技训练和文化教学资源。但合并后的前几年,体育生大部分是外省市的不能参加上海中考的学生,本市的生源文化基础也很差,所以体育生的文化成绩较差,上课纪律比较松散,体育生违纪的现象比较普遍,体育生只尊重或者只害怕教练,不重视文化学习。这就导致了文化课老师和教练员,体育生和普通学生之间产生矛盾,互不理解。

鉴于这样的问题,学校提出构建全员、全程、全方位的育人机制,建立"以运动队为管理模块,班级为管理单位,教职工全员参与"的全员育人机制;建立"教练员进课堂,文化课老师进训练场地"的全过程育人机制,确保体育生训练、文化学习和思想德育工作的实效性。

何谓"双跟双育"?"双"指的是教练员和文化课教师双方,"跟"是对学生跟踪。所谓"双跟",是指教师跟训,教练跟课。为了全面了解学生,要求教练员进课堂,文化课老师进训练场地。"跟"是形式,育人是最终的目的。而"双育"则是由教师、教练共同承担对学生教育的工作。主要包括如下几个方面。

1．听课活动

每学期从第三周开始,每周开展两次跟课活动(文化课与训练课各一节)。文化课老师的听课活动通常放在每周星期三的下午 3:00 以后,教练员听课活动尽量安排在上午,遇到重大赛事和重大考试暂停,整个跟课活动到第 14 周结束。最后整理活动资料,学期结束前召开学校体教结合工作会议做总结。

2．教育活动

每个文化老师每周填写好一周的《学生学习反馈表》,周五上交至班主任处,班主任整理好后反馈给教练员。下一周教练员和班主任利用班会课、训练前的整队时间对学生进行集体教育,再利用空余时间对问题学生进行个别教育。

3．质量分析会与体教结合总结会

通过文化课老师与教练员的全程跟踪了解,发现问题,及时解决,再进行思想教育。双跟双育的管理使体育生的学习与训练紧密衔接,学校对学习与训练的管理也更加完善。体育生的精神面貌和行为习惯发生了很大的改变。随着体育生在七中校园的脱颖而出,文化课老师和普通学生对体育生的认识与看法也改变了,从而也获得了家长和社会对体教融合工作与体教培养模式的好评。文化课老师和体育老师之间的矛盾也就随之迎刃而解了。

三、让教师在教育学生中收获理解和幸福

《国务院关于深入推进义务教育均衡发展的意见》第七条"全面提高义务教育质量"指出,鼓励学校开展教育教学改革实验,努力办出特色、办出水平,为每位学生提供适合的教育。这里面有两个关键词:"每位学生"和"适合的"。"每位学生"指的是全体学生,包括资优生、中等生、后进生。"适合的"指的是要根据对象的特点选择教育的方式、方法。

七中位于松江老城,近年来,松江新城学校发展迅速,客观上造成了老城生源质量不容乐观的情况,后进生的数量也比较庞大。越到高年级,课程、学业难度不断提升,后进生信心不断受到冲击,学习能力越发不足。学生人数多、超班额,教师的时间和精力有限,很难关心到每一位后进生,无法开展有效的补缺

工作。

但是，对于后进生，刘琳校长一直非常重视，并在2017年正式启动"爱心驿站"项目。刘琳校长多次在各个场合（如两组会议、班主任会议、教职工会议）强调，爱心驿站一定要坚持，它补的不仅是一个成绩，更是一个班级的班风学风，体现的是教师崇高的师德。

那么什么是爱心驿站？如何做？效果如何呢？

遵循"自己的娃自己抱"原则，在放学后，任课教师对班级10人左右的后进生（由学生自主申请，家长同意，教师确定），根据学科进行针对性地补缺，至于哪门学科补几天，由年级组、班级共同商议决定，不放弃、不抛弃每一位学生。我们与所有参加爱心驿站的老师说"你就让他去完成专门为他挑选的作业，并且评价他的成果"。因此，补习的内容基本上是以白天课上学习内容的再巩固复习和当天家庭作业的批改讲评为主，不增加学生的学业负担。这样，学生、家长都比较愿意参加"爱心驿站"。除了任课教师外，我们鼓励班级中的资优生加入到志愿者队伍中来，进行一对一帮扶，也就是兵教兵，在课余时间为自己的"徒弟"讲解一道题，抽背一首诗。

任课老师对学生的个人成绩进行跟踪，跟踪表由教导处提供，填写历次模拟考的成绩，以进行对比分析，形成学生个人学科的档案袋，清晰地反映学生在一段时间内的变化，并将这一数据反馈给教导处。

效果如何呢？

以一个班为例，共11位后进生参加了语文学科的"爱心驿站"。经过从第一学期期末到第二学期期中这段时间的学习，其中8位学生的成绩取得了进步。参加"爱心驿站"的人员也是流动的，当学生成绩有了较为明显的提升后，教师可以建议他退出，但他们基本上都不愿退出。

另一方面，也是更重要的方面，学生的精神面貌有了很大改观，这些孩子在老师们针对性的精心指导和关照下，变得更加阳光，也更加自信。我们的"爱心驿站"也得到了家长的拥护和支持，这是两位家长发给老师的话——"考试终于考好了！谢谢老师们的帮助！不管成绩如何，但我看到我儿子在用心了，他会主动找老师问问题了，而不是见到老师就躲，谢谢老师们！你们辛苦了！""感谢老师们的辛勤付出，孩子有了很大的进步，原本我看到孩子一模、二模成绩，怕他毕不了业。今天成绩出来了,看到孩子中考成绩有了明显的进步,感谢老师无私的帮助和指导。从四年前踏入七中到如今要离开,孩子留下了最难忘的青春成长记忆,而老师是他们青春路上的指引者,成长路上的开导者,孩子们必将铭记在心,老师们,你们辛苦了!"

每年学生的情况不一样,爱心驿站也会相应地进行调整。除了爱心驿站外,关爱后进生的活动贯穿于教育教学的全过程。我们定期召开班级联席会议,将班级的任课教师聚在一起,大家共同就班级中后进生、特殊学生的情况进行沟通和交流,交换意见,对学生的个性、家庭等因素做全面的了解,形成共识,寻找转化的策略。同时,由政教处牵头,行政、班主任以及任课教师共同家访,与家长形成合力,共同呵护他们的成长。有了对后进生更深入的理解,我们便能更加心平气和地看待他们,寻找他们身上的闪光点,对他们更加宽容,充满爱意。

苏霍姆林斯基在《给教师的建议》中指出,后进生的工作是"最难啃的硬骨头"。不管这块骨头有多难啃,都要尽力把它啃完。同时他还说,"但愿我们循序而进,持之以恒,同时要有耐心,那可以称之为豁然开朗的时刻必定能到来!"教师的职业幸福时刻因此而值得永远铭记。

第三节　基于文化理解的团队的优秀案例

【案例1】

基于文化理解的团队建设,在于学校精神的引领。

松江七中:三十年的温暖与力量

七中人聚在一起,细数七中成长的点点滴滴。

三十年,一段美好而温婉的岁月;三十年,一段催人奋进,不断前行的征程;三十年,一段七中人栉风沐雨的光辉岁月。三十年,足以让人退去青涩迈向成熟的而立之年。你好,而立之年的七中!1987—2017,七中,我们想对您说:30岁生日快乐!

首先我们采访了七中的第一任校长,也是我们七中的"开校元勋"——黄康源老校长。黄校长深情地回忆道：我们七中最早的时候名字叫"谷阳初中"，后来改为"松江县第七中学"。1987年建校之初，学校条件非常简陋。没有操场，没有绿化，也没有餐厅……第一批桌椅下发下来的时候，老师们都忙到半夜，义务劳动安排和布置教室桌椅。学校没有像样的操场，就到处去锅炉厂找来炉灰渣，筛干净后，再铺到操场上。条件虽然艰苦，但这些困苦难不倒七中人对教育的执着与热忱。四年后，6个毕业班中，有三分之一的学生考上市重点高中——松江二中！

黄校长朴实而真挚的话语仿佛将我们在场的每一位都带入了那段难忘的岁月，许多人都情不自禁地流下了泪水。现场还不时响起热烈而持久的掌声，向我们的前辈们致敬！

七中人特别能吃苦，特别能奉献，特别能战斗的精神，支撑着七中的前辈们，不断前进。我们的汪红老师，正是这样一位特别能吃苦，特别爱护孩子们的好老师。汪老师回忆道："七中刚建校时，条件非常艰苦。老师们给学生辅导，没有时间就放学后找时间；没有晚饭，老师就买点面条和学生一起煮着吃；没有教材，老师自己买来送给学生……我们怀念那个时候，心情是非常激动，非常骄傲的！那时候我们就有一个信念，要擦亮七中的品牌。责任是有界的，但我们的敬业是无边的！"

那时的七中人一心都扑在学校，他们爱七中，爱学生。汪老师在讲述的过程中，情不能自已，几度哽咽，几度落泪。

现任七中校长刘琳当年是汪老师的徒弟。刘琳校长深情回忆道：回想那时，1994年来到七中任教。痛并快乐着。痛是因为做得真的很苦，快乐是因为特别受人尊敬。刚入校时，学校分派了三轮指导老师，在"抢、逼、围"的氛围影响下，我在七中不断成长，养成了做事要认真、做人要善良的美好品质。

七中的实力进一步壮大。2003年，松江少体校与七中合并。孙青副校长动情地回忆道：少体校与七中只有一墙之隔。那时候很喜欢和学生在教学楼三楼眺望七中，看七中孩子们上操，看七中灯火通明的教室。七中的老师更是大家的榜样，在区里有很大的影响力，受人尊敬。后来两校合并了，能成为七中老师，七中一员，很幸福，很幸运！

2004年，茸北中学并入七中。杨珍凤老师回忆道：当初茸北中学作为农村学校并入七中,自己怀着忐忑的心情。但来到七中这个温馨的大家庭,渐渐发现办公室的老师们各有特色,其乐融融。在这样温暖的工作环境中,我渐渐融入了这个大家庭。感恩七中的包容,很幸运成为七中的一员。

无论工作在哪一个岗位上,七中人都奋发进取,用自己的辛勤和智慧为学校的发展默默奉献。唐洁君老师作为学校一位教辅人员,她讲述了自己以及女儿与七中的情缘。她在担任科技辅导员期间,获得了很多奖状,从刚开始的2张区级奖状到现在的20张市级奖状、28张区级奖状。

如果说人生有三大幸运,那就是上学遇到好老师,工作遇到一位好师傅,成家时遇到一个好伴侣。我们的沈春燕老师,在七中实现了后两大幸运。沈老师和爱人陆伟强老师,都在七中工作。现在他们的孩子也在七中上学,一家三口每天都与七中相伴。幸福在七中滋养……

爱上一个人,恋上一座城;爱上一群人,恋上一所学校。这是我们年轻的潘春艳老师的内心真实写照。潘老师回忆了她与七中相伴的日子,七中的包容和友善让她不断成长。作为新松江人,她觉得自己选择到七中很幸运、很幸福、很温暖,感恩七中这个大家庭。

有一位老师,30年间始终见证了我们七中的成长,那就是我们的陈路珍老师。陈老师以"此景""此人""此情"带着我们回顾了彼时的七中、彼时的七中人、彼时对七中的情谊。在音乐教学的道路上,陈老师不忘初心、砥砺前行。三十年来七中的景、人有了很大的变化,但七中的精神一直没变,七中人对学校的爱没有变。

听了老师们的故事,刘琳校长深受感动,有感而发:"我在七中也有19年了,与许多老师一样,人生的很多经历是与七中息息相关,我不知道自己与七中还能相伴多久,但是与七中的这份情缘已注定是一生一世。

正因为有这样的情感在,刘琳校长更觉得身上的责任沉甸甸,甚至有些战战兢兢。刘校长表示:"我从不畏惧,因为我背后有一支强大的团队,他们就是'重责任,讲奉献,会合作,善创新,求卓越'的七中人。我们将进一步创新机制,激发教师自我成长的内驱力;进一步转型发展,探索个性化教育新途径;进一步转变思想,全力升级七中精神。我们一定继续把七中的牌子擦得更亮,一定让七中明天的故事更精彩、更美好。"

第七章 基于文化理解的学校工作团队的建设

七中的发展离不开领导的支持,松江教育局局长陈小华也与大家分享了他对七中的感受:"听了七中三十年的故事,我无数次地热泪盈眶。我感觉特别温暖,充满力量。七中一路走来非常不容易,七中有一大批德高望重的优秀老师,他们铸造了'特别能吃苦,特别能战斗,特别能奉献'的七中精神。教育局将进一步支持七中,将七中建设得更加美好。七中精神代表着松江教育的精神,我们将在全区推广七中精神,讲述七中故事。七中加油!松江教育加油!"

三十年,七中的成长有汗水,有泪水,我们也收获了欢笑和甘甜。

回首昨天,七中人筚路蓝缕,意气风发;立足今天,七中人不忘初心,责任在肩;展望明天,七中人在发展的道路上奋勇向前,一马当先!

祝愿我们七中的明天更加美好!我们将会一如既往,做有故事的老师,办有温度的教育!谨以此文,献给不断砥砺前行的七中人!

【案例2】

七中汪晓慧老师在担任学校行政职务后,在教师专业发展上获得了更大的成功,这离不开其对教师事业、对行政教师、团队作用的深入理解。由此可见,基于理解,持续反思,不断实践,依靠团队是教师专业成长的有效路径。

强化专业固根基　优化管理重团队

一、角色与身份合理定位

对自己有充分的认识和准确的定位,这是我们不断成长的关键。我对自己的第一定位就是我是老师,这也就意味着教学始终是我最基本的工作,哪怕走上行政岗位,教师的这一专业职位仍然是不可弱化的,有时甚至觉得更需要强化,因为作为行政教师,我只能教好,不能教差。教好是正常,教差就不正常了。所以走上行政岗位后,我不止一次地问自己一个问题:我是谁?下面是我对这个问题的回答:

我是老师。

教师身份永远都是我的第一角色,我需要强化自己的身份意识。做一名合格的、优秀的老师是我能保持自信地走进课堂的基础,也是我之所以能有效开展行政工作的前提。因为作为行政人员,不可避免地需要对我们老师的教学工作进行布置安排甚至是考核等,如果我们自己在专业上都无法让我们的老师信服,那么必将给我们的行政工作带来诸多麻烦。所以我始终坚持自己首先是一位老师的身份,而且时刻提醒自己,教学方面不得有丝毫放松,努力行走在成为一名优秀教师的路上。

记得刚工作的时候,每天的生活很单调,白天上课批作业抓订正,晚上备课、反思。那时候很忙碌,但却很充实,也很幸福。而现在有时候真的觉得树欲静而风不止,刚想静下来好好备备课的时候,你会被众多的突如其来的事情打断。这是现实,我们无法改变,所以我现在给自己做了个规定,要求自己每天至少需要花半小时来准备教学内容,如果白天实在没空,晚上也必须完成,确保自己不上没准备的课,这是对教师职业的尊重,也是对学生的负责。同时对于上课、作业批改以及补缺补差等都坚持做好。尤其是对于补缺,由于相对而言,"盯"学生的时间减少,我会跟相关的学生约法三章,除特殊情况,让他们除上课之外每天必须见我一面,不见不散,确保该完成的基本学习当天完成。

因为我始终提醒自己,不管我以后到什么岗位,我的本色都是教师,我也努力地想成为我欣赏中的老师。

另外,我又不仅仅是教师,因为我还是行政教师。

教师的身份决定了我首先必须上好课,但是作为学校行政的我又不得不清楚地认识到除了上好课,我还有很多教学之外的事情需要完成。一开始刚做教导副主任的时候,我还迷茫了一段时间。那时候的思想还是停留在自己仅仅是一位老师上,这也就决定了我的任务就是做好领导布置安排的工作,没有对自己的工作进行思考和计划,其实说到底就是自己还没有将自己的位置定好。

行政和教师的双重身份要求我要两者兼顾,缺一不可。用刘琳校长的话说要"两条腿走路",所以我要确保两条腿都要走好,任何一方面出问题都会带来更大的影响。为此我需要在这两方面都下功夫。教导处对于各备课组、教研组相关活动,包括听课、开课等都有明确的要求,这些要求要落实,靠我们的行政指令虽然也未尝不可,毕竟这是作为教师需要完成的基本工作,但是效果未必能好。所以我始终要求自己完成规定数量的听课,每学期至少完成一次校级及以上的公开课教学等要求。我这几年除了学校的公开课,基本上保证了每年一节区级公开课,目的不是展示我的教学能力,而是让自己清楚,作为行政要求一线教师完成的工作,我自己首先要完成,而且要尽自己最大的努力做得更好。

二、学习与实践自我提升

学习是提升自己的最好途径,不管是专业方面还是管理方面都是如此。

刚才我提到,我是老师,但当我走上行政岗位后,有一段时间我甚至怀疑自己是否还是一位合格的老师。因为我总觉得我没有时间好好备课,好好研究教学。好在这样的时间不长,我就慢慢地走出了迷茫。以下是我走出迷茫的主要途径。

1. 常规教学充分准备

自从做了行政之后,我才发现,安安心心地上一节课是多么奢侈的事情。作为老师,最基本的就是上课,可是做了行政后会发现,情况完全不是这样,你得抽空备课、抽空上课,批改作业也是如此。但是我始终坚持,上课前确保半小时以上的备课时间,以做到对教学内容充分把握;上课精神饱满,高效推进,以做到对学生的情绪感染;作业及时批改跟进,以做到对学生反馈的及时了解;对后进学生有效盯、关、跟,以求做到不落下一位学生。

2. 理论学习坚持不懈

加强理论学习修炼,这应该是教师最基本的要求。可是还是那句话,哪有时间呀! 的确是没时间,这个理由很通用,但是又是一个痛点。我还清楚地记得在2018年新年的时候,我在微信上发现有一个定目标的小程序,当时也没多想,就定了几个目标发在了微信朋友圈,其中一个就是完成50本书的阅读计划,当时想想应该能完成。到了年底,有位老师问起了这个问题,我的第一反应是没完成,因为我没记录我读了多少本书。后来我大概数了一下,好像是读了40本左右,我当时还是挺惊讶的,虽然没有完成计划,但是其实还算不错了。

3. 有效反思指导实践

我经常看到这样的情况,教师很忙,有时候忙得只剩下时间上课、批作业,没有时间审视自己的教学。从教师发展的角度来看,这是很可怕的,也是非常危险的。走上行政岗位的我也经历过这样的阶段,很多时候用忙得用焦头烂额来形容一点也不为过。所以我现在也是要求自己,即使没有时间保证每天对教学管理工作反思的梳理,但是最起码每周要进行相关工作内容的反思梳理。我这里说的反思并不是写成文章,而是记录事实,反思策略。我记得2018年的时候,我们数学组当时有一位老师上了一节复习课,当时听完课后就比较有感触,就写了一个反思,后来整理成了一篇文章,发表在《上海中学数学》上。另外,我也在《数学教学通讯》和《中学数学》上各发表了一篇文章。

4. 交流学习扬长避短

安排老师外出听课研讨学习或是听讲座报告的时候,我经常会听到有的老师说,我课很多,调不开,不想去听。但是我一直提醒自己,一定要珍惜这样的机会。相对以前来说,我现在听课的机会也不是很多,但是我其他的培训还是很多的,例如"双名工程",在去年的第一学期里,基本上是每两周一次要到上海各地参加培训。培训地点以浦东居多,地铁来回基本要三四个小时,除非万不得已,我从不缺席,我觉得错过这样的活动对自己来说是一种损失。

三、教学与管理和谐发展

之前看到过一篇文章——《学校中层干部的领导力问题》,文章指出领导力问题的本质上是如何从"一个人"到"一群人"的问题,我深受启发。文章指出作为中层干部,要做有思想引领力、战略行动力和组织治理力的"一个人"。其中有句话让我印象深刻:管理,对象是人,目标是事。人,要靠制度来管;事,要用流程来理。流程基于制度,补充完善制度,明确做事先后顺序,清晰方法要领,保证目标有效达成。实际上我们都很清楚,我们做事的时候不是难在决策这件事,而是难在推进这件事。为此,我觉得我们需要从以下几方面进行思考。

1. 统筹安排观全局

教导处和政教处是学校的两大主要部门,特点是事情多,而且杂,所以真的很忙。因此如何统筹计划、安排和落实工作就显得尤为重要。一开始我始终是在接到任务后去做事,这就使得我很被动,忙而且容易乱,让自己甚至整个教导处很多时候处于忙碌不堪的状态。虽然我们教导处的几位同志毫无怨言,真的是非常地卖力、给力,任劳任怨,总是能在这种时候合力解决问题,但是这样不是长久之计。经过这么些时间,我也深深地体会到,要改变这一状态,需要做的就是提高自己对于教导处工作的整体计划和安排,将很多事情提前计划、安排和落实,要对于整个教导处的相关工作有整体的把握和全面的思考。为此,在学期开始和结束的时候,我总是要求我们教导处的每位同志对自己的工作计划或总结进行梳理,明确得失,发现问题,从总结中找寻工作的思路,为后续工作制定更有效的计划和方针。

2. 精诚合作提效率

一个人可以走得很快,但是一群人能走得很远。我们要想走得快又走得远,必然是需要一群志同道合的人分工合作。作为一所学校来说,各部门各条线的工作各有侧重,但是分工不分家,分工是让我们的工作有所倾向,突出各自工作的重点,不分家是让大家团结合作,不会出现事情出来无人来做的情形,因为我们所做的一切工作目的是一样的,目标是相同的,那就是为了学生的全面发展,使其成长为合格的社会主义建设者和接班人。高效、强有力的团队一定是一个善于、精于合作的团队,所以加强团队的凝聚力,形成互助合作氛围是我始终坚持不懈努力的。每次有什么工作,当负责的老师来不及处理或是无法处理的时候,教导处的其他老师一定会第一时间主动进行对接、解决。

3. 头脑风暴优方法

工作可以有不同的解决方法,有不一样的策略,但是如何在完成任务的前提下工作效率最高,这是我一直思考的问题。头脑风暴就是最有效最直接的办法。在我们教导处,不止一次出现问题解决意见方法不统一的情况,这时我们总是放下手头工作,围绕问题各抒己见,在各自思想碰撞的过程中形成统一的意见和解决问题的方法。问题得到解决是工作的基本,但是工作得到高效的解决应该成为我们不懈的追求。

作为行政队伍的一员,我希望自己不忘初心,做好一位老师应该做的教学工作,同时,也要砥砺前行,全力做好自己的管理工作。专业能力的提升没有捷径,但却可以通过有效的学习和实践来不断完善;管理能力没有速成的秘诀,但却可以通过科学的学习和实践来不断提高。

第八章 基于文化理解的家校关系的建立

苏霍姆林斯基曾说:"没有家庭教育的学校教育和没有学校教育的家庭教育,都不可能完成培养人这样一个极其细微的任务。"家校关系是指在青少年接受学校教育的过程中,家长与学校形成的交往、沟通与合作关系。家校关系整合了家庭教育和学校教育的资源,分担了学校教育的事务性工作,减轻了学校教育的压力,对青少年的成长具有重要的作用。加强家庭和学校的合作,可以为学生打造更加健康的学习生活环境,弥补学校教育教学模式中的不足之处,促进家长和老师之间的沟通交流,提高家长的教育水平,改善家长和孩子的关系有利于和谐家庭以及和谐亲子关系的构建。

上海市诸翟学校是上海市一所具有百年历史的学校,地处闵行区虹桥枢纽地区。近年来就读学校的外来民工子女比例逐年增加,由于家长的职业阶层、文化程度、经济状况、生活经历和教育观念等与原先招收的本地农村学生家长存在差异,特别在教育价值观和处事价值观上截然不同,这对学校原有的家校合作模式产生了极大的冲击,教师与家长之间的合作关系也受到严重挑战,各种冲突不断。教师与家长的关系是一种微妙的关系,它是彼此之间达成相互了解,相互尊重,相互促进的桥梁。良好的教师和家长的关系有助于孩子在家庭和学校中更好地生活、学习,能使教师在实践中得到情感上的支持。教师与家长作为教育者,都是引导、组织、促进学生发展的教育主体,因此在这种背景下,只有构建新型的基于文化理解的家校合作关系,才能有利于学生的成长。本章以诸翟学校的实践为例,解读基于文化理解的家校关系的建立。

第一节 基于文化理解的家校关系的特征

家校和谐是教育成功的基础。著名德育专家鲁洁老师说过:"人就其本质而言是一种关系的存在。"家校关系,其本质就是师生关系的一种延伸与折射。学校的可持续发展离不开和谐家校关系的构建。学校与家庭彼此理解,达成共识,给对方架起信任的桥梁,才能为学生全面发展提供最好的帮助和服务。家庭与学校对学生成长有着共同的教育目标,但由于双方出发点和立足点不同,对问题的思考层面和要求不尽相同,常常容易形成分歧。如何化解矛盾,达成较好的家校共育效果,关键是共同的思想基础。对于未成年的青少年学生而言,家庭和学校是影响其发展最重要的两个子系统,它们作为德育的主阵地,二者之间是一种相互依存、相互促进、相互影响的关系。只有处于理解和谐状态的家校关系下开展的家校共育,才能形成一股强大而有效的教育合力,真正落实立德树人的根本任务,促进青少年学生的全面发展。

一、基于文化理解的家校关系的内涵与特征

（一）指向文化理解的家校关系的实践取向

1. 深刻认识基于文化理解的家校关系的理论基础

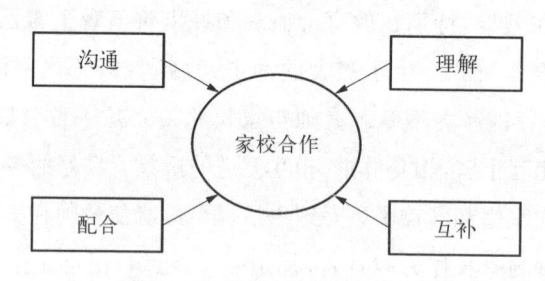

图 8-1 家校合作核心要素图

积极良好的家校关系需要通过有效的家校合作、家校联动培育和建设,家校关系不仅渗透在家校合作的过程中,同时决定着家校共育的效果和质量。"关系"是个名词,它是家校共育中的一条情感纽带和一座架设在家校之间的桥梁。"合作""共育"是动词,它们代表的是文化理解下积极和谐的家校关系最终

达成的目标和结果。

理解与理解教育。人的成长不仅在于生理的成熟,更在于精神的发展。教育,作为人发展的重要活动形式,精神建构是其重要的价值追求。理解教育,正是基于对精神建构的价值考量,主张在教学过程中贯彻"平等""互惠""超越"三个原则,旨在培养教育主体具有类特性的个体独立精神。一直以来,"理解"都被人们当作人类认知的一种方式。解释学哲学家伽达默尔,继承了"理解"的本体论思想,并在真正意义上建立了以"理解"为核心的解释学哲学体系,主张理解发生在人类生活的各个方面,是人类生活的基础。只要生活在继续,理解就在发生。教育,作为一项终身活动,从生活中来,在生活中进行,为了生活而发生。因此,从本体论出发,教育即是理解,理解即是教育。

出于教育对精神变革意义的价值追求,笔者认为将理解作为教育本体论是适恰的。理解,在教育过程中,更多扮演的是培养内在精神的角色,绝不只有认知层面上的知识传递功能。华东师大熊川武教授认为,理解教育主要是三句话:理解学生,教在心灵;理解老师,勤学奋进;理解自己,塑造人生。"理解"是宝贵的教育资源,它既是教育的内容,也是教育的形式;既是教育的目的,也是教育的手段。虽然其内容会随着时代的变迁而变化,但发展性是其内在的永恒内核。理解,是主体通过主体间的交流,进行纳取、实现自我超越的过程。理解教育,是诉诸交流,通过理解别人,进而理解自我,实现个体独立以及精神超越的过程。不理解自己,就不理解他人;不理解他人,也同样无法理解自己。交往的理解即是教育的过程,它教会人们从自身出发看待类,再从类出发重新审视自己,从而消除原有的偏见,实现最大限度的发展。

家校共同体。按照温格在《实践共同体:学习、意义和身份》中的界定,家校教育共同体是实践共同体的一种。它具有松散性、认同性、满足需求性的特征,即家校教育共同体是一个由教师和家长组成的松散型而非组织严密型的群体,成员对共同的目标和价值追求高度认同,相互之间有无形的精神纽带,成员在教育实践中可以获得某种需求的满足,如图8-2所示。

21世纪对人的素质发展要求是以高度的主体性品质为核心的全面发展,它要求每个学生都能够全方位和谐健康地发展。随着教育的发展,建设具有可持续发展、多元融合、积极和谐的家校关系的重要性日益凸显,开展民主有效的家

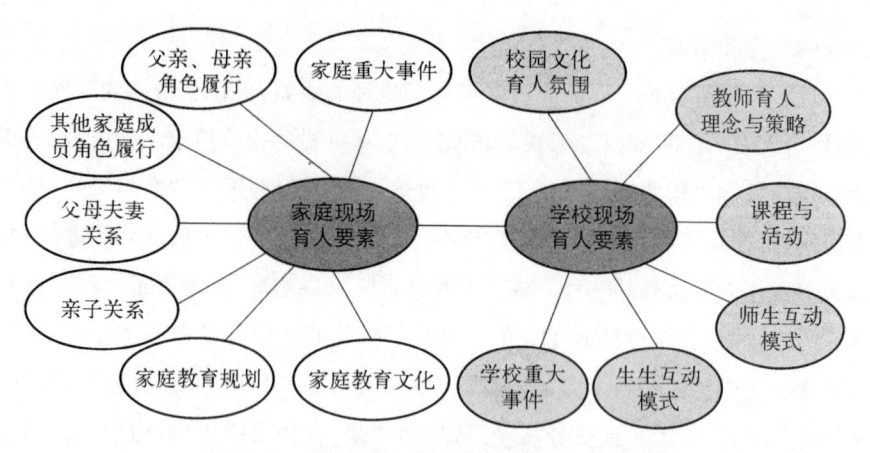

图 8-2 基于文化理解的家校生态共同体图解

校合作,建设和谐的教育生态环境,为学生和家长提供更好的教育服务,其重要内涵是通过家校合作变革学校的管理机制,形成更有活力的现代学校制度。让学校教育和家庭教育形成合力,即实现家校共育,是现代学校走向开放办学、适应课程改革、提高育人效果的新的着眼点。家校合作的水平和质量受一定价值取向的影响,家校合作中的核心价值取向是共生。这种共生体现在家校共育主体即家长与学生、家长与教师、家长与教育管理者的相互关系上。

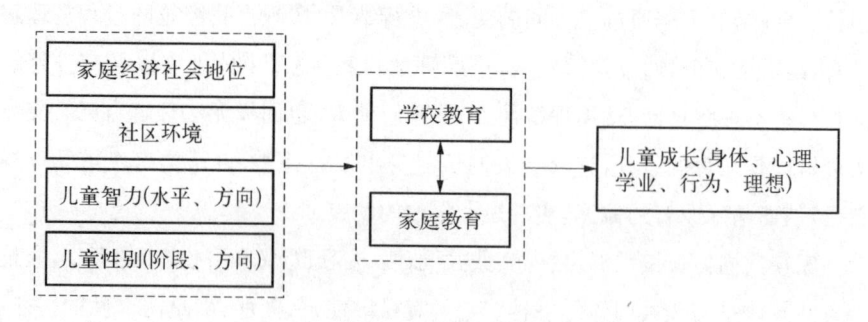

图 8-3 交叠影响域理论

2. 重新认识提升教师和家长家庭教育指导能力的战略地位

现在家长对家庭教育的重视程度提高了,但重教而不会教的现象却比较普遍。韩玉琳在《共筑当代立体家教战略工程》一文中说,令人触目惊心的是,孩子的第一任老师竟多是"师盲"。《2014 中国城乡家庭教育现状白皮书》中的数据显示,不知道教育方法的家长占 37.82%;没时间教育孩子的占 26.19%,二者相加的比例是64%,这意味着近七成孩子的教育已成为我国父母最大的知识"短板"。长期以来,我国的家庭教育基本上处在缺乏科学理论指导的状态,家庭教育水平还普遍较低。家庭教育是一门大学问,绝不能无师自通,只有家校教育相结合才能使家庭教育摆脱困境,走出误区。家长要增强孩子教育方面的责任意识,学校要在专业上给予指导,帮助家长树立正确的育儿观,读懂孩子行为背后的原因,采取针对性措施保证孩子的健康成长,使家庭教育与学校教育和谐统一。

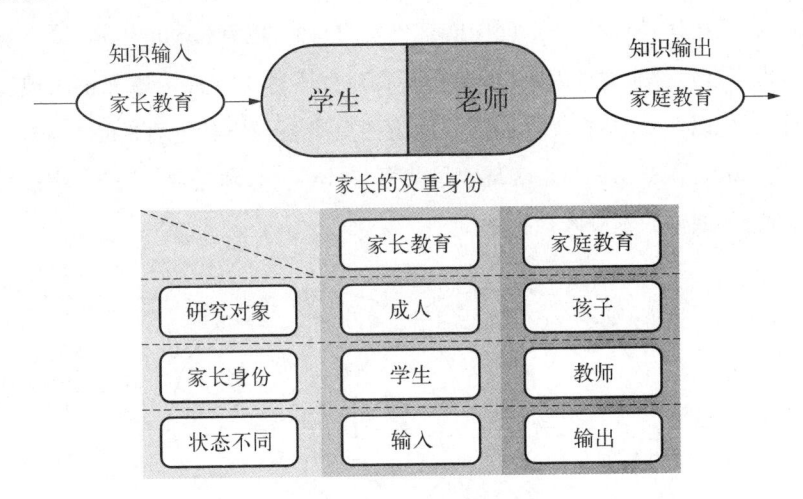

图 8-4 家长的双重身份图

重教必先兴师,家长的再教育任务已成为当今学校新的历史使命。由于客观存在的家庭之间的差异,并非所有的家庭都有教育自觉,学校教育应该对无法承担和胜任家庭教育工作的父母给予帮助和指导,给孩子提供家庭生活教育指导和帮助。在学校教育中提供家庭生活教育指导,一方面包括给家长提供亲职教育的指导,同时还包括给孩子提供子职教育的帮助。我国政府制定的多项家庭教育政策和地方政府颁发的家庭教育促进条例都有明确的规定。2019年6月《中共中央国务院关于深化教育教学改革全面提高义务教育质量的意见》就明确指出:"学校要承担家庭教育指导服务的职能,要重视家庭教育,为家长提供公益性家庭教育指导服务。充分发挥学校主导作用,密切家校联系。"目前中小学校和幼儿园普遍开设的家长学校就是亲职教育指导的重要体现。

3. 理解家校共育的责任内涵,明确教育共同体的责任边界

家校共育工作的开展要依托教育共同体建设来实现,不同层面的探索和努力,最后都殊途同归地指向了共同体的责任问题。家庭教育要把人生的底色上好,家庭教育的核心概念是养育,"养"不仅是自发行为,也应该是自觉行为,从自发到自觉需要父母有意识地在养中教、在教中养。学校教育要帮助孩子实现预期的社会化要求。学校教育是按照社会要求和国家意愿来培养人的,更多地关注群体性需要,具有未来指向性。对于青少年成长而言,家校共育是家长和教师的必然选择,但是这一选择中既有自发的一面,也有自觉的考量;既有理性成分,也可能包含非理性因素,需要在共育过程中基于理性沟通去不断地协商和调试。所以,家校共育中我们需要厘清家庭教育与学校教育的边界,强化家校共同体的责任意识。为了实现家校共育、各司其职,确定责任边界,应该避免家庭教育的缺位和学校教育的越位。

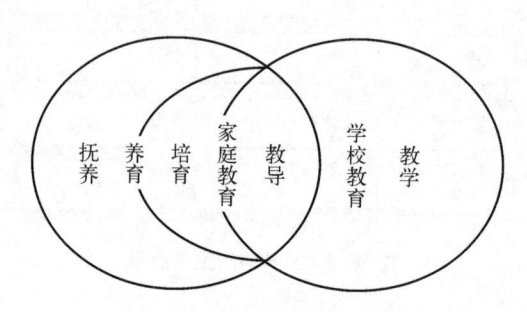

图 8-5　家校共育概念图解

"教导"一词,包括教育、引导和指导三重含义。基本意思为"教育指导,即以一种或多种方式,对教育对象进行某些知识或经验的教育和导向,使其能正确地理解或应用所传授知识或经验的一种行为"。在现代教育和文化的语境下思考"教导"一词,应该包括三层含义:一是有目的地教,即有明确意图、具有肯定性,希望孩子能达成的发展;二是有引导地教,即把孩子与生俱有的先天的善意,或者杜威所说的与生俱来的四种本能的兴趣——交谈或交流、探究或发现、制作或建造、艺术表现——引导出来;三是有塑造性地教,即重视外部的施加和影响。

教学是教师的教和学生的学所组成的一种人类特有的人才培养活动。通

过这种活动,教师有目的、有计划、有组织地引导学生学习和掌握文化科学知识和技能,促进学生素质提高,使他们成为社会所需要的人。教学活动是学校教育的主要活动形式,学校通过系统化的课程设置及实施来培养人,课程实施过程就是教学过程,现代学校教育体制基本上是采取班级授课制来安排教学活动,因此更注重学生群体发展的需要。

(二) 基于理解和谐状态的家校关系的特征

1. 家校合作的新形态：建设学习共同体

随着社会转型、经济变革和终身教育时代的到来,终身学习也成为教育的应有之义。具有社会化意蕴的共同学习越来越受关注,构建学习共同体也越来越被重视。建立基于文化理解的家校学习共同体,学校和家庭共同促进、共同发展,可以为家庭健康、社会和谐、国家兴旺奠定坚实基础。

家校学习共同体建设是现代学校制度建设的应有之义。"学习共同体"概念最早由博耶尔(Ernest Boyer)在1995年提出。他认为:"学习共同体,是所有人因共同的使命并朝着共同的愿景而在一起学习的组织。共同体中的人共同分享学习的兴趣,共同寻找通向知识的旅程和理解世界运作的方式,朝着教育这一相同的目标相互作用和共同参与。"在学习共同体中,各成员之间相互依赖,完成共同学习任务,达成最终学习目标。在学习共同体中,所有成员都拥有一个共同目标,把差异作为资源和动力,建构学习的实践活动,强化共同参与、相互支持、沟通对话和分享学习资源与成果。

学校是专门从事教育工作的机构,其按照国家和社会要求,选择适当的教育内容,采取有效的教育方法,集中时间对学生施教。但学校教育有自身的局限性,同家庭教育天然的连续性相比,学校教育是阶段性的,也缺乏针对性。家庭是涵育个体人性的主要场所,父母通过言传身教影响子女成长;且父母与子女具有血缘关系,亲子之情无可替代。但家长不是专业的教育工作者,未必能准确把握家庭教育的科学性和方向性。因此,如何让家校更好合作,发挥各自优势,相互补位,形成教育合力,促进学生健康成长,成为了现代学校制度建设的重要课题。通过"学习"这个关键点,使学校和家庭成为同呼吸、共命运的共同体,就成为了现代学校制度建设的应有之义。

家校学习共同体是以学生发展为逻辑起点,以学校和家庭中所有成员共同发展作为终极目标，以共同愿景、平等尊重、自主合作、共学共享为表现形态的学习型组织。家校学习共同体将学习视为持续的、积极的必备过程，包括校长、教师、学生、员工、家庭成员在内所有人的学习和提高过程。家校学习共同体的终极目标是促进共同体成员全面健康发展。家校合作的最初目标是更好地教育学生，促进学生发展。但是如果没有教师、家长等成人——教育者的发展，就谈不上被教育者——学生的发展。育人者必先自我教育、自我发展，然后才能完成影响孩子成长的重要任务。因此，通过平等对话、共同学习、相互分享，每个人都学有所获、得到发展，这是学习共同体发展的终极目标。

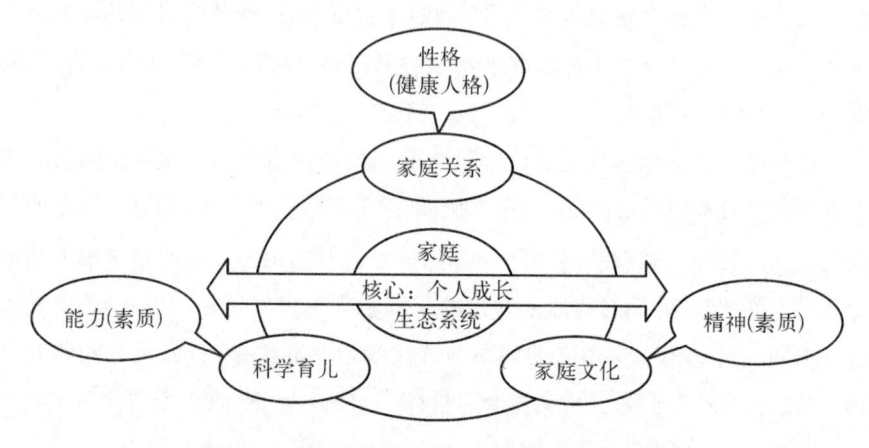

图 8-6 基于理解和谐状态的家庭生态系统图谱

2. 基于理解和谐状态的家校生态关系的内涵

教育家苏霍姆林斯基在《帕夫雷什中学》中提到："学生只有在这样的条件下才能实现和谐的全面发展，就是两个教育者，即学校和家庭，不仅要有一致行动，要向学生提出同样的要求，而且要志同道合，抱着一致的信念。"为了学生的发展，家庭教育与学校教育必须联合起来，形成一股强大的教育力量，切实为青少年的发展奠定坚实的基础。处于理解和谐状态的家校关系开拓了家校联动的深度和广度，其以班级共同体为契机，形成了"家校共同体"，并由此产生了成长共同体、情感共同体和命运共同体。三者各有分工，成长共同体提升家庭教育理念和能力，命运共同体和情感共同体链接班级建设和学校优质发展，共同为班级和学校发展竭力尽智。

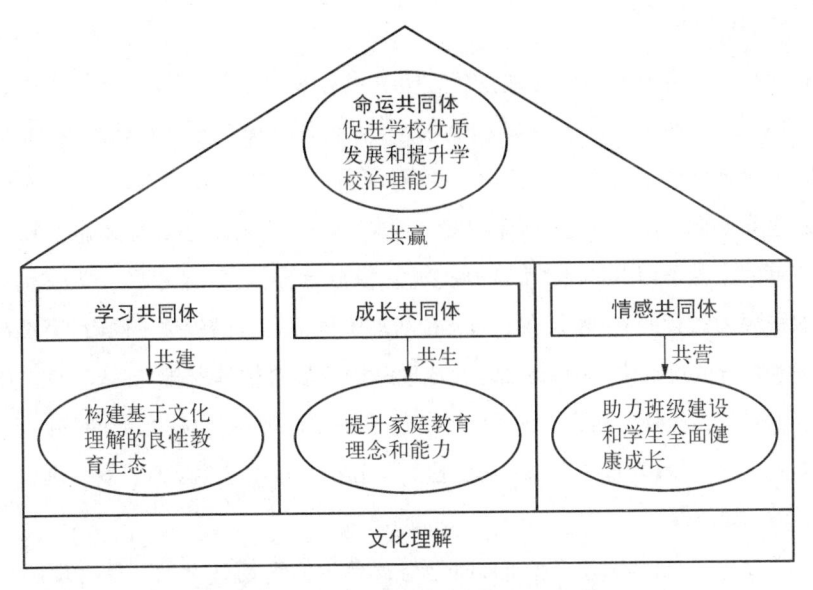

图 8-7　基于文化理解的家校关系图谱

在文化视野下，家庭和学校都是活生生的文化事物。聚焦家校之间的关系，可以发现家庭和学校二者既有共性交集，也有差异冲突；双方的共性交集是家校合作的基础，差异冲突是进行文化整合的目的。解读文化视野是多元整合的根本内涵，在文化理解理念的指导下，通过双方价值的凝练，可以形成以文化整合为灵魂的新的家校合作理念。基于文化理解、整合理念的家校合作重视家校双方价值的引领，有助于让双方从矛盾冲突中走出来，树立文化整合的家校合作理念。以此为基础，学校方可以丰富家校合作的内容，为家校合作建立保障机制，让家校合作持续进行。家庭方也可增强主体意识，积极推进与学校的联系，进而创建家校顺畅运行的渠道。从运作层面来看的话，班级教师和学生家长也要有意识地提高自身素质，为家校合作质量水平的提升提供内在动力。另外，学校要拓宽家校合作的路径，全方位多形式地推进家校合作。

3. 处于文化理解和谐状态的家校关系的特点

学校是文化传承的重要场所，也是文化的公共领域，我们可以通过基于文化理解的学习共同体建设，将学校建成人们相互学习、共同成长、心心相印的公共空间。把人的成长作为公共纽带，学校和家庭就紧紧地联系在一起了。

（1）平等性

学校与家庭理所当然都是教育活动中的主体，它们之间是主体与主体的关系，具有平等性特征，学校与家庭应该是一种合作伙伴关系。相互沟通、分享交流是处于理解和谐状态的家校学习共同体的首要特点。在很多情况下，学校与家庭之间并非是平等关系，经常是学校居高临下，家长小心翼翼。建立基于文化理解的家校学习共同体，就是要实现家校平等合作、共促双赢。学校利用家长的资源为教育服务，家长在参与学校活动中体现自身的价值。同时，家长在融入学校教育的过程中，能够更加理性地理解学校教育教学安排，支持学校工作的程度也会随之增强。所以，家校双方应建立在支持理解、协作互助的基础上，立足学生发展，回归教育本质，共同促进孩子的成长，帮助学生实现自我发展。

（2）开放性

学校不是与世隔绝、孤立的，而是与社会生活密切联系的。具有理解和谐家校关系的学校要以开放的心态办学，把家长资源、社会资源都纳入到支持学生乃至所有人成长的框架体系中。同时，让家长走进学校，保证家长的知情权、参与权、表达权、监督权，让家长在知情中理解、在参与中支持、在表达中帮助、在监督中促进。家庭与学校在开放中实现经验与资源共享，在促进每个成员自身的发展中实现家校教育共同体发展，如学校的家长委员会可定期与学校教师、专家就学校工作展开讨论，增进家长对初等教育的兴趣及其与学校的联系，促进学校工作的共同协商与合作。

（3）自主性

建立基于文化理解的家校学习共同体，无论是家长组织活动，还是教师与学生设计课程，都要求给予个人一定的自主权。权利与责任是一对双胞胎，只有赋予相应权利，个人才会承担责任。要给予教师一定的课程设计和自主评价权，让教师可以根据自己的兴趣和能力进行一定的自主决策；允许学生自主设计部分课程，自己选择学习和评价方式；给予家长适当的校内自由活动空间，以及参与学校管理的权利。教师、学生、家长都有权参与相应的学校事务，拥有多重对话空间，让他们在与他人的不断交流、互动、对话中实现相互认同、相互支持、相互合作。在基于文化理解的家校学习共同体中，能够真正实现以人为本、尊重天性、展现自我、彼此欣赏、相互支持，从而实现真正意义上的共同进步。

(4) 共生性

共生性是指家庭和学校在明确各自界限的前提下，享有共同价值，具有共同目标，双方"你中有我，我中有你"，在相互依存中实现共同学习、共同发展。当学校与家庭成为同呼吸、共命运的理解和谐的教育共同体时，就建立起激发个体自主性的学习文化氛围，建构起共生共荣、相互协调、彼此促进的学习生态。在这样的学习共同体中，每个人都是本真存在，在宽松自由的氛围中畅所欲言，在平等、自然的互动交流中结成相互支持、共同进步的关系网络。

二、文化理解下构建和谐家校关系的时代价值与追求

学校、家庭和社会实现合作、共育、共生、多赢，是家校合作的理想状态。教育部基础教育司于2019年工作要点中明确提到"密切家校合作，营造协同育人良好环境"。构建文化理解下和谐积极的家校关系是实现家校合作的前提基础，也是家校之间良性互动的第一步。只有家校之间形成良好互动，家校合作才能得到保证。家校合作通过学校和家长各为主体并发生良好互动，将学校、家庭双方的教育力量和教育资源有机整合，为学生营造健康发展的良好环境，对学生施加"1+1＞2"的教育影响。

（一）创建基于文化理解的家校"生命自觉"文化

随着我国教育改革的不断深入，家校合作已迈入一个"互动"时代。重构新型家校关系首先应当建立起协同教育视野下的合作观念，合作各方要有共同的目标，合作各方在平等地位的前提下，保持和尊重各方的异质性，进行合作。所以，协同教育下的家校双方的合作应当是在"和而不同"的基础上，进而追求"协同共生"的发展态势，从而真正发挥学校、家庭和社会教育资源的最大化利用和整合，促进学生全方面协调发展。

家庭与学校是学生最为重要的两个活动场所，学生的品质不仅取决于家庭和学校各自独特功能的发挥，还需要实现二者功能的有力协同，即家庭与学校实现真正合作。在实践中，家校真正合作的典型特征是目标一致、互相信任与尊重、相互支持与配合、平等对话与协调互动、生成与发展。家校合作具有重要价值：既有利于学生的全面、健康发展，也是对教师基本素质的培养，更是教师成功开展教育教学活动的法宝；同时也是建设现代化学校的现实需要，有利于提高学校的教育质量，有利于提升家长的教育素养，有利于"家庭—学校—社会"三位一体教育网络的形成，有利于促进社会的和谐与稳定。家校合作终将成为人类个体发展和社会进步的主导方式。

家校合作就是家庭与学校之间基于共同的目标——促进学生全面、健康成长，在互相尊重与信任、相互支持与配合、平等对话与协调的互动过程中共同决策、共同行动、共担责任。互相信任与尊重是合作的前提，互尊互信不仅意味着家长要尊重与信任学校，学校更要尊重家长，相信家长有能力参与学校的教育、管理和决策，在实践中赋予家长相应的参与权，并确保这种权利实现。相互支持与配合是家校合作得以顺利进行的保障，教师要与家庭保持密切联系，了解每个学生及其家庭的需要和特征，将学校教育与家庭教育有机结合起来，因材施教。平等对话与协调互动是家校合作的主要形式和显著特征，一方面意味着家长不再只是被动的信息接收者和听从者，而是拥有足够话语权的主动参与者和行动者，敢于向学校与教师表达自己的见解、期待与需求，并与学校和教师一道充分协商、达成共识、共同行动；另一方面家庭也要大力支持与配合学校的工作，使家庭教育与学校教育保持一致的方向。家校合作蕴含着巨大价值，是社会得以实现其教育目标的重要途径。

（二）文化理解下的家校关系有利于学生的健康成长

由于家庭环境千差万别，每位家长的教育理念不同，教育孩子的方式也不同，但家长和教师希望孩子健康成长的愿望是相同的。家校合作就是让家庭教育与学校教育形成合力，互相配合，针对每个孩子的实际情况去进行引导，给予他们更多的关心，让孩子充分享受到来自学校和家庭的关爱，享受到教育带给他们的快乐。

（三）文化理解下的家校关系有利于提高家长的教育水平

家长对待子女都是望子成龙、望女成凤的态度，却也往往因此而对子女过分溺爱，违背了学生的身心发展规律。家校合作可以促使家长到学校去学习先进的教育方法，通过与其他家长沟通、交流，借鉴好的教育经验，从而更新家庭教育观念，提高教育素养。而对于学生来说，通过家校合作，他们看到了父母的关心，也看到了父母的不易，进而能体谅父母、理解父母。和谐的家校合作关系增进了父母与子女之间的感情，有利于亲子沟通交流。

(四) 基于文化理解的家校关系建设和谐的教育生态系统

基于文化融合探讨家校关系，实际上就是考虑到文化的多样性、丰富性和复杂性，在求同存异中建设家校共育的生态环境。"文化是人类群体或社会成员的共享成果，这些共有产物不仅包括价值观、语言、知识，而且还包括物质对象。尽管文化共享，但它仍需要每一新生代通过社会交往的方式来学习，文化因此代代相传，不断积累。"教育不仅是文化传承活动，也是文化融合的过程，文化融合不仅是历史、地域、民族和群体亚文化的碰撞与结合，还包括融合中建构和生成的新文化。家校共育既是一种文化融合，也是教育生态系统的建设，最终的目的是促进学生健康成长。

(五) 基于协商对话建立互信共生的伙伴关系

协商对话是从相互理解的视角，以"他者"为责任伦理的逻辑起点，家长、教师和学生要从尊重和理解对方的独特性出发，彼此接纳，达成共识，家校共育关系的建立来自群体内部的约定和共识。马丁·布伯(Martin Buber)把人世间的各种关系归结为两类关系，即"我—它"的关系和"我—你"的关系。"我—它"的关系就是人和事的关系，是主体对客体的一种认知和利用关系，处理这种关系的方法和原则是由自身的立场和需要决定的，无须征得对方的同意，在这里，以"己"为逻辑起点是自然的，也是正当的。"我—你"的关系是人际关系，这种关系是主体间的关系，是一种彼此平等、相互回应的关系。这种相互回应的主体间关系是最本原的伦理关系，处理这种关系的方法和原则取决于自己如何回应他人的要求。

建立互信共生的家校共育关系，首先要求家庭和学校通过协商对话，从他者的视角，在相互理解和尊重的基础上，形成共同的教育追求，承担共同的伦理责任，采取一致的教育行动。其次，要求家长和教师超越个人利益诉求，克服个体经验的局限，既从学生个体，也从学生群体成长的维度建立共育关系，家长参与学校活动是为了给孩子们建立更完善的成长支持体系，教师与家长携手是为了整合资源，给学生发展提供更丰富和更健康的教育环境。最后，要求家长和教师从习俗、契约与社会治理相结合的维度建构互信共生伙伴关系。中国素有尊师重教的传统，传统社会和谐家校共育关系是基于熟人社区和信任关系建立起来的，目前正面临着诸多挑战，主要表现为陌生人社会的信誉机制失灵，契约社会公民权利意识觉醒,以及多元主体参与教育治理的机制尚待完善,这一切给家校关系带来了强烈的冲击。传统的社会习俗已经无法单方面支持和维系家校共育关系,依规、依法开展教育治理,吸纳多元主体参与学校治理和建设,会给和谐家校关系的建设提供保障条件。

(六)基于养育与教育的差异性实现优势互补

对于学生成长而言,在家庭养育与学校教育的境况和遭遇上确实存在着诸多差异,主要表现为教育关系、教育活动以及教育内容等方面的差异。

首先,基于养育关系与教育关系的各自优势实现互补。从教育关系来看,家庭的养育关系是基于血缘和收养建立起来的自然的、具有生物学意义的抚养关系,同时也是具有社会性的、受法律保护的监护关系。由于抚养、养育、监护与教育活动融为一体,从孩子出生一直到成年之前,衣食住行的安排、亲密关系的建立、本体安全感的形成、生活习惯的养成、道德品质的发展、学习兴趣的培养、学业成就的获得和身心健康的发展,这一切都在家庭养育的范围之内,为孩子的生活负责,为孩子的成长负责,乃至为孩子的人生负责,家长要承担照顾和教育孩子的无限责任。而学校教育的不同之处在于,师生关系是基于制度安排建立的教育关系,受政府、社会和家庭的委托,教师教书育人,承担以学业发展为核心促进学生成长的责任,是一种有限和相对聚焦的责任。

其次,基于生活教育与课堂教学各自的优势实现互补。从教育活动来看,家庭的养育活动是在私人领域与日常生活的相互融合中进行的,具有依托个体经验、注重代际传承、采取言传身教等特点,但是目的性并不是十分清楚;学校教育活动是在公共空间开展的,有明确的指向性,由专业化的团队通过系统知识的传授,按照固定的时间表,采用班级授课制组织日常的教育教学活动,通常情况下,也具有与日常生活相隔离的局限性。

最后,基于家庭文化熏陶、生活实践体验和系统知识学习、心智品质培养实现优势互补。从教育内容来看,家庭中的生活教育,包括家庭美德、智慧启迪、健康生活、艺术与审美、劳动教育,是由父母在日常饮食起居中,以自发和自觉相结合的方式选择并施加给孩子的,受社会习俗和家庭文化传统的影响比较大,往往会以家规和家风的形式来表现。学校"五育并举"的内容是以系统化的课程体系来呈现的,注重知识的掌握、能力的训练和心智品质的培养。

从家庭养育和学校教育的各自优势出发,实现互补、共生、共荣,一方面要求教师、家长围绕学生的发展建立教育命运共同体;同时也要求学校发挥专业优势,给家庭提供专业的教育引导、支持和服务。为了促进学生成长,家庭和学校要承担共同的责任,采取一致的行动。

第二节 建设具有文化理解特征的家校关系的策略方法

学校与家庭教育合作,组成学校——家庭教育共同体已成为世界教育发展潮流。家校关系是学校管理中的重要问题,随着新媒介时代的到来,也出现了更多的机遇和挑战。目前中小学的家校关系不能适应素质教育的需要,素质教育需要建立新型的家校合作伙伴关系。这种关系的建立有助于整合家、校、社"三位一体"的教育力量,使家校双方在教育思想、方法和水平上趋于一致,共同推进素质教育,而学校对建立这种关系应该有正确的认识并积极创造条件加以构建。

20世纪90年代以来,我国的家校关系研究受到了政府、教育行政部门、学者和校长等各方面前所未有的重视。随着21世纪以来,新媒介对社会生活产生的巨大影响,教育现代化和信息化的不断推进,家庭教育及其指导工作得到了很大的发展。伴随着信息网络和现代通讯方式的改进,家校沟通的平台也越来越现代化,新媒介和互联网促进了人与人之间的连接,"家校通"系统、微信平台的应用,各种家校沟通网站等都发挥着积极作用。但是在新媒介时代,学校的多元治理进程中,家校关系的营建并不仅仅体现在沟通与合作的手段信息化上,还应该在角色和功能上回归本原,调整错位现象,构建新型的家校合作机制。

国外家校关系的研究和实践表明,家长参与学校教育和管理的层次、形式和途径是多方面的,也得到了相关政策和法律的保障。我国政府和教育行政部门非常重视家校合作问题,随着新媒介的普及,家校合作也得到了更多的技术支持。但在学校多元治理的进程中如何建立新型的家校关系,还需要广大家长有认识上的改变和行动上的体现,需要社会多方面的共同协助。

一、当前家校冲突的主要表现与特征

自古以来,教师就承担着传道授业解惑的重任,受到全社会的广泛尊崇。现代社会中,教师更被誉为太阳底下最光辉的职业,家长对学校和教师高度信任。进入新时代,随着社会信息化、文化多样化的深入发展,人民生活水平的不断提高,家长对优质教育资源的需求也是水涨船高,比如对优质师资充满渴望,对教师教育教学水平充满期待,甚至达到苛刻的程度。新中考和高考改革深入推进后,一些家长更是处于严重焦虑状态,一旦认为学校或教师不尽如人意,就会通过微信群、电话,甚至政府热线、上访、集访等方式表达诉求,向学校施压。从根本上看,这其实就是人民群众日益增长的美好生活需要与不平衡不充分发展之间的矛盾,在教育领域的集中反映。面对新情况新问题,构建新型家校关系,让教师有尊严地工作,让学生有希望地学习,让学校有质量地发展,应该成为当务之急。

(一)教师与家长的教育思想、方法不一致

1. 教育出发点不同

教师把教育看作自己的社会职责,从社会要求出发对全体学生实施科学系统的教育;家长则把教育看作自己的义务,从个人意愿出发对子女实施自然的、综合的教育。教师与家长的这种分歧,导致了他们在教育力量分配和教育责任归属等方面的差异。在教育力量分配方面,由于教师既要面向全体,又要照顾个别差异,教育力量分配范围较大,只能相对集中,而家长的教育力量几乎能够完全集中在自己子女身上;在教育责任归属问题上,由于家长对教师的依赖感较强,因此往往出现家长抱怨教师不尽力、教师抱怨家长不配合的现象。

2. 孩子的评价大相径庭

农民工家长大多不懂教育教学理论,文化水平偏低。他们把自己未实现的大学梦想都寄托在孩子身上,拼命挣钱供孩子读书,"望子成龙""望女成凤"。但对于这些家长来说,对于"怎样成才""成什么样的才""怎样才算成才"却又一知半解。对孩子的教育往往信奉"棍棒底下出才子"。屈服于家长的武力,有的学生在家长面前表现得乖巧听话,到了学校则违纪不断,令老师头疼不已;有的学生在家里待人接物显得聪明伶俐,课堂上却问东答西,作业不能保质保量按时完成。这样,家长对孩子的看法和教师对学生的评价往往就会出现反差,家

长认为老师不喜欢自己的孩子,专挑孩子的毛病;老师认为家长太宠爱孩子了。结果是学生家长与教师互相抱怨,陷入关系危机。

3. 对孩子的要求不一致

虽说"希望每个孩子成人又成才"是家长和教师的共同心愿,但家长对孩子的要求与教师对学生的要求常常不一致。当孩子犯错时,家长希望教师在处理孩子违纪行为时能"大事化小、小事化了",不要耽误孩子的学习时间。教师要面向全体学生,严加管教,不能姑息迁就。当孩子成绩不理想时,教师希望家长配合,帮孩子补缺补漏,家长则认为孩子能考出这样的成绩已经不错了,应该慢慢进步。有的家长看到孩子(低年级)在做值日时,总会很心疼地抢着帮忙,而老师就会觉得这样做没必要,应该让孩子锻炼锻炼。

(二) 教师与家长的地位不平等

平等是交流的基础,只有在平等的基础上,教师与家长才能展开充分的交流与合作。然而,目前在家校合作中仍存在双方地位不平等的倾向,即教师在教育学生方面具有相对权威性,常常以教育专家的身份出现,家长常常只有服从和配合。即使有的家长很想与教师谈谈自己对孩子的一些看法,期望教师帮助孩子发扬优点,克服缺点,但这些愿望却往往因为与教师的观点不一致而破灭。

(三) 教师与家长的沟通不全面

在通常情况下,家长希望从老师那儿得到有关孩子的一些积极的、良好的反馈意见。但在家校沟通中,教师与家长的交流内容大多是孩子在学校还存在哪些问题,或犯了什么错误,需要家长如何配合。以至于家长一听到老师要与之交流,就可能会联想到孩子在学校又犯了错误,因而预先做好了被教育或领任务的心理准备。由于沟通的内容大多是针对孩子的不足之处,个别教师在语言表达上显得很不恰当,有时甚至事情还未了解清楚就与家长交流,因此在一定程度上伤害了那些望子成龙、盼女成凤的父母。尽管家长意识到与教师交流,可能会获悉孩子存在的一些不太合乎规范的行为,但内心还是希望与教师交流,以获得更好的教育方法。

(四) 促进构建新型理解和谐家校合作关系的对策

家校合作可以促进孩子、家庭、学校和教师的发展,但是家校合作并不总是有效的,这取决于家校互动关系是否良好。不同研究者对于家校互动的内容和方式有着不同的看法,如埃克尔斯(Eccles)等人从父母的角度提出了家校互动的5个维度,而爱普斯坦则从学校的角度出发,提出了学校在家校互动中应做到6个方面(见表8-1)。不管是从家长出发的家校互动,还是在学校视角下的家校互动,其实质都涉及学校、教师、家长以及双方之间交流与沟通的过程,这为我们分析家校互动建立积极和谐的家校关系提供了一个良好的框架。

表8-1 不同研究者对家校互动内容的阐述

角度	维度	具体内容说明
父母视角 (埃克尔斯,1996)	监督子女学习	父母如何对待教师对于帮助孩子完成学业的要求,如检查家庭作业或听孩子读书等
	志愿服务	家长参与学校活动的程度,包括家长教师组织(PTO)等
	参与子女日常	父母参与孩子的日常活动
	了解子女学习	了解孩子的学业情况
	获得学校支持	了解如何给予孩子额外帮助
学校视角 (爱普斯坦,1995)	养育	帮助家庭提供以家庭为基础的学习支持
	沟通	设计关于学校项目和进度的有效的家校沟通
	志愿服务	招募和组织父母支持学校目标和儿童发展
	在家学习	向家庭提供资料,帮助学生在家做家庭作业
	决策	家长参与学校决策、培养家长领导和代表
	与社区合作	整合社区资源和服务,加强学校项目、家庭实践和学生发展

1. 前提——研究如何进一步厘清学校教育和家庭教育的职责

家校良性互动需要学校把家长视为教育儿童的重要力量,充分认识到家庭教育以及家校合作对育人的重要价值,把家长作为重要的教育"合伙人",双方在共同的目标指引下各司其职。这就需要学校进一步研究学校教育和家庭教育在促进学生健康成长中的各自职责,家校双方的具体目标和任务,对双方的职责边界上作出进一步划分,在此基础上研究让双方明晰各自职责的方法和途径,避免责任推诿或冲突。如可参照国外经验尝试建立自己的"家校合同",将双方的职责、任务细化明确,列清学校的责任事项,同时也规定家长的责任范围,双方签字,共同执行。

2. 基础——研究如何为家长赋能以提高家长参与教育的意识和能力

学校要充分认识到,家长家庭教育能力与家校合作能力的提高能够使家长、学校、学生三方都受益。2015年《教育部关于加强家庭教育工作的指导意见》明确指出,要强化学校家庭教育工作指导。针对当前家长自身家庭教育能力不足、参与孩子教育与家校互动的意识和能力不够的局面,学校有必要思考研究如何通过形式多样的家校活动为家长赋能;要研究如何让家长接受系统而不是零碎、科学而不仅仅是经验的学习,如何提供既面向所有家长的普遍化问题、又针对个别家长的特殊问题的解决方案,从而让家长充分了解自己在家庭教育中的重要性,提升家长的家校参与意识与家校沟通能力。

3. 重点——进一步研究拓展家校沟通渠道和创新家校沟通的途径和方法

学校要促进家校良性互动的重点是要研究如何进一步拓展各种家校沟通渠道,创新家校沟通的途径和方法,并将家校沟通制度化。学校要研究明确家长委员会、家长会、家长学校、家访、家长开放日、家长接待日等这些家校沟通渠道各自的作用、开展方式与途径。以两种最常见的家校沟通方式——家长委员会和家长会为例。其一,要研究建立有效的家长委员会管理和运行机制,将家长委员会纳入学校日常管理,制订家长委员会章程,明确并落实家长委员会的功能。其二,对于家长会也要明确家长会功能和定位,拓展家长会交流的内容,改变和创新家长会的形式。综合来说,学校要树立更开放的办学理念,更创新的办学方式,开展内容更丰富的活动,进一步吸引家长参与。

4. 关键——如何进一步提升教师"读懂孩子"的能力和家校沟通技巧

正如前面提到的,想要实现良好的家校互动,教师是关键。学校依然需要继续深入研究如何提升教师在家校合作与家校互动中的能力,为教师赋能。在知识方面,要研究如何帮助教师"读懂学生",使教师面对不同学生、不同家庭都能进行有效的家校互动,对学生发展给出清晰明确的指导。在沟通能力方面,要研究如何让教师掌握与家长沟通的策略和技巧,使教师在日常工作中学会与家长积极沟通与互动,学会应对"家师"矛盾和处理"家师"冲突的有效方法,并掌握建立积极合作的教师——家长关系的具体途径。

二、基于文化理解的家校关系建设的新模式

依据社会资本理论,家长可以通过家校合作,在家庭和学校创造出更多的社会资本。父母与学校保持联系,参与学校各项工作,与更多家长和学校成员交往,越来越丰富的社会资源会促进子女更好地成长。家校合作从疏离、接触到密切合作的家校学习共同体建设过程,是家庭社会资本不断增加的过程,也是学生人格发展、学业进步的过程。

笔者综合考虑了学校与家庭的关系、地位、角色、合作深度,将家校学习共同体建设从低到高分为五个阶段。从低级阶段走向高级阶段,体现了家校合作方式从学校单向影响到家校共促发展,家校关系从疏离到紧密,成长主体从学生到家校所有成员,合作内容从学校开设家长讲座到家校合作组织活动的家校学习共同体发展过程。建成家校学习共同体是家校合作的最高境界。这种共同体是"交响乐般的共同体",不同身份、不同背景、不同角色的人,和谐共处于这个共同体中,实现各美其美、美人之美、美美与共、共同发展。

(一)建设文化理解下可持续发展的新型家校关系

1. 学校开展家长教育活动

学校作为主导者,面向家长开展教育活动是一种学校单向教育和影响家长的家校合作状态,是家校学习共同体发展的初级阶段。在这一阶段,家庭与学校之间的地位不平等,学校处于权威地位,家长处于被动地位。学校与家长进行联系,家长按照学校的指示和要求做事。家庭与学校的关系比较疏离,家长参与度较低,家校合作比较松散。严格地讲,这还不是真正意义上的家校合作。

这一阶段的活动有:家校书面、电话或网络联系,家长参加传统家长会;教师家访,学校约见个别家长;家长参加学校开放日活动,学校安排家长访问学校;学校开展家庭教育咨询活动;家长参观学生作业展览;学校组织以家长为听众的家庭教育讲座,等等。

2. 家长支持学校活动

家长从被动地按照学校要求参加活动,上升到学校组织活动时,比较主动

地参与到学校非课堂教学类活动中来。在这一阶段,家长已经从被动接受学校安排走向协助学校开展各类非课堂教学活动,作为学校活动的一个成员而出现。家长参与学校活动,是建设现代学校制度、推动家长参与学校事务的第一步。有学校组织、家长协助学校开展活动,以及家长作为主体组织活动两种类型。家长参与的学生研学类、社会实践类和校园文体类活动基本属于这一阶段。

这一阶段的活动有:家长协助学校运动会、艺术节、郊游等活动;家长组织的校内外体育、艺术、研学、拓展等活动;家长做学校图书管理员志愿者;家长做学生课后托管志愿者,等等。

3. 家长参与学校教育教学

在这一阶段,家校关系从非教学的活动类合作开始走向与教育教学相关的合作。家长与学校的地位从不平等逐步向平等过渡,家校之间从关系松散逐步向关系紧密过渡。家长通过深度参与学校课堂教学活动,开始在学校舞台上扮演比较重要的角色。家长发挥自己的职业或爱好专长成为"家长教师",参与到校本课程类课堂教学活动中。家长在学校这个专门的教育机构以"教师"身份出现,标志着家长成为学校建设的一分子,真正参与到现代学校建设中。

这一阶段的活动有:依托家长自身资源优势开发校本课程,家长成为校本课程讲师;家长担任学校综合实践活动课程或研究性学习课程讲师;家长拓展社会资源,实现社会资源助力学生发展;家长运用其专业优势指导艺术、体育等兴趣类社团活动,等等。

4. 家长参与校政决策

在这一阶段,家长代表与教师一样,拥有学校重大事务性决策的发言权。家长参与校政决策,表明家庭与学校地位真正平等,作为社会参与重要力量的家长,已经成为学校的支持力量,在学校发展中发挥不可或缺的作用。此时,学校尊重并认可家长在学校决策中的作用,也体现了现代学校制度将学校视为一个开放组织,不仅关注学校内部运作过程,也重视学校与家长、社会互动的现代学校建设价值取向。

这一阶段的活动有:学校建立家长咨询委员会、"家长教师"协会;家长代表审议学校年初工作计划;家长代表列席学校教务会、教职工代表大会;家长代表参与学校章程讨论;家长代表向其他家长传达学校校务会议精神;家长代表组织校服征订工作；家长代表选择学生营养餐公司；家长代表参加学校重大决策会议，等等。

5. 形成家校学习共同体

这是家校合作的最高阶段。在这一阶段，家长与学校从伙伴关系走向以情感为纽带、学习为主旨，紧密合作的共同体关系。此时，学习既是手段，也成为目的之一。在尊重个人自主性的前提下，在个体利益与群体利益有机统一的基础上，形成以学习为共同目标的、人人都得到发展的学习型共同体。家校学习共同体拥有内在的凝聚力，教师、学生、家长、学校管理人员及其他员工都清楚地知道共同体对每个人的期望，个人行动与共同体目标紧紧地联系在一起。以"学习"作为纽带和桥梁，学校和家庭中的所有成员共同建立起尊重、平等、自主、共生的学习型文化。学习成为每个人生存的常态，通过相互学习、支持协作、共建共享，实现个人与共同体的同步发展。

这一阶段的活动有：学生给家长或教师讲课；以学生为主体设计的新型家长会；教师、家长和学生共同组织活动；创建学习型家校共同成长社群，等等。

在经济全球化、价值多元化、信息智能化的今天，随着家校合作内涵不断丰富，表现形式不断创新，家校合作的价值也更加多元，家校合作不断从单向引领、被动接受的低级阶段合作走向双向协同、学习共享的紧密合作。作为现代学校制度建设的重要组成部分，只有走向学习共同体的家校合作，才能实现促进学校与家庭所有成员全面、健康、和谐发展的终极目标。

（二）构建基于文化理解下家校关系的内容和形式

家校合作共育需要一定的平台和载体，我们日常中最常见的平台与载体主要有"家长委员会"和"家长学校"等。

1. 家校合作委员会

"家校合作委员会"有如下几个重要的特点。

第一，从参与主体来看，家委会要体现合作与共育，必须要有家庭、学校、社区的代表参与，而不是单一由父母参与的"父母（家长）委员会"。这样才能真正全面反映各方的利益诉求，全面改进各方工作，建立良好的家校合作共育生态环境。

第二，从领导架构来看，学校领导和教师不得担任家委会主要负责人，家委会领导需要由三方推选的代表协商选举产生。建议由家长或者社区中热心教育、有号召力、乐于奉献的人士担任。

第三，学校的家委会，分班级、年级、学校三个层次，班级、年级的家委会主任，原则上为上一级家委会成员。

2. 新父母学校

新父母学校有以下几个特点。

第一，新父母学校的办学宗旨，应严格遵守国家法律法规的相关规定，贯彻国家教育方针，组织学生父母接受系统、专业的家庭教育培训学习，从而提高其教育素养，使之成为家校合作共育的有力支点，共同营造良好的育人环境，让师生及学生父母都能过上一种幸福完整的教育生活。

第二，新父母学校是接受所在学校及其家校合作委员会的监督管理，接受上级教育主管部门和妇女联合会共同指导的非正式社会组织。由本校教师和教育界及社会各界专家担任讲师，培训本校学生父母。

第三，新父母学校实行校长负责制。由校长兼任或者由学校推荐负责人，负责主持全面工作，由分管副校长以及家校合作委员会主任协助校长分管课程设置、实施、检查、反馈、评价、宣传等具体工作。

3. 共读共写共赏

"共读共写共同生活"的理念，本身体现了家校合作共育的理想。只有共同阅读，才能拥有共读的理想与愿景，共同的语言和密码，共同的价值和追求。推动亲子师生共读共写共赏，也是我们实验的一个重要特色。

共读指的是家校共同阅读一本书，通过父母、学生、教师等多方研讨交流，建起一座学校和家庭之间的桥梁。阅读是成长之基。家校合作共育的共读经验有以下几条：一是专业引领；二是日常坚持；三是作品经典；四是平等真诚；五是榜样激励，注意发现身边的优秀读者，成为接地气的"共读代言人"，为阅读鼓掌与欢呼；六是知行合一，围绕阅读图书，积极拓展相关活动，把所学运用到生活中，再从生活中提炼问题，开始新的阅读之旅。

共写是优秀教师开展家校共育的绝招。大部分父母需要具有专业知识的老师的引领，才能少走弯路，父母们需要在一个共同体之中成长。共读共写共同生活，会形成一种相互激励的力量，让父母坚持不懈地深度卷入到教育中来。

这种日常生活中的共写式叙事,是以多种方式邀请、吸引所有父母、老师、学生参与到共同书写中来。这种共写可以与学生的作业结合,利用作业本进行,也可以利用网络社群进行。

共赏指的是父母、孩子与教师共同欣赏一部影视作品,以优秀的影片为主。尤其在家庭或社区中,共赏特别简便易行,值得推荐。影片时间长短合适,主题相对集中,共赏的各方能够在有效的时间之内,得到效果最好的家校共育效果。在家庭教育电影课项目研究中我们发现,电影作为人生思考的浓缩,人们特别容易被电影震撼,从而打开自己的心扉,特别适合向忙碌的父母们推荐以电影为纽带开展家校共育工作,让学校延伸到家庭,让家庭连接学校,在家校的双向连接之中,自然而然地形成教育效果的最大化。

4. 畅通交流渠道

家校之间坦率而又真诚的交流,充分而又对称的信息分享,经常性的联系,是良好的家校合作关系的基础。家校沟通的渠道主要有如下几种。

(1) 家校读物

沟通交流需要媒介和载体,精心策划、用心编写、精致印刷的各种读物既是家教指导的重要方法,也是家校沟通的重要阵地。学校在每年寒暑假会编写有关亲子共读、亲子观影、亲子运动、亲子厨房、亲子旅游、亲子种植、亲子公益等主题的读物,让学生与父母等共同完成,这是一种家校合作共育的"作业套餐"。

(2) 微信群、QQ群

无论是手机短信、飞信、QQ、微信,还是家校通等APP,其及时性、互动性和便利性等特点,为家校沟通提供了技术支撑。学校建立了基于网络平台的家校社共育新机制。学校、家庭、社会,教师、父母、学生都能够通过短信、QQ、微信等多种平台,便捷及时地实现信息资源的交互与数据共享,形成了学校、家庭、社会立体的"爱的朋友圈"。

(3) 家校叙事

家校叙事是指家庭和学校通过教育叙事的书写,让家校共育中的各方共同回顾总结自己的教育生活,从自身的经验教训之中,提炼出进一步成长的心得,不断挑战自我,提出新的目标,攀上新的高度。在具体做法上,一种是特殊节日进行的庆典式叙事。比如在读书节、期末典礼等活动中,对家校共育中的优秀人物与事迹进行叙事性的展示和表彰。这样的叙事能够集中呈现一个阶段的思考,并能借助仪式的特性,给人留下鲜明鲜活的记忆。另一种是前面提到的日常生活中的共写式叙事。

5. 共享多方资源

家校合作共育的优势,就是能够实现家庭、学校、社区资源的共享互补,将各方相关资源进行多种组合,为学生成长提供更加宽广的空间与可能。在资源共享上,家庭、父母向学校开放,成为教育中的人力资源、社会资源乃至充当部分的财力资源。家校合作的共享资源包括:资源室、学校社团、新父母课堂、父母志愿者、社区大讲堂、社会实践基地等。

三、构建具有文化理解特征的家校关系的路径

我们以诸翟学校的"父母成长营"为例。

(一) 基于家庭教育项目化课程构建良好育人生态共同体

1. 创建"文化理解下的家校生态共同体"学校模式,打造家庭教育课程化特色品牌

近年来,学校在"强校"的征程上已形成"文化育人,课程强校"的办学思路,以"正礼、使觉"文化理念,唤醒师生生命的自觉成长,成功打造构建"相约星期六父母成长营"的"一校一品"特色德育品牌,2019年荣获上海市家庭教育示范学校殊荣。目前学校的高位发展,需要家庭教育全方位的参与和助力,以学校发展目标为主导,注重家庭教育的多位融合和多元发展,顶层设计打造"父母成长营"家庭教育沙龙,聚焦家庭教育改革发展中的热点和难点问题,秉持"共筑意识、家园意识、实践意识、生态意识"的建构理念,为探索一条具有学校本土特色的美好家庭教育之路,积极创设和推行中小学家庭教育课程项目,努力回应家长对美好教育的期待。

"父母成长营"家庭教育沙龙创设5年多来,努力满足学校家长沟通与指导的需求,增强家校合作的效能,提升家长家庭教育指导能力和素养。家长沙龙活动针对家庭教育中的热点问题、困惑,定期组织家长进行专题学习讨论,给家长们提供互相借鉴的平台。"父母成长营"家长沙龙是以"平等、互助"为基本理念的学习共同体,沙龙强调的主体是家长。"父母成长营"依托家长沙

龙,快乐家庭学习苑,家长微型课程三大主要载体,精心打造智慧父母大讲堂、家校共育大课堂、家教知识大学堂、美德大展堂、文明新风大颂堂的"五堂"建设。

2. 以"父母成长营"家庭教育沙龙为平台,创新家庭教育指导模式

（1）家长沙龙——指导科学育人,聚焦"家庭共同体"

"父母成长营"以"家庭共同体"为实施基础,让家长与孩子共同学习,共同分享,共同活动,共同成长,促进家庭内部成员携手成长,家庭和家庭之间分享成长,家庭和学校之间互助成长,同时发挥学校的指导作用,提升家长家教技能、促进家长自我成长,实现教育共赢。通过引进"家长慕课"平台的APP学习软件,实现从面对面交流到新媒体"网络家长沙龙",再到"线上线下"互动型家长沙龙。通过2年多的实践研究和推进,"父母成长营"不断融入新的内容与形式。家长沙龙先后开发"诸翟学校父母心学院讲坛"、电影微课和"诸翟少年说"亲子互动栏目等,切实解决家长的需求和困惑,为家长提供沟通和倾诉的平台,架起家校沟通友谊之桥,开辟现代家校共育新途径。

（2）潜心优化家长沙龙活动的质态

家长沙龙活动重在激发家长主动学习和交流的意识,让家长成为主持人、评论者、记录者,从而达到家长自治的目的。活动前我们通过前期调研,确立沙龙主题;征询家长实际情况,确定沙龙时间;根据家长反馈,调整内容、师资;考虑家长教育背景,调整表达方式;坚持课程思维,系统设计推进"家长沙龙"。家长沙龙组织形式从"菜单式沙龙",到"家庭同盟""假日小组"等活动,内容由专题研讨向实践活动延伸,地点由校内向校外拓展,组织由教师牵头向家长轮流策划交接,互动由小班化向小组化、个别化渗透,话题也更鲜活、更具时效性和针对性。

"父母成长营"家长沙龙打破传统,聚焦家庭共同体,构建了具有本土化特色的家长沙龙活动的模式。通过将"沙龙"这一形式引入,组建了校级"爸爸沙龙""妈妈沙龙""亲子沙龙""父母沙龙""祖辈沙龙""周末沙龙"等,内容丰富、形式多样,有效调动了家长参与家校合作工作的积极性、主动性,助力家长提升家庭教育指导能力,为实现家校共育搭建了一个和谐、多元、开放、有效的平台,同时成功构建了家校生态共同体的有效实施路径,如图8-8所示。

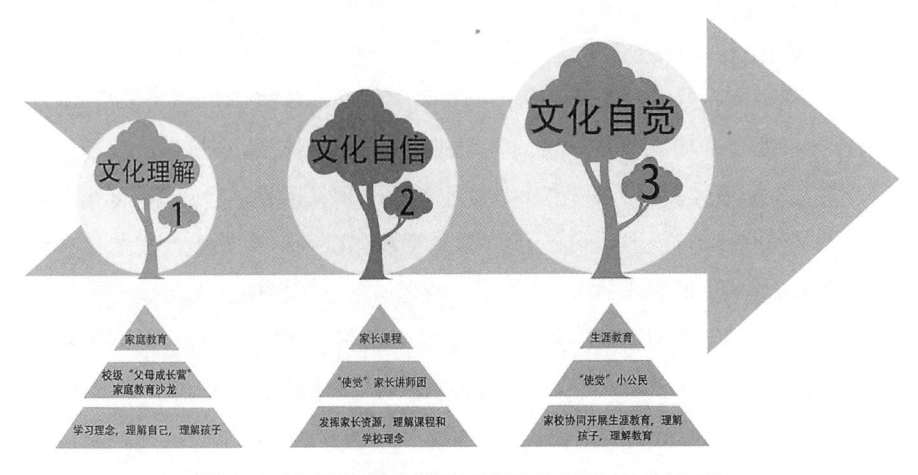

图8-8 基于理解的诸翟学校家校生态共同体实施路径

(二) 以生涯教育为核心内容创建家校生态共同体

1. 融入生涯理念的现代家校合作

生涯教育关乎人一生的发展,学校按照专业化、系统化、整体化生涯教育操作与实施的原则,结合九年一贯制的特点和优势,在家校协作的基础上对生涯教育进行科学顶层设计。多元的生涯指导路径通过家长学校、家长会等,向家长宣传生涯发展理念,引导家长了解学生的职业倾向,使家长期望和学生发展愿望相协调。充分利用家长资源,开设讲座,创造职业体验机会,明确各种职业创造的社会价值,激发对职业的向往。通过建设学生实践与体验的基地、课程等,实现由里到外地唤醒学生发展的主体意识,激发学生成长动力与发展潜能,从尊重学生的个性与需求出发,开展以职业认知和体验为切入点的生涯教育的探索实践。生涯教育自始至终贯穿于学校教育之中,在充分论证德育、生涯教育、心理教育三者关系的基础上,系统建构生涯教育课程体系——"爱自然生命力"。生涯活动课程分为四个模块:"认识学校篇""认识职业篇""成长规划篇""持久动力篇",内容上既有生涯教育大系统,又兼顾理想目标教育、责任教育、学法指导、心理指导、升学指导等子系统;形式上既有传统课程(核心课程)、又有实践活动(辅助课程)、自主管理(自修课程)、学科渗透(浸润课程)等,力求建构突出实践的生涯教育校本课程体系。

(1) 学校层面：构建"爱自然生命力"家校生涯教育校本课程体系

① 亲子生涯教育活动

学校搭建平台并开发资源，设计和开展小学1—5年级学生的亲子活动，建立亲子生涯发展基地，组织多样的生涯体验教育活动，比如，小学部组织学生参观"世界儿童职业体验馆"，举行"小小梦想家——预见未来的自己"综合实践活动。体验警察、快递员、消防员、厨师、模特等多种职业。在具体真实的亲身体验中深刻体会每一种职业的责任和意义，也更加坚定了他们在今后学习和生活中的目标感。指导家长有关孩子生涯教育规划的策略和实践途径，提升家长的教育能力，让家长真正从亲子教育走向亲职教育，重视孩子全面健康成长，注重多元化和个性化指导。深度开展"游学课程"的建设与实践，学校指导家长设计孩子的"生涯金字塔"，让每个家长懂得，规划生涯就是规划孩子的幸福人生。

表8-2 校外生涯发展互助体验活动

活动形式	主要内容
参观 实习见习	利用寒暑假、周末等，进入工厂、学校、医院、商业机构、企事业单位，进行参观访问，短期见习或岗位体验学习，切身体验生涯发展的价值和意义
社会调查	利用研究型学习，借助社团活动开展社会调查，撰写调查报告
公共日	利用公共开放日，组织学生进行外部世界的探索
体验	提前体验招聘、理财、警察等岗位职责，亲身体验工作内容
生涯人物访谈	结合访谈目标设计访谈方案，对文字资料进行整理，讨论交流，作为生涯教育参考资料

② 学校各种生涯主题教育活动和学科渗透生涯教育

学校组织家长参与多项生涯教育主题活动，如"相约30年""毕业典礼"等，利用学校的四大节日：读书节、艺术节、科技节、体育节，利用每年为期一个月的四大节日，设计学校"生涯节""生涯周"，围绕各大节日进行爱国主义教育、生命教育、安全教育、传统文化教育等，在对学生进行社会主义核心价值观教育的同时，培育优秀的道德品质、文化素养。家长参与学校活动，并在活动中觉察孩子的才能特长、性格特点等，从生涯觉察、生涯意识、生涯规划等方面指导孩子。

学校通过每年的重阳节、端午节、建军节、母亲节、世界水资源日、联合国世界社会工作日、世界地球日等,组织开展系列活动,如初中部"长大了我就成了你"、小学部"我的中华骄傲"等,设计职业体验实践活动,如职业 Cosplay 秀、萌动小兵走军营、明日精英演讲赛等,这体现了学生生涯教育的全面性和全程性。学校通过各教研组进行融入生涯理念的课堂教学活动,探讨和总结学科渗透生涯教育的优秀教学经验,促进本研究项目的系统化、科学化。

表8-3 校内生涯发展互助体验活动

活动形式	主 要 内 容
主题班会 心理课	目标管理、认识自我(职业兴趣、性格、能力、态度、价值观)、选修组合、经验交流(大学生活、工作状态、技能培养等)、生涯计划、志愿选择等
讲 座	学生层面:理念普及、系统测评、报告解读、经验交流、选科指导、志愿填报指导、生涯目标确定、生涯计划实施等 教师层面:理念普及、学生情况分析、教法指导、生涯目标、计划和内容的确定等 家长层面:理念普及、选课指导、生涯认知能力、志愿选择等
生涯查阅	依托学校机房、图书馆,开设特定生涯信息查询课或阅读课,并举行小型研讨会和学习经验交流会
年级主题活动	创业设计大赛、演讲比赛、职业扮演与体验、职业技能比赛、海报展览、生涯体验周(日)、校园主题日等活动
团体咨询 个别咨询	生涯问题团体辅导、个别咨询等
学科渗透	艺术与人文、健康与体育、健康与心理,社会生活、自然科技、研究性学习综合活动等领域

③ 家长生涯微课堂

从家长方面来说,鼓励和发动家长积极协助学校开展生涯教育活动,运用家长慕课解答家长的困惑,通过微讲座课程发放生涯教育的资料,传递生涯教育的理念,这些都让家长对宏观政策和学校的具体措施有了比较全面的了解,对学生发展状况心中有数。邀请各行各业的家长(如警察、医生、教师、银行职员、理财师、金融师等)到学校对学生进行"家长课堂"授课,展示家长的职业和技能,对学生进行励志教育和启蒙教育。设计如家长通过职业报告、参与学生生涯访谈、提供工作场所以供学生参观、为学生生涯体验提供岗位等大力支持学校生涯教育工作的活动。建立"家长生涯导师"制,建立班级、校级家长资源库,辅助学校开展生涯教育。

④ 构建生涯发展指导系统

整合校内外资源,提高生涯发展指导的实效,探索和形成学校初步生涯发展指导的协同系统。在学校内部,我们构建了中小学生涯发展全方位指导系统,如图 8-9。

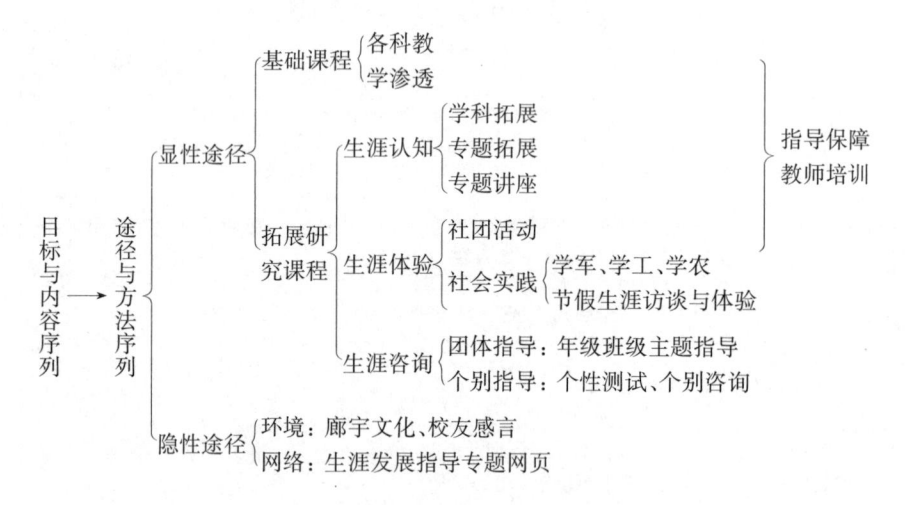

```
目标与内容序列 → 途径与方法序列
├─ 显性途径
│   ├─ 基础课程 ─ 各科教学渗透
│   ├─ 拓展研究课程
│   │   ├─ 生涯认知 ─ 学科拓展 / 专题拓展 / 专题讲座
│   │   ├─ 生涯体验 ─ 社团活动 / 社会实践（学军、学工、学农；节假生涯访谈与体验）
│   │   └─ 生涯咨询 ─ 团体指导：年级班级主题指导 / 个别指导：个性测试、个别咨询
│   └─ 指导保障 教师培训
└─ 隐性途径
    ├─ 环境：廊宇文化、校友感言
    └─ 网络：生涯发展指导专题网页
```

图 8-9　中小学生涯发展全方位指导系统

(2) 家庭层面:丰富拓展"父母成长营"家庭教育公益沙龙内涵

① 建立校级生涯教育家委会,家校合作着力家庭生涯规划的指导研究,家委们参与学校生涯有关活动的策划和组织。榜样的力量是无穷的,学校聘请职业素养较高的企业家、职业精英和成功人士等优秀家长担任各班级"生涯教育导师",引领家长全体聚焦学习生涯教育知识,优化家庭教育的同时有利于生涯外部条件的建设,巩固学校生涯教育的效果。每学期邀请"家长生涯导师"对班级、年级、校级的家长和学生做生涯规划专题讲座,组织家长撰写"教子有方"家庭生涯教育故事和案例比赛。

② 每月组织和开展"父母成长营"校级"家庭教育与生涯规划"系列讲座,邀请区现代家庭教育协会专家和生涯教育专家指导家长用科学、先进的家庭教育

理念和知识对学生进行生涯规划教育。按各年级学生心理特点组织家长进行生涯阅读、学习指导生涯发展规划的策略途径,每月两次沙龙活动后,家长完成学习感悟并进行每月一次网上优秀作业展评和公示,以供全校家长、老师共同探讨和研究,每学期评选优秀家长和学习型家庭。

③ 开发和利用家长资源,创设"家庭公益大联盟"和"阅读领航"的家、校、社"三位一体"的生涯育人一体化模式。指导家长充分结合大虹桥枢纽商务区的地区优势,利用周边知名企业等社会资源以及丰富的家庭资源,与社区联合的志愿者活动和家庭公益计划,让学生在开展生涯教育觉察生涯、体验生涯、规划生涯、发展生涯的同时,培养学生全面核心素养并为未来的职业道德素养、职业技能素养、职业决策素养做准备,真正成为具有责任感、使命感的当代小公民。小学开展"未来之约"亲子职业微体验,初中开展"职场明星"职业访谈、"和父母一起上班"职业体验考察。和社区合作开设"阅读领航"生涯教育项目,按照各年龄段的学生设置从生涯的启蒙、探索、决策过程中"阅读"职场、"阅读"社会、"阅读"人生,帮助学生提升生命品质。组织中小学生开展"我的生涯规划书"小学部绘本大赛、初中部征文大赛。诸翟学校生命树家庭教育工作室、学校德育办、生涯课题组和学校心理教师、NCDP 国际生涯规划师共同负责个性化指导家长进行学生生涯教育的多元化发展,为每个学生的幸福未来奠基。

④ 构建生涯发展的指导系统:家、校、社区协同系统。从系统论角度讲,人类社会有三大教育系统:家庭教育系统、学校教育系统和社会教育系统。三大教育系统是相对独立的,但也会产生系统间的相互联系与作用。中小学的生涯发展离不开家、校、社区教育,社区教育是个大生涯发展指导系统,与家、校生涯发展指导分系统相互联系与作用,产生协同效应,社会各种资源单向协同是指在校指导学生生涯发展,家校是双向协同指导,学校对家长进行生涯发展指导教育的同时,家长也进校协助学校开展生涯发展指导,我们称这一系统为中小学生涯发展协同指导系统,如图 8-10。

3. 家庭教育在生涯规划中的作用及实施途径

有什么样的生涯规划就有什么样的人生,这无论对谁,无论在生涯的哪一个阶段,都是十分重要的,而且应该贯穿始终。家庭教育在孩子们的成长过程中具有至关重要的作用,是对人影响最深的一种终身教育。原生家庭对一个人

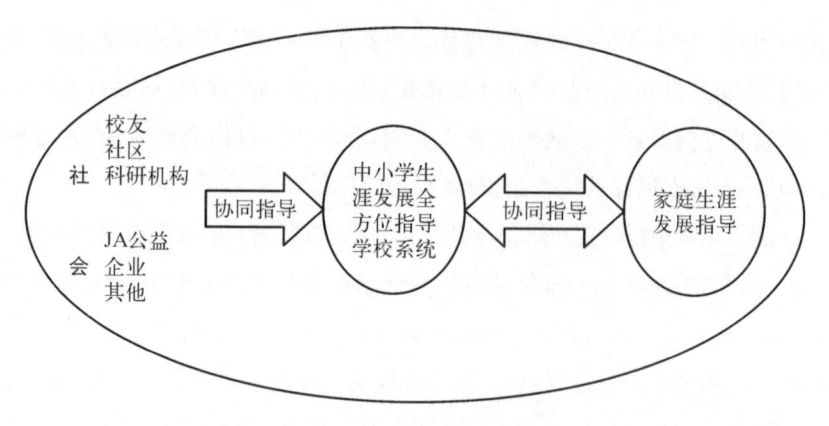

图 8-10　中小学生涯发展协同指导系统

的影响是方方面面的，家长是孩子的第一任老师，也是最重要的老师，尤其是在孩子的人生规划、品格塑造、品行养成和生活状态方面，都直接或间接地影响着孩子的生涯规划。在当今日益多元化的现实世界里，在当前日益尊重个体及其选择的时代中，家长有必要开始考虑并规划孩子未来的职业生涯，必须为孩子的终身发展出谋划策。然而，许多家长在家庭教育中遇到诸多问题和障碍，孩子对自己的生涯规划也充满未知和压力，推广和普及家庭教育知识成了迫切的社会需求，作为学校责无旁贷。

职业启蒙教育从家长做起。现代人从事职业的普遍化，无形中为家庭赋予了职业启蒙教育的功能，且家庭生活自然、持久，又使其成为对儿童进行职业启蒙教育的绝佳场所。在家庭生活中，家长作为孩子的主要互动对象，其职业态度、情感、体验等会很自然地传递给孩子，只要用心，职业启蒙教育可以从婴儿期开始，以润物细无声的方式生活细节中。

(1) 把握教育契机

家长应该抓住生活中的教育契机，尽早对孩子进行职业启蒙教育。生活中处处充满着进行职业启蒙教育的素材，家长自身的职业，孩子接触到的各类书籍、影像、绘本，孩子的日常生活见闻，都是潜在教材。孩子通过这些素材接触到相关职业信息的时候，就是家长对其进行职业启蒙教育的绝佳机会。

(2) 丰富职业知识

对孩子的职业启蒙教育要以一定的职业知识为基础，家长可以详尽地搜集各种职业信息,帮助孩子构建一个饱满、全面的职业知识体系。职业知识包括职业的种类、分类、作用、范畴、意义等方面,家长应尽可能帮助孩子将职业知识细化,尽量充实孩子的职业知识体系,丰富孩子对于各种职业的认知和想象,为其将来进行学业或职业选择提供预案。

(3) 传递正面职业价值

家长对于职业的价值定位会在无形中影响孩子对职业的价值理念,因此家长应保持理性,向孩子传递正面的职业价值观。职业只有分工不同,而无贵贱之分,家长要树立正确的职业观,向孩子传递正向的职业价值理念,引导孩子从儿时就树立正能量的职业价值理念,认识到劳动的尊严与美好,认识到任何职业都有其价值所在,无论做什么工作,其价值都在于为社会作出贡献、帮助他人、成就自己,并且获得一定的报酬满足自己的生活所需。

(4) 呵护职业梦想

家长在引导孩子认识职业、定位职业价值的同时,要细心呵护孩子对于职业的憧憬和梦想。家长对自身工作有良好的反馈——如责任感、成就感、幸福感等,或对本职工作充满热情,常常表现出满足、感恩,那么孩子也会自然而然地对这类工作产生美好的印象,并且期待自己能够获得跟父母一样的职业体验。家长在陪伴孩子成长的过程中,要留意自身对于本职工作的言行反馈,避免渲染负面职业情绪,呵护孩子的职业梦想。

(5) 丰富职业体验

关乎职业的实践体验不但能使儿童获得鲜活的职业知识,更能加深儿童对相关职业的理解,获得职业经验,使儿童职业启蒙教育从平面印象或干瘪知识走向深入、丰满的真实经验。家长可以根据孩子的自身特点,为他们提供类似职业体验的实践活动和角色扮演的游戏活动,这些能够帮助儿童在模拟的职业场景中得到生动的启蒙教育。

家庭作为人类生活时间最为长久、最为自然的环境,是进行儿童职业启蒙教育的重要场域。良好的职业启蒙教育能够帮助儿童树立正确的职业观,这些早期的努力对于儿童日后求学选择专业和进入社会后选择职业均有裨益。家长应当从自身做起,努力当好孩子的第一任职业启蒙教育老师,为孩子日后的职业成长助力。

四、建设可持续发展的新型家校关系的创新发展

（一）以课题为引领，不断提升家庭教育研究的能力

"父母成长营"为学校实现家校共育搭建了一个和谐、多元、开放、有效的平台，同时成功构建了新时代背景下本土化的家校生态共同体。通过构建"菜单式"微型课程使家长沙龙指导更加系统化、系列化、结构化，进一步提升学校 2018 年度上海市"十三五"家庭教育重点课题研究的科学性和可操作性。近年来，学校通过家庭教育工作室和全体教师的实践积累了大量案例，同时通过定期的班主任和教师培训，以科研为引领，以研促教，组织撰写家庭教育系列案例和论文，提升教师指导家长家庭教育的能力，形成基于校情的典型经验，有提炼、有总结、有成果，获得市级、区级的荣誉。为了使老师们和课题组成员有效地为家长提供更优质的指导与服务，学校顶层设计构建了课题组成员的培养框架——"CREATE"技能框架。具体如表 8-4 所示。

表 8-4　诸翟学校家庭教育指导课题组成员"CREATE"技能框架

核心技能	沟通 Communication	与他人联结 Relating to people	进取心 Enterprise	应用 Applied	思考 Thinking	情绪智力 Emotional Intelligence
定义	可以通过多种方法与学校领导、教师、家长、学生等多方进行有效沟通	在一系列情境下，都能较为准确地理解他人，并成功地与他人互动	富有创造力，且有动机和技能去发现机会并作出反应	能理解所学知识和技能，并将其有效地应用于众多领域	能独立建立联系，处理信息，从而做出理性判断，并解决问题	能理解自身与他人的情形，并能管理好情形，以有效且积极的方式引导情绪
技能领域	解释	合作	创造	家庭与关系	研究	解读自我
	表达	谈判	计划	家庭教育指导	分析	管理自我
	展示	责任	执行	家庭咨询与治疗	建构	解读他人
			反思	更宽广的世界	决策制定	管理他人

（二）创新和发展现代家校合作的模式

20世纪80—90年代的家校合作，一般是以学校为主导、家庭为主体，学校指导家庭，教师教育家长，在合作过程中家长被动多于主动，更多的时候是"教师讲、家长听"。现代家校合作经历了从单一到多元再到综合的过程，过去是教师讲、家长听，能否听得懂是家长的事情，现在是教师和家长一起来交流。家校合作也由过去的单向交流模式，转为家庭、学校、社区的合作模式，家庭、学校、社区三大教育体系融为一体，各个要素有机联合，创新家校合作的模式是时代的要求。

现代家校合作还要求学校转变角色，由原来的指导模式转为服务模式，通过服务模式全方位地关注孩子的成长。首先，学校要在学生学会学习上服务，不仅关注学生对知识的学习，还关注学生学习能力的成长。其次，学校要关注每个学生生命个体的成长，即关注学生成长过程中遇到的每一个问题，不仅有学习上的问题，还有道德、心理上的问题。再次，学校要关注家长和孩子的共同学习和共同成长，要为每个家庭找到成长的"最近发展区"，让每个家庭形成共同学习的良好氛围，创建学习型家庭。学校在家校合作上做了多方面的探索，如：从九年一贯制学校角度将家庭教育的指导工作和活动课程化，开设了选择性、模块化的"父母成长营"家长学校课程；实行了家长督学制，学校向所有的家长敞开大门，欢迎家长参与学校的管理并对学校进行监督；倡导教师积极参与家庭教育指导的义工活动；注重家校合作中的多元沟通，不仅倡导教师和孩子的沟通，家长和孩子的沟通，教师和家长的沟通，还要倡导家长与家长的沟通，教师与教师的沟通，孩子与孩子的沟通，充分利用现代信息技术使各种沟通网络化、虚拟化。

（三）赋予家委会新的内涵

家委会由单一的家校联系纽带，逐步变成了家庭教育的智囊、学校教育的伙伴、家校互动的枢纽，其领导力、策划力、

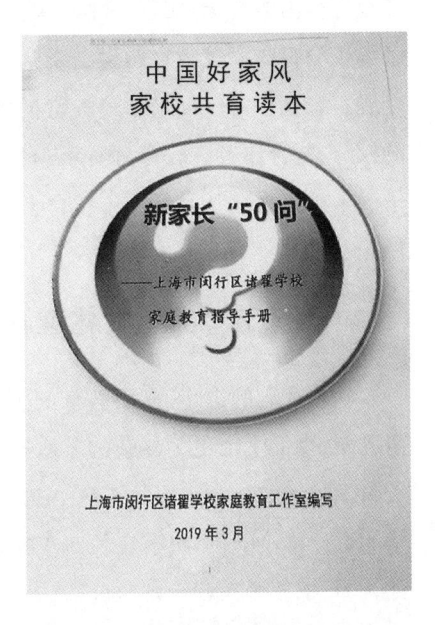

图8-11 诸翟学校家庭教育手册封面

第八章 基于文化理解的家校关系的建立

执行力不断增强。他们"把参与学校管理当成事业来做",受到全校家长的高度评价。在家委会的带领下,班级和年级家长组织举办了丰富多样、有价值的教育活动,得到广大家长们的积极支持。家长不再仅仅是学校教育的支持者、配合者,也成为学校教育积极的参与者、合作者。

综上所述,结合笔者近几年的教育实践研究,围绕学校"以人为本,合作发展"的办学理念,积极开展以"家校研讨会"为主线的行动研究,因地制宜,优化学校内外的教育环境,促进家校、师生教育关系的和谐发展;构建家校理解和沟通的桥梁,发挥家校双方的积极性,进一步促进班级的管理与建设,为学生创设良好的教育环境,促进学生的身心健康发展,取得教育的最大效应。合作互动的现代家校教育共同体在学校教育中日益彰显出生机与活力,成为优化教育生态、推动学校发展、促进家长和师生成长的一支重要教育力量,信任、沟通、合作,成为家庭教育与学校教育互动、互补的不竭动力和源泉。在学校和家庭的通力合作以及家校双方的共同努力下,通过课题引领的实验研究使学校班风、学风、校风有较大改观,学生爱校、守纪、文明、勤学,为学生健康发展奠定坚实的基础,同时也提升了家长家庭教育的指导能力;唤醒了家长教育责任的回归和教育行为的自觉,实现了家长关系由学校"单向作用"转向"互动合作",推动了学校教育与家庭教育的融会贯通、优势互补,激发了孩子的成长自信与主动发展。家长不再仅仅是学校教育的支持者、配合者,而且成为了学校教育积极的参与者、合作者。教育,源于责任,始于心动,成于行动和执着。为每一个孩子的幸福未来奠基是每一位教育者的职责!

第三节 具有文化理解特征的家校关系的成功案例

随着社会的进步,素质教育的发展,多元文化背景下产生了多元的教育价值取向,也催生出更为复杂的矛盾冲突。当下家长圈弥漫着焦虑,家庭之间、家长与学校间的冲突也屡见不鲜。这些表现主要一方面是家长过度地将教育孩子的责任推给学校,很多家长对于家庭教育也缺乏正确的认识。这部分家长往往认为,把孩子送到学校,自己就完成了任务,学生的学习和成长应该全部由学校负责,教育任务应该都是学校和老师的,因此对孩子在学校的情况没有给予必要的关注,这些与家长的教育观念和格局有很大关系,也是很多家长的教育理念和方法存在的误区。另一方面,个别学校和老师也在同样的程度上存在类似看法。老师也觉得教育学生是自己的责任,家长只要进行适当的监督就可以了,家长能起到的作用比较小。事实上这种观念是错误的,很不利于学生的健康发展。家校合作可以从全方位对学生进行教育,使得学校和家庭的教育具有连贯性,齐心协力为学生的教育努力。

【案例回放1】弱化"拼爹思想",构建良性教育生态

家长委员会建设对于发挥家长作用,促进家校合作,优化育人环境,建设现代学校制度具有重要意义。学校已实行聘任上岗,开设新时代家长委员会工作室。在初中部家委会推选前期,我收到了部分家长的联系,为能入选家委,部分家长晒出自身高学历、强调工作环境,更有甚者直接在家长群中高调宣扬非富即贵的家境,以提高竞争优势,致使家校关系变得紧密又脆弱。

面对此类现象,我第一时间对家长的积极态度表示赞扬。另一方面,考虑到教育公平是社会公平的底线,我相信这也是大家普遍认同的道理,故绝不能纵容"权贵化""拼爹思想"向教育界蔓延渗透。我积极寻求学校德育骨干教师的帮助,以求合理解决问题。之后,学校对家长委员会成员任命机制做进一步解读和公示,明确家长委员会成员任命条件:具有正确的教育观念,热心学校教育工作,富有志愿服务精神;具有一定的组织管理和协调能力,善于听取各方面的意见,责任心强,办事公道,能赢得广大家长的信任;身心健康,有时间和精力参与家长委员会工作,满足以上条件者由全班家长投票选举产生。而后邀请家委会代表积极参与学校的中小学家委培训会,了解自身权利与义务,进一步发挥家长委员会的协力作用。

【案例分析】

随着构建社会主义和谐社会观念的深入以及素质教育的发展,教育价值取向也呈现多元化特征。相信"知识可以改变命运"鼓舞着不少人为实现理想而终生奋斗,但是"拼爹"一族的出现则浇灭了不少人的斗志。网络上不少人表示,不愿生"穷三代",理由是"穷二代"的孩子从一开始就输在起跑线上,可以看出,家长的心态已然焦虑万分。如若这部分人的需求得不到重视,势必会引发一系列家校矛盾,导致秩序混乱。

在马克思的社会公平观里,教育公平包括教育起点、教育机会、教育过程和教育结果的平等。可以说,教育公平既是社会公平的组成部分,也是实现社会公平的重要手段和途径。故适当削弱"拼爹族"对家长委员会抛出的"橄榄枝"是有必要的,我们需加强重视。

从教育生态系统的动态平衡观点来看,一所学校应该是一个自组织系统,即当环境发生不确定的变化时,它能通过自动调整形成新的有序组织结构和行为模式,从而达到预期目标。教育生态平衡和良性循环观念有助于学校保持稳步的发展。

【案例回放2】阳光普照进"被遗忘的角落"

我任教班级中有一个女孩叫熙熙,性格活泼可爱,听话懂事;但是学习成绩在班里属于中等水平。期中测试,熙熙的成绩也不出所料稳定在中游。

学校为解读中考政策要召开家长会。就在家长会前三天,我接到了熙熙母亲的来电,表示无故请个假,参加不参加家长会本身其实没有那么重要。可问题是,最近熙熙没有之前那么活跃了,总是默默地坐在座位上,用那双圆圆的眼睛时不时看看我,想和我沟通又不靠近。这引起了我的重视和思考。

我放下手头的事,联系到熙熙母亲,准备下班后进行家访。看到我忙得都顾不上休息,熙熙母亲终于敞开心扉,娓娓道来。熙熙母亲对多数家长抱有的望子成龙、望女成凤的愿望有异议,她认为希望不等于结果,所以努力克服心理上的焦虑,并不要求女儿"德才兼备",只希望熙熙能成为一个创造幸福的人。许多家长因为心急、面子或者其他原因而互相攀比成绩。但是熙熙母亲却不是,她为了保持一个健康的心态,避免和其他家长进行攀比,所以选择不参与家长会,进而引发了此次事件。随后,我又从熙熙方面了解到她的顾虑,母亲不来参加家长会使她感觉自己被遗忘了,心里很难受。在安抚熙熙的情绪后,我和熙熙母亲做了进一步沟通,得到了她的认可。

首先,要让熙熙母亲了解到孩子成绩不能出类拔萃是因为熙熙在数学学科上有基础知识的漏洞,迁移能力有所欠缺,学习方法上有待改善且提升成绩的空间非常大。其次,针对熙熙的苦读方式,指导学习方法。最重要的一点,今后我们双方需更加重视熙熙的成长,做到多倾听孩子的心声,充分挖掘孩子的特长,比如熙熙拉丁舞跳得特别出彩,我们可以结合她的优势,再制定一些稳步前进的目标,后续更要保有及时的家校沟通联系。

通过双方教育力量的协调,我很庆幸,熙熙母亲最终还是参加了家长会。熙熙也没有因为生活上的困扰而徘徊,在期末测试中,她取得了进步。再次见到熙熙母亲,是她来接孩子放学时,她对着我绽放出神采,熙熙也逐渐离开了那个被遗忘的角落,多次主动报名参与到学校活动中。

【案例分析】

每个孩子都希望成为老师眼中的骄子,父母心中的宠儿。由于现行教育观念的影响,老师往往忽视中等生的教育,只顾"两头生",对优等生是如获至宝,对潜力生则是恨铁不成钢,但是对于多数在稳定区域的中等生却寡于过问,形成一种"橄榄型"的格局特征。中等生如同藏于叶后的青涩果实,他们也需要阳光和温暖,需要雨露的滋润。班主任需要给这个被遗忘的角落以特别的关注,并大力促进学校和家庭的双方力量,给予他们更多关注和支持,让学生的心灵充满阳光,远离边缘化,回归到学习生活中不断努力,积极进取并熠熠生辉。

在家校合作过程中,家长和教师在教育孩子的观念上是有冲突的,看待孩子的角度往往也是不同的。正因为这些观念、看法上的冲突和碰撞,才让家长和教师从陌生开始走向了解。冲突也是一种交流方式,有交流才能开展合作。在教育孩子的问题上,家长和老师是平等的,都有各自的优势。学校要想在家校合作中发挥主导作用,就必须不断反思和发展自身,让家校合作得到更好的发展。

【案例回放3】引导化解家长朋友圈"情绪化"问题

生活中我们会碰到很多问题,解决问题的第一步是要敢于承认错误;而多数人往往迂回逃避,选择抱怨。随着信息时代的发展,朋友圈给了大家一个畅所欲言的平台。

某日放学后,我关注到班级学生末末家长的朋友圈出现这样一则图文动态,其大致内容是:语文老师这么批阅作文是否合理?我的朋友也是教师,指出我家孩子作文审题并没有太大偏差,为什么会被扣这么多分?家长的言语之间充满着对学科老师的不信任。作为班主任,我随即介入到此次事件中,联系到科任教师,了解事情经过,并具体询问了学生平时的学习情况。

经过前期充分准备,我联系到末末母亲,表示理解她的表达和朋友圈发言是心疼孩子,这样的情绪是可以被理解的。她也开诚布公,我很欣慰的是,此时此刻的家长信任我,在我面前放下防备,道出了生活中碰到的困难(非教育问题引起),而学科老师严格的要求让她误会是自己的孩子在学校出了问题,就恰好成为一个宣泄自己压抑很久的情绪的导火索。

随后,我实事求是地将科任老师的教学能力、教学态度、往年教学取得的成绩告知家长,请家长放心,老师并没有不公平地对待学生。我也和她沟通,希望她能理解,教育不仅是学校老师的职责,家长也有责任。最后,要求家长必须和老师保有基本沟通,老师知道孩子在家里的学习、生活等情况,家长知道孩子在校的表现情况,这样双方才能"齐抓共管"。

在后续交流中,我邀请过末末家长来校参观,与科任老师面对面交流促谈。实际上,家长对学校工作了解得越多,认可度就越高,信任度、满意度也就越高,学校的口碑就越好。这种口碑是任何招生广告都无法比拟的学校发展的资源。

经过一段时间的辅导与沟通联系,末末的学习态度较以往更加认真,学习成绩有所提高,家长也积极配合学校教育。末末的家长时常关心孩子的学习情况,也对之前情绪化的言论作出解释,老师和家长双方对此次事件也已释怀。

【案例分析】

苏州大学马忠虎博士在《家校合作》一书中认为,家校合作是家庭和学校两大教育主体相互支持、共同努力,携手对学生进行教育的过程。这个过程中,学校和家长都可以从彼此身上能得到更多的支持和指导,是两个教育机构的相互作用。学者黄河清认为,人才的培养目标的实现必须建立在家庭和学校两者通力合作的基础上。

沟通是一门学问，也是一门艺术。在与家长的沟通过程中，了解家长的心理，根据沟通对象的不同情况，以真诚的态度，运用灵活的沟通技巧，采取正式和非正式的多种沟通方式，才能收到良好的效果。

【案例回放4】建设温馨"家园"，家校共促学生全面发展

在社会环境日益复杂的市场经济条件下，单纯的学校教育远远不能满足众多学生身心健康发展的需要，学校必须与家庭、社会携起手来，构架学校、家庭和社会的育人网络。

我利用家访、电话、校讯通与家长保持联系，及时反映学生在校情况，了解学生校外动态，共同帮助学生改正不良习惯和错误，解决其在学习和生活中的困难，共同做好问题学生的转化工作。

辉辉的爸爸妈妈希望他性格活泼，热情大方地和同学们相处。在校，辉辉很爱运动，操场是他最爱的地方。开放性器材栏上的每件东西，他都可以一一地玩个遍，但是常常是哪里玩了哪里扔。他很调皮，比如在排队集合的时候，大家喊着号子"一二一"一起往前走时，他会一蹦一跳往前走，站旁边的孩子就主动远离他。多数孩子和家长对他有意见，常常有孩子和家长向我反映他对其他小朋友动手。他的爸爸妈妈也常收到其他家长和小朋友的投诉，甚至有些家长要求他调班或转校。

然而，辉辉也有另外一面。有一次，辉辉玩石头砸了隔壁班上一名同学的头，当他看到闻讯赶来的妈妈一边忙着张罗送同学去医院，一边掉着眼泪跟同学家长道歉赔不是，辉辉的眼泪也止不住地掉了下来，既悔恨交加又手足无措。

还有一次，班上组织体检活动，辉辉一会儿帮助同学填表，一会儿帮忙维持队伍秩序。通过家访，我了解到辉辉家庭条件比较好，但父母工作很忙，辉辉的日常生活主要由奶奶照顾。一遇到节假日，父母出于"补偿"考虑，都会带他外出旅游、参观展览或是参加活动，以为只要他"开心就好"。所以，辉辉思维活跃、性格外向，善良有爱心，但不注重生活细节、不太会与他人相处。

掌握了这些信息，我们针对性地开展了家校共育。一是帮助辉辉父母调整家庭教育方式。我收集一些育儿注意点、幼儿成长特点规律等知识，利用家校联系平台、校讯通等渠道,分享给家长,帮助家长纠正日常教育中的一些误区,并每周与家长进行一次电话联系,共同商讨引导教育的方法。二是帮助大家调整认识辉辉的视角。利用家长会、节日活动等时机,及时向全班同学和家长介绍辉辉的"另一面",让大家认识一个"全面"的辉辉,在辉辉生日那天,我们组织全班同学在放学时,为他唱生日歌。三是加强日常培养锻炼。采取让辉辉代表全班参加体育比赛,当班级旗手、维护活动秩序等办法,启发他的自我教育,增强他的自信心。一段时间下来,辉辉只要发现班级共用书架乱了后,都会主动地把它收拾得非常整齐,时常在放学后主动留下来帮助值日生打扫教室卫生。四是加强文化熏陶。我把辉辉安排为"感恩教育主题班会"的演讲者;征集"家风家训",让他来宣读自己的家风家训,并且做详细的讲解。与此同时,我也注重培养班级互相关爱、团结向上的班风。

一个学期下来,辉辉再也不是那个不受欢迎的小野马,而是被全票推选为"美言美行"的优秀学生了。

【案例分析】

这个例子说明,父母的关爱、良好的家庭环境和教育对青少年个性的健康发展起着无法替代的作用。但是,这些孩子们由于父母长时间不在身边,家庭的"缺位"使其无法享受到正常的亲情关爱,生活中的烦恼无法向亲人倾诉,成长中的困惑无法得到父母的正确引导和鼓励。久而久之,他们会逐渐形成无助感、失落感和被遗弃感,这严重影响着留守子女心理的健康成长,造成他们性格内向、孤僻、自卑、不合群、不善于与人交流、性格脆弱、脾气暴躁、冲动易怒等。

教育应育人为善。教育的效果在于学校和家庭的教育影响的一致性。在本案例中,结合自身班级建设与管理的经验,笔者主张家校之间应建立平等、民主、和谐、融洽的对话关系,在班级文化建设中应积极引入家庭教育资源,使之与学校教育相辅相成、自然融合,成为引领学生健康成长的精神家园,激发学生不断求真、向善、崇美的精神动力。

在开展家校合作的过程中,我们曾经历了唱"独角戏"的尴尬,也遭遇了被家长冷落的困惑。所幸,我们寻找到了一条适合学校发展的家校互动之路,那就是本着让每一个孩子发展的理念,真心诚意地和家长交流探讨,从而唤起家长主动合作的意识和行动。我们看到了父母在当下环境中对教育的焦虑,我们也将尽可能地通过家校合作,通过家长沙龙与家长们一起努力,成为孩子需要的同行人。

第九章　基于文化理解的学校空间文化建设

理想的校园中,每个空间都有育人功能。从文化理解的角度来看,校园空间承载着物与物、人与物、人与人的建构关系,是师生共同成长的见证者与参与者;而学校空间文化建设,就是要让空间有张力,让场域有文化,让环境有温度,丰富学生的学习场景,打造师生共同成长的舞台。所以,建设积极的、审美的、为学生所悦纳的学校空间文化,来影响学生的文化图式,促进学生健康成长,是学校教育的重要组成部分。如何建设基于文化理解的学校优质空间文化？我们将从文化理解的角度阐述学校空间的育人价值与方法策略,并以上海市金杨中学、华漕中学和松江区新桥中学等学校的具体做法为例加以解说。

第一节　学校空间文化的内涵与作用

"学校是一个人度过其童年和青年大部分时光的场所,他将在其一生中永葆并珍藏这份记忆。学校并非一个暂用之地,而更像是供一个人享受的空间。"从这个意义上来说,校园文化环境的创造对整体校园文化乃至青少年的心理成长都起着至关重要的作用。

一、学校空间文化的内涵

空间,是与时间相对的一种物质客观存在形式,但两者密不可分。按照宇宙大爆炸理论,奇点爆炸之后,宇宙的状态由初始的"一"分裂开来,从而有了不同的存在形式、运动状态等差异,物与物的位置差异度量被称为"空间",位置的变化则由"时间"度量。空间由长度、宽度、高度、大小表现出来,通常指四方上下。空间有宇宙空间、网络空间、思想空间、数字空间、物理空间等,这些都属于空间的范畴。空间在地理学与天文学中指地球表面的一部分,有绝对空间与相对空间之分。空间由不同的线组成,线组成不同形状,线内便是空间。空间是一个相对概念,构成了事物的抽象概念,事物的抽象概念是参照于空间存在的。

所以,学校空间是物理空间范畴,是地球表面一个绝对空间,由在这个范围内的物质的长度、宽度、高度、大小,以及相互之间的位置关系所组成,是一种物质客观存在形式。具体来说,学校空间通常由基本的学校设施设备、教育教学用品、空间装饰物品和设计的空间痕迹、校园内的不同人群活动等构成,即校园内的所有事物的总和。学校空间内部构成因素繁多,各种构成学校空间的物品在体积、性质、状态上差异非常大,而且不同物品的更新周期、受社会发展的影响程度都有很大的不同。按照各种空间构成基本形态的不同以及人们对这类学校空间觉察程度的差别,我们可将其区分为三部分:固定空间、半固定空间和不定空间,这三个部分的学校空间有其不同的内涵和外延,表现出各自相对独立的形态特征,如表9-1所示。

表9-1 学校空间不同构成的内涵与外延

类别	内涵	外延
固定空间	不能随意变动	土地(范围、大小、位置);建筑(设计、施工、使用与反馈)
半固定空间	可以调整和变动	空间命名调配;各种可移动的器具(行政、教学、生活)
不定空间	处于不断变动中	身体与物体、身体与身体的空间关系

《易经·贲卦象传》中提到:"刚柔交错,天文也;文明以止,人文也。观乎天文,以察时变,观乎人文,以化成天下。"这是"文化"一词的最早渊源。文化的哲学定义是:文化是相对于经济、政治而言的人类全部精神活动及其产品。但人类传统观念认为,文化是一种社会现象,它是由人类长期创造形成的产物,同时又是一种历史现象,是人类社会与历史的积淀物。确切地说,文化是凝结在物质之中又游离于物质之外的,能够被传承和传播的国家或民族的思维方式、价值观念、生活方式、行为规范、艺术文化、科学技术等,它是人类相互之间进行交流的普遍认可的一种能够传承的意识形态,是对客观世界感性上的知识与经验

的升华。

文化是人类在不断认识自我、改造自我的过程中,在不断认识自然、改造自然的过程中,所创造的并获得人们共同认可和使用的符号(以文字为主、以图像为辅)与声音(语言为主,音韵、音符为辅)的体系总和。用更简炼的文字表达,则可缩写为:文化是语言和文字的总和。我们也可以称之为社会团体共同的思维特征。不管"文化"有多少定义,但有一点还是很明确的,即文化的核心问题是人。有人才能创造文化,文化是人类智慧和创造力的体现,不同种族、不同民族的人创造了不同的文化。人创造了文化,也享受文化,同时也受约束于文化,最终又要不断地改造文化。我们都是文化的创造者,又是文化的享受者和改造者。人虽然要受文化的约束,但人在文化中永远是主动的。没有人的主动创造,文化便失去了光彩,失去了活力,甚至失去了生命。我们了解和研究文化,其实主要是观察和研究人的创造思想、创造行为、创造心理、创造手段及其最后成果。

综上所述,可以给"学校空间文化"下一个操作性定义:学校空间文化是指学校教师和学生在校园这个物质空间内,以教育活动发生为目的共同创造的一切物质和精神活动的总和,包括固定的校园围墙、教学楼、操场、校内道路、绿化等,半固定的教室布置、实验室、图书馆、体育活动设施等,非固定的学校规章制度、班级班规、教师的教育教学活动、学生的学习活动等。

二、学校空间文化的作用

空间文化是学校文化的重要组成部分,是学校制度文化和精神文化的载体。它不仅很好地展示出学校的形象和气质,同时也对全校师生进行无声的熏陶,具有强大的隐性育人功能。换句话说,学校空间文化建设得好,就会为每一处建筑、每一面墙、每一座雕塑、每一棵树都赋予一种活的灵魂,发挥无声的育人作用。

学校空间文化主要是从空间文化的视角去分析和解读校园文化,从宏观上讲,包括校园建筑布局分配的长期规划,对历史建筑的保存与合理利用等方面的内容。从微观上讲,包括校园每一个细小角落的布置利用,花草树木的培育,以及教室内部的设计,教室走廊的壁画设计,还有实验室空间设计等诸多方面的内容。它不是从单一的维度去认识和理解学校文化，而是从多维度出发，去看待我们学校文化校园空间的分配利用情况，可以很好地体现一所学校的办学理念，呈现一所学校的精神氛围，展现一所学校的学术氛围以及学校的人文环境。

文化，说到底是人群体性活动的表现。对于特定地域、特定人文历史背景的学校环境设计，可以而且应该表现其建筑或场地的独有品质、或者一种特别的精神，还可以表现建筑师对建筑、社会、历史、宇宙的个性化理解，以及对民族文化的诠释。

第二节 学校空间文化建设的构成与策略

学校空间文化建设，首先应该梳理并确立办学理念、育人目标这样一些核心价值，并使之物化成为学校空间文化的醒目标志，从而彰显师生的共同价值追求。在此基础上，再鼓励班级、团队创生自己的个性文化，形成自己的文化特色。这样既能在动态层面建构学校的文化图式，又能以丰富多样的方式影响学生的文化图式，使其朝着教育目标的方向成长。

一、学校空间文化建设的构成

学校空间文化主要由校园空间文化、办公室（教师和行政）空间文化、班级教室空间文化、图书馆空间文化和实验活动室空间文化等部分构成。

1. 校园空间文化

校园空间文化主要指学校的校园空间整体规划与利用，包括学校的校园建筑格局风格，各个建筑群的占用空间大小，以及道路的铺设状况、绿化面积、校园雕塑、壁画长廊等方面所表现出来的学校的文化品位。它主要是学校的公共空间文化，是学校精神、校风、校纪的载体。现代校园空间文化还具有其独特性，例如校园的绿化、净化、美化以及道路的硬化，在一些大城市还因交通原因，需要为教职工设置停车的空间等。校园空间文化还有南方和北方的差异，例如在建筑风格、校园树木方面各有特色，南方的水杉给校园增添了天然的绿色屏障，等等。

2. 办公室空间文化

办公室空间文化，主要包括教师办公室空间文化和行政办公室文化。教师的办公室是教师备课、休息和对学生进行个别教育的场所，许多学校采用集体备课的教研室制，便于教师的资源共享与思想交流，但这样一来，就缺少了对学生进行个别指导和思想教育的私人办公空间。私人办公空间有助于保护学生的自尊心和隐私权，而且在小的空间环境中，学生容易与教师产生亲近感，更愿意进行思想上的真诚交流与对话。当然，集体办公室也能体现学科的特性，如语文教研组放一些墨宝字画，以凸显文学魅力，外语组挂一些有西方特色的有教育意义的英文格言和图片故事等。目前我国大多数学生存在着对教师办公室的畏惧心理，可能是因为教师的办公室没有给学生亲切感和亲和力，甚至没有学生的立锥之地。通常情况下，"到办公室来一趟"成了对学生批评、惩罚的代名词。行政办公室，主要包括校长室、副校长室、教导处、德育处、会议室等，要根据不同的行政岗位进行空间文化的布置，例如校长的办公室空间文化要体现一个校长的办学理念，它要表现出一个教育家的文化品位与追求。

3. 班级教室空间文化

班级教室是学校教学活动的主要场所，是学生最主要的生活空间。我国由于在校生多而教室有限，所以生均空间很小，多采用秧田式的课桌摆放方式，教室里就自然会出现一些边角区，坐在那里的学生很容易被教师遗忘。有些中小学就采用轮流换位制度，以此尽可能地保证每个学生都有机会坐在中心，体现相对公平的原则。在实施小班化教学的学校，也有采用圆桌会议式或U形的课桌摆放方式，这就表现了不同的教育理念。秧田式便于班级的管理和讲授式的课堂，而圆桌型强调学生的参与与平等讨论的意识，不能笼统地说哪一种课桌摆放方式更为优越与先进，而是要根据具体的教学需要来设计。教室的墙面文化、学习园地，还有班级共享都会让学生参与并感受到自己的重要性，同时也会让他们学会竞争、合作与分享，从精神层面拓展他们的生活学习空间。

4. 图书馆空间文化

图书馆是教室之外另一个重要的学习场所，它的空间文化对师生来说极为重要。图书馆的阅览室要有足够的空间，要光线好、通风、温度适宜，而且要座位充足,让每个读者都有位置可以坐下来品味阅读的快乐。窗台上还要摆放一些绿色植物,让阅读疲倦的人眼睛可以得到暂时的放松与休息。图书馆的数字化、信息化极大地拓展了图书馆的空间,学生可以在任何时候,任何地点利用互联网搜索到想看的图书资料信息,非常方便简易。图书馆还要注意空间分区,图书馆不仅要有安静的阅览室,还要有讨论的区域,供同学们自习、思想交流。图书馆的空间一般分为两个部分:一部分提供资源,满足人们阅览期刊、资料的需要;另一部分就是提供学习的场所,学生在这里可进行自由讨论,即"讨论区",读者可以在这里交流思想,许多宝贵的思想都是在这种自由交流中产生的。

5. 实验活动室空间文化

实验活动室主要是包括物理试验室、化学试验室,还有专用的活动室,例如美术活动室、书法活动室、科技活动室、音乐活动室、舞蹈活动室等。实验室和专用的活动室的空间文化既有相同之处,又有不同要求,相同之处就是都要有使用的规章制度、桌椅等硬件设置;不同要求主要是功能不同,实验室重视操作台、实验器材、实验材料的布置,还有实验步骤和操作的规范,而专用活动室更重视环境氛围的布置,例如书法活动室就要有笔墨纸砚、优秀书法作品展示;音乐活动室需要配备钢琴等乐器、音乐家展板;舞蹈活动室必备大面的镜子和扶手栏杆、休息区等。

二、学校空间文化建设的策略

学校建筑、花园、教室等物质环境状态,虽然只是一种表层文化形态,但也是深层(核心)文化(师生的文化气质、精神追求等文化形态)、中层文化(文字、语言、制度等文化形态)的外在表现形态。

学校空间文化是一个学校精神风貌的体现,为了推动学校持续发展,要重视学校空间文化建设。相比那些预先进行空间文化顶层设计的新建学校,更具现实意义的是对现有校园进行空间文化改造,即通过理念塑造、功能改造、审美创造、生态营造,来建设以学习者为中心的、促进师生共同成长的校园文化空间。下面以上海市金杨中学为例,基于文化理解,讨论学校空间文化再造及其对学生成长、教师发展与学校发展产生的作用与影响。

1. 以社会主义核心价值观为主要方向：核心价值与个性特色

随着改革开放的发展，越来越多的思想不断涌入社会主义市场经济发展的大潮中，各种思想纷繁复杂。学校作为为国家培养人才的地方，应该对当前的社会文化建设起引导性作用。为了让多种思想文化汇集为和谐健康的文化，就要坚守社会主义核心价值观，用社会主义核心价值观的内容去引导学校校园文化的建设，而且要将其与学生的日常生活相结合，让学生自觉地把社会主义核心价值观作为自己的正确价值追求。将社会主义核心价值观和校园文化建设相结合，让社会主义核心价值观成为广大师生的主导意识和精神支撑，师生同心协力共同推动学校的健康发展。

2018年11月，上海市金杨中学制订四年发展规划《培育核心素养，打造生态学校》，从文化角度重新梳理办学理念，提出"像树一样成长"的校训、"因材施教"的教风、"实事求是"的学风、"贵和尚中"的校风，聚焦核心素养，实施全人教育，致力于将学生培养成像树一样全面发展、和谐发展、终身发展的人。学校在人与自己、人与他人、人与自然、人与世界的四种关系中定位核心素养，把教育部发布的"中国学生发展核心素养"校本化表达为"人文精神＋科学素养、自主能力＋公民意识、民族灵魂＋国际视野"，实施"三维度六素养"的"树魂立根"工程，如图9-1所示。

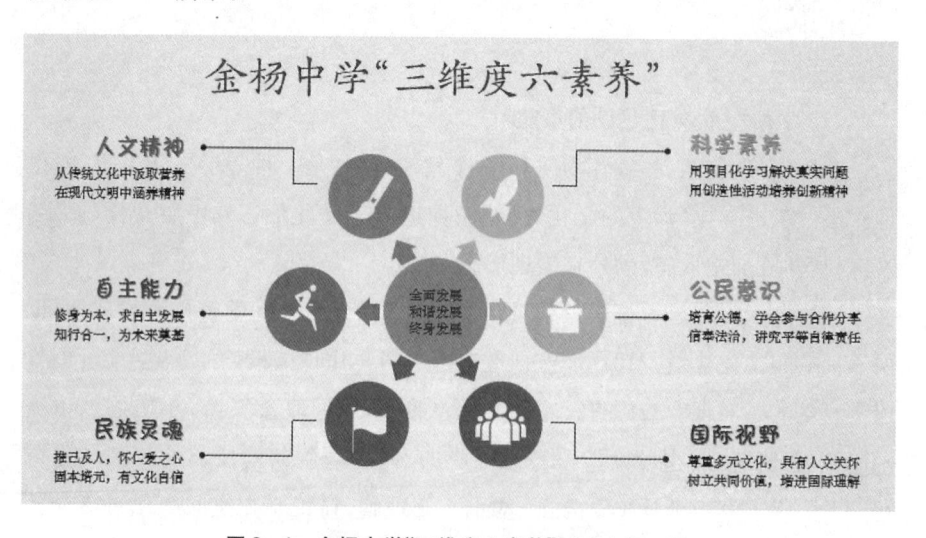

图9-1 金杨中学"三维度六素养"树魂立根工程

学校根据"像树一样成长"的校训,重新设计了寓意"十年树木,百年树人"的 LOGO 等形象识别系统(如图9-2)。并在学校多个空间显著位置物化呈现校训和"三风",校友们捐赠的"至圣先师"孔子铜像也成为校风"贵和尚中"的绝佳诠释:贵和,就是注重和谐,主张和而不同;尚中,就是崇尚中庸,强调不走极端(如图9-3)。

图9-2 校训与校风的空间呈现

学校在空间文化营造中,着力打造教室文化。每个班级教室的正前方黑板上,都统一标有八个大字"明德至善,格物致知"(如图9-4),以呈现共同的价值追求;教室后面则鼓励班级创设个性文化;每个教室门口墙面还配置一个展板,展示中队名、班训、班风及师生活动照片等班级特色文化(如图9-5)。

图9-3 寓意"十年树木,百年树人"LOGO 设计

图9-4 教室黑板上方的价值追求

第九章 基于文化理解的学校空间文化建设

图 9-5　教室门口的班级特色文化展示

教育就是把自然人培养成社会人,校园空间文化统一性与个性化融合的呈现方式,既是一种价值引领,也是一种个性召唤,对学生良好文化图式的形成,必然起到潜移默化的影响作用。

2. 持续加强校风学风教风建设：历史印刻与愿景呈现

一个学校的校风是学校灵魂的体现,是学校发展过程中无形的财富。培育优良的校风学风对于学校建设而言十分重要。校风、学风和教风是一个学校与其他学校竞争的软实力。校风不仅影响到学校的自身建设,更影响学生文化素质和道德素质的培养。因此,加强学校的校风建设是一个重要的系统工程。为了创造优良的学校校园文化,就要自觉加强校风建设,弘扬先进的校园文化,为学生的发展构建良好的环境。

校园空间承载着师生的共同记忆,那些有标志意义的空间与物体,印刻着特定时间与特定场景,可能铭记在个人心里,成为师生的个体回忆,也可能成为某些师生群体的集体记忆。校园空间文化的再造,应该重视对历史的回望,让校园成为每个曾经成长于斯的生命个体的精神家园。而现在则是未来的历史,是历史的进行时,拿什么留存作为师生未来的记忆,也是校园空间文化再造的使命。

我们在校园空间文化的建设过程中,充分挖掘校史资源,针对办学理念的嬗变,基于学校发展现状进行了新的提炼——原先"三风"中的"勤""实"二字,我们转化为"实事求是"的新学风;原学风"勤学善思 明德自强"中的"明德"一词,纳入学校新的办学追求——"明德至善,格物致知",学校建设"明德""格物"

系列课程,举办"明德讲坛",成立"明德国学社"等,传承了校园文化的核心内容。

我们还对学校发展历程中的人、物、事件进行了细致的梳理,将学校重要发展历程提炼出来,配以图文,利用二楼中心廊道墙壁,建造了三面环绕的校史墙(如图9-6),直观地再现了近六十年的学校发展史。1995年,伴随着浦东新区改革开放的步伐,学校从浦东新区核心地带东宁路的"东宁中学",搬迁到金杨街道并更名为"金杨中学",在原校址区域及周边,拔地而起的是陆家嘴国际金融区"上海中心"等三座摩天大楼。这面墙展示的不仅是校史,还是浦东开发开放史,是"海纳百川,追求卓越"的城市精神具体而微的呈现,它们能给学生持续强烈感同身受的情感体验,学生因此产生"以学校为荣"的认同感与自豪感。

图9-6 校史墙承载着师生的集体记忆

校史墙的另一面是毕业照汇总,有些照片尘封已久,校友们返校,第一件事就是去追寻往日的记忆,当年的翩翩少年,有的已经白发苍苍,但那段青葱岁月,永远留存在这个校园里,成为美好的回忆。

对于在校学生,每一届毕业前都要讨论一个话题:拿什么留存青春的印迹?有的留下一块石头,刻上美好的祝愿;有的种下一棵树,与他们一起成长。如图9-7,2020届毕业生种了一棵银杏树,希望能像树一样茁壮成长;树下还珍藏了全体毕业生的"心愿瓶",大家共同许下一个心愿,约定10年后再来开启。这里寄寓了每个学生未来成长的愿景,也蕴含着学校、老师对莘莘学子的殷切期望。

学校层面，在每一个楼道转角，都有"人文精神、科学素养、自主能力、公民意识、民族灵魂、国际视野"六个核心素养的图文表述，指引学生成为全面发展、和谐发展、终身发展的人。这是愿景复述，也是目标引领，我们希望以此来影响学生的文化图式，让学生成为能自主实现理想的人。

图9-7 种下一棵银杏，珍藏一个心愿

3. 积极开展丰富多彩的校园文化活动：正式学习空间与非正式学习空间

校园文化的建设不仅仅是为了给教师和学生的教学提供活动的场所和环境，更是为了立德树人。校园是传播知识的一方净土，校园文化的本质也应该是不带有功利色彩的，建设学校校园文化之前应该对校园文化的本质有一个清楚的认识。为了更好地发展校园文化对人的精神的培育作用，不仅仅要让校园文化单纯只提供管理和服务的功能，更是要丰富校园文化活动，让学生在活动中健康积极地发展自己的能力。比如举办艺术节、科技节、数学节、运动会等各种比赛竞技活动，开展雷锋月、劳动月、感恩月、阅读月等主题活动。通过这些活动，为校园营造出浓厚的文化氛围，让学生在互动中得到潜移默化的熏陶，提高自身的素养。

在校园空间文化建设中，针对以传统教室为主体的正式学习空间，我们的改造点是丰富以教师讲授为中心的学习场景，如配备带轮子的教室桌椅，方便师生根据需要移动组合，开展小组合作探究式学习活动；更新静态文化，在墙面上做文章，鼓励班级在学校规则、条例等管理文化中创生适合班级个性需求的内容，并物化美化展示；每个班级都设立一个图书角，并张贴"勇攀书山行动"读书榜，等等。

在校园里，仅有正式学习空间是不够的，打造非正式学习空间有更多的意义。在2018年制定的学校四年发展规划里，就有这样的愿景描述：

  优化现有学习场景，打造**"温馨教室"**，认同学校价值追求，建设班级个性文化，呈现班级文化特色。

  建设**"绿色课堂"**，创新教室布局，配备可移动、易于变换的桌椅设施，支持小组合作式学习活动，……创设优良的实践创新场所。

  打造数字化学习社区，建设**"智慧校园"**……

  打造**"生态学校"**，建设人工生态环境，改造学校的公共空间，打破固定功能的设计思维，建设"随时、随地、随意"阅读、交流的学习场所，促进学习区、活动区、休息区等空间资源的相互转化，给学生提供更多的活动与交往空间，弥合正式学习与非正式学习之间的界限，促进学生的社会性发展。

其中打造"生态学校"部分，重点提到利用学校公共空间，创设非正式学习空间，促进学生的社会性发展。现在，学校在每层楼的楼道拐角处摆放两人、四人座桌椅、沙发；在二楼校史墙边放置多张圆桌、椅子，还有咖啡机、饮水机、吧台，方便学生休憩、聊天、读书、交流；三楼还有师生以"项目化学习"方式共同设计制作的一个"图书漂流角"，图书都是师生捐献的，初一年级各班图书管理员制定了借阅图书规则，轮流进行自主管理（如图9-8）。还有一些场所随时可以进行功能多元切换，如食堂的墙面挂了一体机，这样一来，食堂既是进餐场所，也是探究型课程、社团活动场地；图书馆是每周一次的读书交流会固定场地；小卫星探究教室的桌椅带轮子，方便师生根据需要移动组合。

学校还打通二楼、三楼、四楼教学区与实验区的铁门阻隔，打通三楼南北楼通道、新楼与北楼通道，建了两个室外生态长廊，这里既是生态实验探究区，也是绿化美化景观区，吸引师生游览休憩，欣赏美景（图9-9）。

经过功能改造、审美创造、生态营造的非正式学习空间，生态文化长廊成为师生流连忘返的场所，或独坐冥想，或两人私语，或两三人讨论，或三四人合作，林林总总，生态多样，人与人之间的交流有了比教室、办公室等正式学习空间更轻松自在的空间。

第九章　基于文化理解的学校空间文化建设

图9-8 三楼拐弯,遇上图书漂流角　　图9-9 连通南、北楼的生态文化长廊

2020年,学校成为上海市"全员导师制"试点学校,"学生人人有导师,教师人人做导师","用爱心浇灌爱心,用智慧点燃智慧,用行动引领行动,用生命感动生命",每一位导师都要成为学生的"良师益友",要进行"思想引导、学习辅导、心理疏导、生活指导、成长向导",为每一个学生提供陪伴式关怀与指导。非正式学习空间成为师生间谈话的好去处,空间自如了,人的心境也变了,能推己及人、善解人意,能自主学习、合作分享,谦和、通达的人文气质也在悄悄形成。2020年学校申报创建成为浦东新区文明校园。

4. 对校园文化空间的拓展与延伸：真实场景与虚拟空间

从2017年开始,金杨中学开始推进"项目化学习"。项目化学习要通过小组合作,持续探究,直面挑战,解决真实问题,进行成果展示。因此,我们提出"像科学家一样思考问题,像工程师一样解决问题",关注校园内的真实体验式空间再造、情景再造,让学习真实发生。融入学校自然空间的项目化学习场景,显现出文化的包容性与多样性。

学校还倡导"无边界学习",立足本校资源,积极动员师生和家长,开发周边社区资源和特色场馆资源,突破校园空间界限,从教室走向校园,从学校走向社区、场馆、企业,从上海走向世界,通过社会实践、社区探究、行走游学等活动,开阔视野,增加阅历,以此培养学生的实践能力和创新精神,促进学生个性发展和社会责任感的形成。2018年,上海江东书院与学校共建的"江东—明德学堂"亮相校园,双方合力探索以"经典国学课程+共建文化品牌"为创新内核的校园国学模式,由上海市委宣传部授予上海江东书院的"中华二十四节气诗词传播基地"也首先落户学学校。疫情之前，我们与青海、西藏、海南、中国香港、新加坡、日本等国内外学校结成姊妹学校，开展"行走的课堂"项目化研学旅行活动，让学生在体验和探究中了解自然、社会、世界，培育公民意识、爱国情感、国际视野。

　　传统的社会实践活动也可以在校内空间展开，采用项目化学习方式，分组探究真实而有挑战性的问题。"跟着节气念诗词""校园生态环保绘""我为金杨寻校树"等跨学科、活动类项目化学习已见成果；"科学家进校园"课程已落地一年。项目化学习从跨学科到学科类、活动类全面铺开，2020年学校申报成为"上海市项目化学习三年行动计划首批项目实验学校"，2021年成为"浦东新区项目化学习首批种子校"。

　　2021年8月，金杨中学以"基于真实情境的项目化学习"为主题面向全区展示实践成果，其中有三个项目化学习案例很有意思。一是"记录雪松的成长"数学学科项目，学生将现实问题转化为数学问题，测量、记录并标志校树雪松的高度（如图9-10）；二是"我为金杨寻校树"跨学科项目，确定校树为雪松，绘制"金杨中学草木志"，创作校歌"像树一样成长"并设计文创作品（如图9-11）；三是学生设计"生态文化长廊""无边界学习空间"跨学科项目，学生设计、老师指导，进行真实场景打造。这些项目化学习的共同点就是基于真实情境，解决真实问题，进行合作学习，注重成果展示，指向核心素养，培育创新精神。

图9-10 "记录雪松的成长"项目化学习　　图9-11 校歌《像树一样成长》

　　在真实情境的项目化学习之外，我们还着力打造数字化学习社区，建设"智慧校园"，利用大数据、云计算、物联网等新技术，为学生个性化学习与过程评价

第九章　基于文化理解的学校空间文化建设

创造空间。2018年12月至今,金杨中学引进百度教育资源,联合打造百度VR创新实验室,组织学校及金杨学区兄弟学校生物、科学老师融入项目化学习理念,开发相关学科VR课程(如图9-12)。基于"联合国17个可持续发展目标"的"博物馆+学校"课程,学生们通过虚拟技术,走进网上博物馆进行项目化学习(如图9-13)。

图9-12 百度捐建VR创新实验室　　图9-13 "博物馆+学校"课程

无论是真实情境,还是虚拟空间,都是对校园文化空间的拓展与延伸,在课程与活动中,学生的文化图式不断重构,指向核心素养与综合能力的形成。

除了以上四点,学校还按主题、分楼层打造功能多元的文化空间,并运用形象识别与色彩区别,点亮校园空间,激发学生的创造力,满足学生的审美需求。校园里每一个楼层墙面都有特定的色彩识别系统,如一楼呈现学校核心文化,主色调是棕色,庄重、厚实;二楼呈现传统文化,校史墙、中华二十四节气诗词文化是主要内容,用赭色,沉稳、温暖;三楼是绿色生态主题,有浅绿、深绿、黄绿多种色彩呼应,彰显生命的活力;四楼是智慧空间,有VR实验室、小卫星探究体验室,体现科技特色,用蓝色,像大海与星空一样深邃;五楼有两个英语听说教室,实施国际理解教育,用紫罗兰色。色彩给人带来的情绪体验,以及色彩蕴含象征的意义,给校园空间文化增添了亮色,也为学生与老师的共同成长描绘了底色。

第三节　优秀学校空间文化的案例分享

【案例1】闵行区华漕中学"学校特色文化校园建设"

每所学校都有自己独特的办学历史和传统。如何让自己学校独特的文化彰显出来,发挥学校文化独特的育人功能,让浸染其中的每一位师生能随时感受到学校文化的气息,发挥文化育人的作用?华漕中学认为,学校空间建设有着不可替代的作用。具体可以体现在如下三个方面。

首先,在实体空间的布置方面,很多学校在学校环境和空间布置方面,都会有意识地把自己学校的办学理念、办学历史、育人目标等体现学校文化特征的一些显性要素,用文字、照片、物件、塑像等方式悬挂或放置在校园比较显著的位置,让学校师生或者来到学校的客人一下子就能捕捉到学校的独特文化气息。在这方面,很多有着厚重办学历史而且校址一直未搬迁的老校更是有着得天独厚的办学优势,学生有幸在这样的历史老校中学习生活,会通过独特的学校空间,日积月累,在自己的血液中浸染上学校的传统和文化气息。

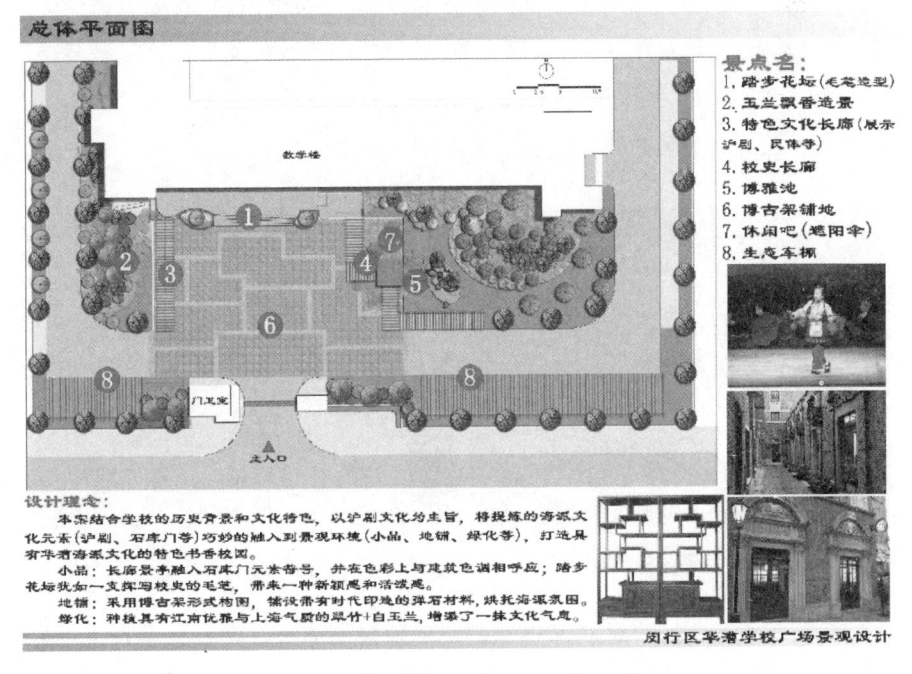

图9-14 华漕中学校园文化广场设计图

其次,在人与物、人与人关系的建设方面,学校空间除了实体的物质空间建设,还有另一个很重要的方面,就是空间中人和物、人和人的关系,这一空间建设与学校文化的建设有着更为直接的关系。学校要努力通过各种管理手段和方式，建立人和物、人和人良好的支持与合作关系。学校创设机会，让师生积极参与学校空间的建设，建立"我的空间我来建，我的空间我来爱"的人和空间的互动关系。学校工会可开展各种学校活动，营造教师间和谐的相处氛围。学校努力尊重并鼓励教师的专业发展，倡导班级建设和课堂学习中师生民主、平等的关系。

比如学校围绕"百十年华诞"主题举办的校园新景观、校内道路、吉祥物等一系列征名及评选活动。学校开展通过发布征集令方案及通知后，学校师生、家长积极参与。教师们对学校文化历史进行进一步探索、理解，再结合目前学校办学理念、育人目标，结合诗经、汉乐府等进行进一步整合，对校园景观征名提出70多种方案，对校园道路提出28余种方案。通过校务会议及行政、年级组长讨论后决定，结合学校办学理念、"新基础教育"四季活动，确定访春亭（校门口校史长廊、亭子及鱼池）、嬉夏廊（紫藤长廊及一年级爬龙，这是孩子们最喜欢的娱乐休闲场所）、品秋苑（博雅楼、沪剧排练厅前小广场）、暖冬阁（三楼会议室，准备打造舒心温暖的教工之家等综合场所）等名字。

图9-15 华漕学校"访春亭"　　图9-16 华漕学校"传承经典"文化墙

在校园道路征名中，最后采用了两位老师提出的符合学校办学理念的路名，分别是：尚志路、笃行路、博学路、雅趣路。置身在这样优美有内涵的校园环境中，走在标有这些路名的校园道路上，也会不断激励更多华漕学子的"尚志笃行，博学雅趣"。

最后，学校文化特色反映在人与自然和谐关系的建设上，旨在加强生态校园的建设。习近平总书记提出"金山银山不如绿水青山"，建立生态中国的理念,既是为整个中国的环境治理和经济发展定调,也是对教育尤其是中小学校建设提出要求。如在设立学校时,应充分考虑对自然环境的保护与合理利用;生态校园中很重要的一个理念是把自然绿色、节能环保引进校园环境和学生活动中,让师生在充满生命活力的校园中生活、学习,提升校园生活的心情愉悦度。华漕学校这几年在生态校园建设方面开展了一系列工作,收到了一定成效。学校这几年加大对校园绿化的改建,除了在校园外部绿化种植方面增加力度外,在校园内部种植上也形成了自己的特色,如在教师办公室、学生教室、走廊、屋顶平台等处种植大量绿色植物,给师生带来的直接愉悦感和互动感产生了良好的教育效果。

现代化的中小学校园还需把生态农业、生态养殖等自然元素也引进校园,让其成为学生重要的课程资源。中小学活动中需积极引进自然四季元素,如中国二十四节气、中国传统节日等,让失落的自然之维回归到教育,回归到校园,回归到学生日常校园生活中。把创意农业和种植引进校园,一方面可以绿化、美化校园,让校园形成一个良好的学习环境,增加更多的学习资源;另一方面,也可以增强学生们的动手能力,以及热爱自然、爱护环境等良好的品行。闵行区华漕学校用创意整合农业和种植资源来规划一个生态的校园,实现创意农业与校园相结合。

校园开辟专门用地用于农业种植。因华漕学校所在地原来是农村,这里的很多学生包括教师,都对农业有着特殊感情,加上学校和附近的上海市农科院所有着多年的合作,所以学校在规划新校园绿化时,引进了很多果树,并在校园中专门辟出一亩左右的地块用于农业种植。学校把这些地分成一个个小地块,分到不同的班级。班级接到任务后,对学生进行分组,让班级的每位同学都参与到种植和养护收获的全过程。每到种植的季节,班级老师和家长们一起,带着孩子们栽上果树,播上各种农作物的种子;过程中,养护组同学定期为这些果树和作物除草、浇水、施肥,并在自然和生物老师的指导下记录这些植物的成长过程,认识这些果树和农作物。同学们在养护的过程中认真负责,都很开心,并且记住了不同农作物的生长过程,收获了许多知识。到了成熟的季节,同学们一起高高兴兴地采收自己的果实,体会收获的喜悦。

校园里的自然学堂。华漕学校在2016年暑期校园改造时，对原来废弃的屋顶进行改造，改造成供学生种植、学习自然课程的学堂，提供各类盆栽果树，辟出专门的蝴蝶养殖区域，修建一间恒温的实验室，打造一所屋顶的"自然学堂"。拓展课、学校跨学科项目研究组的老师们带领同学进行研究，上海市农科院的技术人员定期到学校来给学生开讲座，带领科研小组同学搞科研。几年来，创造性地将原本光秃秃的楼顶打造成了一个"春花秋实"的屋顶自然生态园，为学生提供了一个不出校门就可以进行园艺栽植、学习、研究的课外实践好场所，得到了学生和家长们高度认可，自然学堂也成了华漕学校学生最爱去的地方之一。

图9-17 自然学堂中正在进行研究性学习的学生

基于文化理解的中学教育理论与实践策略

绿色生态校园有着巨大的社会效益和生态效益。学校设立了各类种植相关的拓展课和研究课程，并利用上海市农科院的资源，将学生和家长一同带到农科院基地进行教学和亲子活动，同学们在学习知识的同时也同家长沟通了感情，并从小开始"勤四体、分五谷"。亲近自然是学生们的天性，在田野和大自然中他们能够收获更多。学生们的好奇心，只有在各种各样的奥秘探索中才能得以满足。在大自然的怀抱中，学生们的想象力和创造力也得到无限的培养和发展。

【案例2】松江区新桥中学"班级教室空间文化建设"

学校空间文化背后最核心的问题是教与学的关系。怎样认知教育是每所学校在空间里表达的核心内容，学校正朝着"学校是学生的学校，空间是学生的空间"这一方向努力。学校空间文化主要由校园空间文化、办公室（教师和行政）空间文化、班级教室空间文化、图书馆空间文化和实验活动室空间文化等部分构成。以下主要分享"班级教室空间文化"的建设案例，以学校温馨教室的创建课题为依托，对班级空间进行整体改造。

一、班级教室内硬件设施的改善

老化课桌椅换新，课桌椅由木质黄色面板，换成了塑料蓝色面板，蓝色有利于保护学生的眼睛，并且桌椅高度变成可调的，以匹配学生身高的变化，而且面板上设计有"放笔槽""水杯孔"，学生再也不用担心笔容易掉地上、水杯容易翻倒了。椅子也换成了高度可调的，以适应班级学生不同身高需求，为学生养成良好的坐姿和书写习惯奠定了基础。

多媒体屏幕更换，屏幕更大更清晰，功能更丰富，使用更方便。教师播放多媒体课件，后排同学也能看清。推广使用无尘粉笔，以减轻教室内的粉尘污染，净化教室环境。进行墙壁瓷砖换新、教室地面刷新工程，并将笨重的讲桌换成了小巧灵活又实用的新讲桌，还增添了一些储物小装置，上面配有学校的LOGO标志，彻底改造教室硬件环境。

二、班级教室软环境统一功能分区

教室前方为推拉式黑板和隐藏式多媒体，黑板上方悬挂五星红旗，两边是学校校训——"日进日新，至正至真，无痕有恒，潜心潜行"。黑板左侧下方是"卫生角"，贴有垃圾分类表，摆放分类垃圾桶和卫生工具，黑板下方是绿化墙，为了缓解学生眼睛疲劳特别设置的。黑板右侧为"班级信箱",是学生与学生、学生与老师之间沟通的渠道之一,这是在引导学生用文字沟通情感,也是班主任获取班级信息,进行有效班级管理的一个途径,而且信箱安排有投递员,统一信纸、信封,定期开箱投递,这是学校德育特色。

教室后面是黑板报,每月一主题,定期有学生负责更换。黑板报两侧分别是"学习园地"和"展示角","学习园地"主要展示学生学习方面的优秀表现,"展示角"主要是展示学生除了学习之外的优秀表现,例如绘画、书法等。教室两侧的版面除了规定的"中小学生守则""社会主义核心价值观"之外,要求每个年级设计一个主题风格,形式和内容自定,例如六年级的"书法作品展示"主题。

教室前后门除了班牌之外,贴有本班学生设计的班徽,悬挂有本班学生设计的班旗。学校为了形成班级文化,增强班级凝聚力,分班级进行了班徽班旗设计大赛,班级学生全员参与,通过民主评选确定各班班旗班徽,然后由学校统一制作,但每个年级的班旗底色和形状是统一的,例如六年级为白底长方形,七年级为绿底平行四边形,八年级为蓝底椭圆形,九年级为红底三角形。另外,学校前门门口统一制作"班级展示牌",如图9-18所示,分为"班级风采"(班级合影照片展示)、"流动红旗"(每周流动红旗记录展示)、"班级班规"(班级同学关于班级学习生活的共同约定)、"课程表"(周一到周五每日课程安排)和"值日表"(学期值日安排)。

图9-18 教室门口统一制作
"班级展示牌"

三、基于生生关系调查的座位的科学安排

在学校区级课题"借助Ucinet提升班主任工作效能的行动研究"和市级德

育条线课题"借助 Ucinet 提升班级凝聚力的行动研究"的基础上,我们以七年级 B 班为例,对生生关系情况做了调查,借助社会网络分析软件 Ucinet 进行分析,结果如图 9-19 所示。

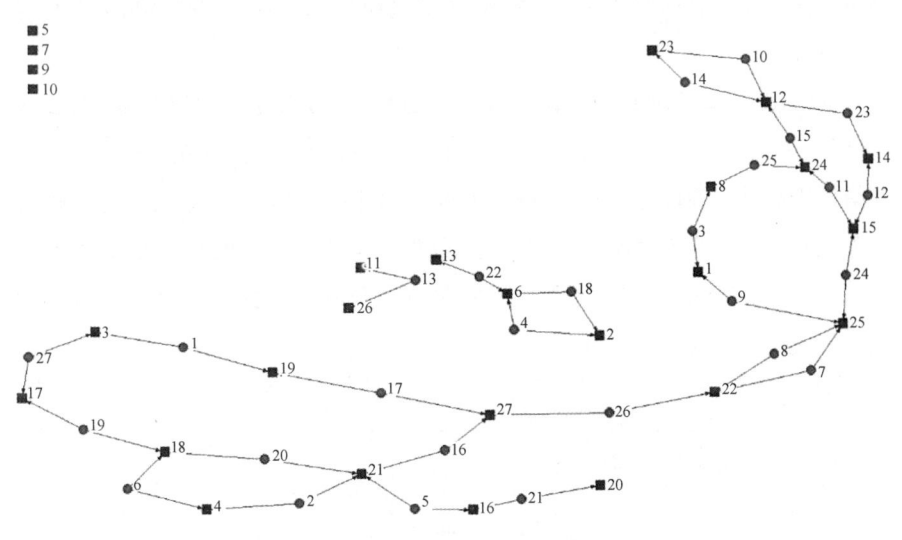

图 9-19 七年级 B 班的二维班级生生关系图

按照"四分法"可知,B 班核心人物(关系网为 4)有三位,学号分别是 12、21、25;纽带人物(关系网为 3)有六位,学号分别是 6、15、18、22、24、27;边缘人物(关系网为 0)有四位,学号分别为 5、7、9、10;其余均为普通人物。如图 9-19 所示,该班级中存在两个较大的"团体",这两个团体通过 22 号联系在一起,第一个位于图的左侧,以 21 号、27 号和 18 号为核心,形成了一个闭环;第二个位于图的右侧,以 12 号、24 号和 25 号为核心,也形成了一个闭环,规模与第一个相当。除此之外,该班还形成了一个游离于大集体的小团体,以 6 号为核心的六人小团体。

我们提倡将核心人物、纽带人物与边缘人物搭配,安排班级座位。班级生生关系中,核心人物加上纽带人物的人数基本大于边缘人物的人数,例如抽样的六个班级中,边缘人物数量最多的是六年级 A 班,有八位,其核心人物加上纽带人物的总数是九位。所以,可以安排一位核心人物或纽带人物,和一位边缘人物做同桌,借助他们的影响力,争取引导边缘人物融入班级关系中,以改善边

第九章 基于文化理解的学校空间文化建设

缘人物的生生关系。调查表明,"核心人物"多为品学兼优的学生,"纽带人物"一般性格较好、学习优良,而"边缘人物"往往是学困生,这也为学困生的转化提供了策略,在班级中建立一一对应"帮扶关系"。由此,学校班级教室空间文化建设关注到学生全面发展和个性发展,教育教学效果良好,广受教师、学生和家长的好评。

总之,基于文化理解的校园空间文化建设,从理念塑造(价值)、功能改造(多元)、审美创造(美感)、生态营造(友好)多角度切入,指向培养目标的学校文化得以用显性或隐性的方式,渗透在校园空间的全部场域,学生的文化图式与弥漫周边的文化产生交流,受到影响,从而逐渐形成自己积极的思想、正确的价值与有文化品味的气质,成为全面发展、和谐发展、终身发展的全人。这就是学校空间文化建设的目的与意义。

第十章　基于文化理解的课堂教学评价

课堂教学评价改革是推进课堂教学改进的一个重要抓手,它直接影响到基础教育课程改革的各个方面。课改倡导的是发展性课堂教学评价,是要建立促进师生共同发展的课堂教学评价体系。课堂教学评价必须能有效地提高课堂教学效率,促进教师专业发展和学生的成长。

正是因为课堂教学评价在课堂教学改进中所扮演的重要角色,所以更需要我们重新审视在这一评价过程中的两个主要客体对象:教师的教与学生的学。即使以年龄差距而言,教师与学生间所存在的沟通障碍也是显而易见的,更遑论成长环境与生活经历等不可控因素。细究其背后原因,是每一位师生都有自己的文化图式,即在一定的社会文化背景下形成的个人的情感、价值观、信仰,以及与之相对应的语言、行为习惯等文化结构特征。

在课堂教学评价改革过程中,我们看到,师生各自的文化图式的差异是很大的。因此,作为教育者的教师,一方面,要主动去了解学生的文化图式以及整个班级的群体文化模式,引导学生自觉去适应自己所置身的群体文化模式,从而引发自己文化图式的积极变化。另一方面,要根据学生的文化图式特点,不断调整自己的教育方式,使学生的文化图式与自己的文化图式发生交融,从而实现换位思考,促使学生的文化图式向积极的方向变化,真正实现文化理解。而师生间在文化理解基础之上的教学相长,正是我们不断探索课堂教学评价的方向与目标。

第一节　文化理解缺失:我国课堂教学评价研究综述

我国课堂教学评价研究存在的问题,关键是文化理解的缺失。具体为:局限于理论构建,缺乏基于文化理解的课堂实证研究;缺乏基于文化理解的对课堂教学客观、准确、精细的描述;局限于评价指标法,缺乏基于文化理解的多种有效方法的综合运用等。

(一)我国课堂教学评价研究内容

1. 课堂教学的本质及其价值取向

关于教学的本质,先后曾有过三种观点:第一种认为教学是一种特殊的认识;第二种将教学看作一种特殊的交往,"将教学活动视为一种对话和理解的活动,一种师生共享知识、精神、智慧和意义的过程";第三种观点是以现象学、解释学、批判理论等为背景的教学本质观,认为"教学是一种特殊的实践","把教学的本质看成是人的存在形式和生活形式,以培养完美的人格为目标"。我国学者认为,教学具有两类价值:一是外在价值或工具理性价值;二是内在价值。现代教学的价值取向不是两者择一,而是谋求两者的统一。通观我国多次教学改革历程,其价值取向大体上经过了以下转变:从重视知识到重视能力,从重视能力到重视兴趣、情感、态度等非认知因素,再转向重视学生素质的全面发展,进而强调有个性的、有差异的全面发展。

2. 课堂教学评价标准与指标

课堂教学评价标准与指标的研究是我国教学评价研究的核心内容,大量有关教学评价的论文是对教学评价标准和指标的探讨。

我国对课堂教学评价标准与指标的探讨,可以追溯到20世纪50年代的听评课。从那时到当前进行的课堂教学评价研究,评价标准与指标的确定,都是将教学理论中所确立的一堂好课的标准分解形成二级指标和三级指标,最终形成课堂教学评价的指标体系。课堂教学评价标准与指标的设计呈现出以下变化。

首先,最初的评价标准设计只从教师行为出发,强调教师的教,以教师教的效果来评价课堂教学的效果。具体策略是依据课堂教学要素,将评价指标分为教学目标、教学内容、教学过程、教学方法和教学效果等几个部分。其后转变为同时关注教师行为和学生行为,如刘志军、曾美露都认为,在课堂教学评价中,把评价对象界定为教师教的活动和学生学的活动比较恰当。

其次,课堂教学评价标准的设计,从固定的向开放的、弹性的体系发展。大多数评价指标体系结构性很强、指标项目很详细,但它只看到了课堂教学的共性,而看不到课堂教学的个性,对所有课堂教学以统一的标准进行评价;只看到了课堂教学的共同规律性,而没有看到课堂教学的动态生成性与开放性。由于评价结果表现为分数、等级,所以它为教师教学行为的改进所提供的信息是有限的、低效的。学者们针对结构性评价指标的弱点,提出了一种比较开放、有弹性的评价指标。"所谓开放性课堂教学评价量表,是指只有少数几个评价指标或题目,要求评价者在做出评价结论的同时,描述被评者的行为特征,并说明判断所依据的理论或价值取向。"

最后,课堂教学评价标准的价值取向发生了变化。传统的评价标准重视知识性目标的达成,忽视学生情感、态度、价值观的发展;重视教师的课堂教学技巧,忽视学生的实际收获;重视课堂教学的深度和难度,忽视学生的差异和教学的针对性。新的课堂教学评价标准以学生发展为本,确立促进学生全面发展的教学目标;追求高效,促进教师教学发展;注意体现创新精神和实践能力的内涵。

我国几个比较有代表性的关于评价标准的研究包括:叶澜教授主持的"新基础教育课堂教学改革实验"所提出的一套课堂教学评价标准,裴娣娜主持的主体教育实验建立的课堂教学水平评估标准,刘志军提出的分层次的课堂教学评价标准等。

3. 课堂教学评价方法

从文献看,我国研究课堂教学评价的学者几乎没有专门讨论过评价方法的问题。除了极少数研究运用的是分类系统收集课堂教学信息的方法,大多数研究运用的是评价标准与指标法。

课堂教学评价,包括课堂信息的收集和对收集到的信息进行分析、评价两个阶段。收集课堂教学信息有两种途径,一是评价者直接观察课堂教学情景;二是采用问卷、量表间接获得课堂教学的信息。首先看以观察获得信息的途径,如果收集观察信息的工具不同,采用的观察法就不同。收集课堂观察信息的工具有三种类型,一是能够收集定量信息的分类系统(category system);二是收集质的信息的记录方式;三是评价标准和指标。

采用分类系统作为观察工具的方法称为结构观察法。所谓分类系统是指一套对课堂上教师行为、学生行为及环境变量的编码系统,如教师行为编码包括一般观察,针对性观察,鼓励,言语教学(信息、概念、提问),一般性表扬,针对内容的反馈,管理,谴责,社会性评论,与教学无关的行为。结构观察是按照事先拟定的分类系统,对在特定时间段内出现的行为类目进行记录,对这些记录结果进行分析,由此可以得到关于各种行为出现频率、发生时间、所占比例等数量信息,从而对课堂教学进行评价。因此,采用分类系统作为观察工具的结构观察是定量观察。

采用描述体系、叙述体系、图式记录等工具收集观察信息的方法是质的观察法,是非结构的参与观察。这种方法收集的信息是文字、图式等非数量化的信息。对这些信息的分析采用构建模式、诠释社会意义等解释学的方法。21世纪初,由于困惑于评价标准和指标法,无法以简单的数字来反映复杂多样的课堂教学,研究者和教师将目光投向了质的评价方法。但很多一线教育管理者和教师容易将质的研究等同于定性研究,他们基本上没有系统收集和分析原始资料的过程,而只是凭主观经验和感受进行议论。我国中小学较常用的听课—说课—评课,通常是一种无结构的教学观察与评价,但不是真正意义的质的方法。理论研究者也很少采用真正的质性方法进行课堂教学评价,笔者只搜索到一篇运用质的方法进行教学评价研究的文章。

将评价标准和指标作为观察工具,直接收集课堂信息是我国课堂教学评价所特有的。指标表明在教育活动中哪些因素有价值,哪些因素对于活动及其结果起决定作用。指标系统则是因素或项目标准的集合。评价者可以根据标准和指标体系的表格对每个项目进行评价等。用这种工具收集到的信息已经不是完全意义的观察资料,而是经过观察者主观分析、判断后的信息。

收集课堂信息还可以用间接方法,即通过问卷或量表从学生那里获得关于教师教学的评价。国外很多关于教学评价的研究都采用了问卷法和访谈法;调查对象通常是学生,由学生评价教师的教学。如果用结构性的问卷或量表收集了定量信息,对信息的分析也会采用定量方法。如果用非结构性的问卷或量表收集了非定量的信息,那么对数据的分析也会采用质的方法。

(二)我国课堂教学评价研究存在的问题

第一,局限于理论构建,缺乏基于文化理解的课堂实证研究。通过文献检索和分析可以发现,绝大多数研究是对评价标准和指标的理论思考与设计,在真实课堂上进行的观察评价研究非常少。一方面这是一种自上而下、概念驱动、注重理论演绎的研究思路,与西方教学评价研究的自下而上、数据驱动、注重数据归纳的思路截然相反。评价标准和指标完全来源于自上而下的理论推演,没有获得自下而上的实地观察数据的配合与支持,也就缺乏信度和效度;另一方面,这些评价标准和指标很少被用来进行真实的课堂教学评价,或者说几乎看不到对某个评价标准和指标应用于课堂教学评价的研究报告。本来是具有极强应用性的课堂教学评价体系,却成了一个纯粹的理论构想,缺乏实际应用。因而,虽然研究者们不断推出一个又一个评价体系,却都只能是过眼云烟,实践中教育管理者或教师仍然还是靠自己的经验去各自创建一个评价体系。

第二,缺乏基于文化理解的对课堂教学客观、准确、精细的描述。我国课堂教学评价长期以来存在管理主义倾向。学校管理者将教学评价作为职称评定、人员管理等的手段,而不是将其看作是促进教师专业发展、提高课堂教学水平的必要途径。新课程改革倡导教师通过自我反思、同行讨论等方式进行教学研究;自我反思、同行讨论的内容是课堂教学。因此,对课堂教学的全面、详尽、具体、准确的描述,就是提高自我反思、同行教学研究效果的前提条件。只有对某一节课先进行客观、精细、准确的记录和描述,执教者本人和同事才能深入分析课堂教学情况,有效提高教学水平。

当前,一些学者和一些学校采用教学叙事的方式进行教学反思、校本教研。教学叙事就是教师将自己某节课的课堂教学故事讲述出来。教学叙事对课堂教学的描述具有以下几个特点:一是事后回忆,这就难免会有遗漏、歪曲;二是由执教者自己进行描述,这种描述与教师的个人体验紧密联系在一起,"叙事者在对某一事件的讲述中,一定包含着言说者自己的价值取向、观点立场以及由此产生的对事件本身的重塑",这就难免对课堂教学的描述有偏颇取舍和主观性;三是这种描述主要是整体的、语言的描述,缺乏更精细、更深入的描述。

我国教育界进行了很多课堂教学改革实验,并取得了很重要的成果,但我们几乎从未看到过有关这类实验的课堂教学实际情况的全面、准确、客观的描述。通常我们看到的是对这些采用了新教法的课堂的充满热情和赞赏的、具有文学色彩的描述。这种状况至少有两个弊病。首先,教育实验是一种科学实验活动,不能以文学语言描述实验,而应对实验过程、课堂教学活动进行客观、准确的描述,最好包括定量的描述,这样才可能使实验者本人和其他研究者,能够在任何时间、任何地点来评价实验效果。其次,虽然实验者宣称进行了某种教学方法、策略等的改革,并取得了预期的效果;但如果没有对实验过程和课堂教学的客观、准确的描述,这种宣称就缺少了令人信服的证据,实验者也无法将自己的实验与同行进行公开交流和讨论。

第三,局限于评价指标法,缺乏基于文化理解的多种有效方法的综合运用。无论是研究文献还是学校实践,讨论和运用的课堂教学评价方法,绝大多数都是评价指标法。从20世纪80年代开始,我国的课堂教学评价迫切希望改变之前"听课、评课的具体运作中存在的简单、粗糙、模糊,甚至主观随意的问题",在学习了西方教育测量与评价理论后,转而追求定量评价,而最普遍采用的方法就是教学评价标准和指标法。

但这种方法却只是形式上的量化方法,实际上根本不具备量化方法的优点。首先,量化方法是收集观察对象的定量信息,而评价指标法的各级指标和标准都是对课堂教学某个方面很模糊的语言描述,意义不精确、不具体,因此就无法对这样一个描述给出准确的数字表达。其次,评价指标法对每个指标赋予权重,但是权重赋值是非常主观的,没有足够的根据,因此计算出的总分也不可能准确反映课堂教学的质量。在实践中,评课者都能感觉到这种所谓的定量评价方法,不能真正客观准确地评价一堂课。事实上,评价标准和指标体系只是一个关于课堂教学的理论框架,而不是一个课堂教学情况的观察工具,因而不能直接用它来进行课堂教学信息的收集与分析。

(三)我国课堂教学评价实践中的问题分析

新课程改革以来,课堂教学评价的地位在教学领域逐渐凸显,而作为课堂教学评价的重要工具——课堂教学评价量表,也成了影响课堂教学质量的重要因素之一。为了评价教师的课堂教学效果,诊断教学问题,提高教学质量,同时也是为了学生在未来的生活学习过程中,能够根据周围文化的变化而使自己的文化图式发生变化,从而使自己永远处于发展过程中,我们对传统的课堂教学评价表以及多所学校现行的课堂教学评价方法进行客观分析,发现存在以下几方面的问题。

第一,削弱了教师了解学生文化图式的积极性,评价观念落后,存在"三重三轻"现象。一是重"教"轻"学"。传统的课堂教学评价表,重在评教师教的行为,而忽略课堂中学生学的情况。指标大多集中于教师的"教",只强调教师的主体地位,不关注学生在课堂学习活动中的主体性。这种评价取向强化了课堂中教师的表演,忽略甚至压抑了课堂中师生的多向互动。这是导致多年来"学生主体"难以在课堂中真正落实的重要原因。二是重知识的灌输,轻能力的提升。传统课堂教学评价表中,很多指标的设置,是考察教师是否更好地将知识灌输给学生,而没有关注到教师的教学行为是否有利于学生能力的提升。三是重结果轻过程。传统评课关注教学效果而忽视教师在上课过程中自身的成长,包括思想认识的发展、教育观念的转变以及教学过程的感悟等。长此以往,教师"被迫"更多地关注自身的"教"而忽略了学生的"学",师生间的文化理解也就成了一句空话。

第二,与社会文化模式的变化脱节,评价内容陈旧,难以适应改革需要。传统的课堂教学评价表中,评价指标往往还是集中在"教学目标的设置""教学重难点的解决""作业布置的有效性"等内容上,而对于"课堂教学的有效分层""师生全方位的有效互动""教学情境的恰当创设"等符合课堂教学改革要求的评价指标,极少涉及。教育的不断向前发展与社会文化模式的发展是一体的,各个学校能够体现办学特色的评价指标也应该被纳入评价指标体系当中,如学校的"在课堂教学中适度挖掘美育元素"等,这也是传统评价指标中所没有的。

第三,忽视对教师自身文化图式的关注,评价指标过多,维度设计不甚科学。在传统的课堂教学评价指标体系中,可以说评价指标"样样俱全",如"教学目标明确""有效使用教学媒体""作业要求明确""板书设计合理"等,而且每一项指标几乎都有固定的要求。由于评价指标太多,教师在短时间内很难进行细致的评定。不少教师由于时间紧张等原因,面对如此多的评价指标,进行评定时常常是不假思索,应付了事,因而影响到评价的科学性和真实性。与此同时,这些指标维度设计也很不科学,缺乏层次感。

第四,缺少不同群体文化图式碰撞、交融的引导,评价主体单一,不能满足多元主体。传统的课堂教学评价表,往往是提供给同行教师进行课堂教学评价的,因此,指标的设置专业性较强,不适合同行教师以外的人员进行评价,不能满足其他学科教师、学生以及家长等多元主体参与课堂教学评价的需求。这种单一主体的教学评价,其弊端在于:一是评价的结果容易片面、主观,使评价失去客观和公正,被评价者对评价的结果难以认同,因而评价的实效性不强;二是扭曲了正常的师生关系。在评价过程中,由于教师总是要千方百计地找学生的"茬",学生因而不得不通过弄虚作假的办法来应付教师的"挑战",久而久之,师生之间自然会产生敌对情绪;三是使学生的持续发展失去了原动力。因为学生在评价过程中始终处于被动地位,他们的自尊心和自信心得不到应有的保护,而且,学生对这种评价往往持一种应付、对抗、惧怕、逃避的态度。

第二节 关注文化理解:构建课堂教学发展性评价指标体系

建立评价指标体系,既是评价工作的基础,又是评价工作的核心。过去,各校所采用的评价指标体系常常存在指标过多、维度设计不科学、缺乏层次感等问题。更为重要的是,这些指标不能以发展的眼光来客观评价主体的变化。我们认为:课堂教学评价的目的尽管不排除其检查、选拔和甄别的作用,但其基本目的在于促进学生发展、提高和改进课堂教学实践,即重视反馈调节、展示激励、反思总结与积极导向等基本功能。

(一)确立课堂教学评价原则

1. 引导不同群体文化图式的碰撞、交融——多维性原则。在课堂教学评价中,应该从多种角度、运用多种方法,对课堂教学的过程和课堂教学的结果进行评价。

2. 尊重文化理解的过程性——过程性原则。改变以往评价中过分重视总结性评价的倾向,要把评价对象当前的状况与其发展变化的过程联系起来,由一次性评价改变为多次性评价。

3. 关注学生文化图式的变化——真实性原则。课堂教学评价,特别是学生学习结果的评价,要强调在真实的生活情景下对学生的发展进行评价,在真实性评价中应该包括真实性任务,即某一具体领域中专家可能遇到的那些真实的生活活动、表现或挑战。

4. 以文化理解为方向与目标——发展性原则。课堂教学评价着眼于促进学生发展,侧重于观察和衡量学生的表现,着眼于促进教师教学水平的不断提高,激励教师转变观念,推动课堂教学的改进。

(二) 确定评价指标具体内容

建立评价指标体系,是指由表征评价对象各方面特性及其相互联系的多个指标所构成的具有内在结构的有机整体。这既是评价工作的基础,又是评价工作的核心。我们构建评价指标体系大致分为三个阶段。

1. 第一阶段:基于办学理念

在构建幸福课堂初期,上海市闵行区颛桥中学形成了以"学、思、知、行"为四个一级指标,以"走向自主、平台支持、双向联动、有序开放、智慧引领、延拓丰富、严谨多元、规范有序、建构立体、鲜明有效、范式引导、扎实能动"为二级指标的幸福课堂的指标体系,并赋予各项指标相关权重,从而更好地体现其可评估性。具体指标体系结构见表10-1。

表10-1 幸福课堂指标体系

	一级指标	一级权重	二级指标	二级权重	自评	互评
幸福课堂指标体系	学	25	走向自主	9		
			平台支持	7		
			双向联动	9		
	思	25	有序开放	8		
			智慧引领	9		
			延拓丰富	8		
	知	25	严谨多元	8		
			规范有序	10		
			建构立体	7		
	行	25	鲜明有效	9		
			范式引导	8		
			扎实能动	8		

第十章 基于文化理解的课堂教学评价

2. 第二阶段：基于教学环节

随着研究的不断推进，原有幸福课堂的指标体系在具体运用当中不好操作，尤其是二级指标在课堂教学评价中很难界定，我们很难把这些指标与教学的具体环节对应起来。教师是否积极探索、了解学生的文化图式，师生间的文化理解是否有加深，都难以界定。所以，在这轮扎根性研究中，我们把评价的一级指标定位在"教师的教"和"学生的学"上，认为课堂产生的"幸福感"，本质就是体现在"教师和学生"身上。我们将二级指标的设计与课堂教学结合起来，如表10-2，这样就有具体的标准可依，有效性也进一步加强。

表10-2 幸福课堂教学评价表

评价指标 一级	评价指标 二级	评 价 标 准	权重	得分
教师的教（50分）	教学目标	教学目标表述简明、准确、具体、可落实性强	5	
	教学内容	传授知识的量和训练能力的度适中，突出重点，抓住关键	5	
	教学策略	编制和使用学习报告与诊断	5	
		课堂环节紧凑，时间调控合理	5	
	教学评价	关注学生学习状态和学习过程，适时调控 有指导，有要求，有规范	5	
		注重学生兴趣、习惯、信心等非智力因素的培养	5	
	教学效果	给学生创造机会，让他们自主参与、主动发展，合作学习	5	
	课堂激励	课堂评价适时、恰当、及时，灵活运用争章建树的激励性措施	5	
	教学手段	能熟练运用现代化教学手段，如ppt、音像、投影、抽号软件等	5	
	个人素养	板书设计合理，教学语言专业、精练	5	
学生的学（50分）	自主学习	学生自主学习专注度高，能独立思考，勇于质疑、问难	10	
	学习态度	学习积极性高，情绪饱满，求知欲强	10	

续 表

评价指标		评 价 标 准	权重	得分
一级	二级			
学生的学（50分）	学习环境	学生主动参与学习，思维活跃，生生互动、师生互动良好	10	
	课堂呈现	学生合作有效度，探究有深度 课堂立体互动，激情而高效	10	
	目标达成	能综合运用所学的知识与方法，解决问题	10	
总 分				
评价意见：				

3. 第三阶段：基于文化理解

文化理解的过程不仅仅有认知结构的变化，还有人的情感价值观的变化。为了提升师生双主体参与课堂教学的有效性，让学生高度参与成为一种课堂常态，我们根据文化理解的这个定义与中学阶段学生文化图式的变化特征，引导教育对象（中学生）的文化图式朝着教育目标方向发展，重新制定了指标体系，如表10-3所示。

表10-3　基于文化理解的课堂教学评价表

教学行为						课堂参与度			
观察指标			表现等第			行为指标		投入程度	
一级	二级	A	B	C	一级	二级	A	B	C
唤醒学生情绪	1. 教师对课堂有激情					情绪参与	1. 有热情			
	2. 调动学生身体活动					2. 好奇心			
	3. 恰如其分的幽默感					3. 快乐感			
提高学生兴趣	4. 利用游戏和无关紧要的竞争					行为参与	4. 注意力			
	5. 引发学生对主题的思维碰撞								

续　表

教学行为			课堂参与度		
观察指标		表现等第	行为指标		投入程度
一级	二级	A　B　C	一级	二级	A　B　C
提高学生兴趣	6. 提供生活化、契合主题的信息		行为参与	5. 努力度	
	7. 采用回应率更高的方式提问			6. 持续性	
挖掘主题价值	8. 回应学生关心的话题		认知参与	7. 有目标、有计划	
	9. 推送具有挑战性的任务			8. 有策略、有方法	
提升学生自信	10. 强调成长型思维模式			9. 自我监控与反思	
	11. 提供行之有效的及时反馈			10. 调整与改进	
学生主要参与方式		活动沉浸式（　　）	多边合作式（　　）		动态选层式（　　）

评价意见：
评 价 人：
评价时间：

基于文化理解的教学行为的相关界定如下。

（1）唤醒学生情绪：让学生感到热情与兴奋,积极参与到课堂活动和学习中。

（2）提高学生兴趣：激发和维持学生的情境兴趣;此处的情境兴趣指的是一种短期的心理状态,包括专注力集中,思维活跃与好奇。

（3）挖掘主题价值：让所学主题的内容对学生有意义、有价值,让学生感知其重要性。

（4）提升学生自信：引导学生将失败归因于自己还需努力而不是没有能力;指明学生做得好的地方及需要改进之处,以及如何改进,帮助学生树立起自己能做到的信心。

（5）学生情绪参与：学习者在参与教学活动时，所表现的积极情感反应，如热衷、兴趣、好奇、快乐、归属感、愉悦、有趣、满足与不沮丧等。

（6）学生行为参与：学习者参与学习任务时，所表现出注意、努力，还包括当面临学习困境时所表现的坚持与不放弃的行为。

（7）学生认知参与：学习者在参与学习任务的过程中，把兴趣放在学习上，能使用有组织的、系统的学习策略，寻求超越要求，并愿意接受挑战。认知参与属于心智的投入。

第三节 探索文化理解：课堂教学评价多元主体与多维评价

探索基于文化理解的课堂教学评价，我们形成了以下两个方面的认识：一是构建课堂教学评价多元主体；二是开展以教研活动为载体的多维评价。

一、构建课堂教学评价多元主体

长期以来，课堂评价的主体只有一个，那就是由同一学科教师或同一学科专家进行评价。在新课程实施背景下，应构建符合素质教育理念的，由专家、同行、学生和家长共同参与的现代学校课堂教学评价制度，从不同侧面、不同角度，多渠道获取教学信息和资料，帮助教师全面、客观、科学地了解教学工作的不足，提高教学水平，达到教学效益最优化，促进专业发展。

1. 走出权威意识，让学生的文化图式发挥影响

教师之间相互评价彼此的课堂教学是很有必要的，但教师们也往往不能真正站在学生的立场上进行有见地的评价，因为评课老师也是从自己的文化图式出发，并不一定真正了解学生的需求、懂得学生在课堂上的切实感受。而学生是学习的主体，是课堂学习的主人，教师应充分调动和发挥学生集体的力量，让学生参与对课堂教学的评价，在思想碰撞、情感交流中，形成民主、自由、开放的学习氛围。

表 10-4 学生评课表

班级		学科		上课教师	
上课时间	年　月　日　星期　上、下午　第　节					

序号	项目	A 很好	B 良好	C 一般	D 差
1	教学内容符合我的实际程度				
2	教师讲课吸引我的程度				
3	多媒体课件或板书对我学习的帮助				
4	我对本节课所教内容的掌握程度				
5	我的该学科成绩在班级中所处的位置				
我想对老师说的话	我最欣赏的方面：					
	我觉得不满意的方面：					
	我的建议：					

2. 教师跨学科听评课，发挥不同群体文化图式的优势

新课标强调："课程的综合化趋势特别需要教师之间的合作，不同年级、不同学科的教师要相互配合，齐心协力地培养学生。"近年来，学校坚持开展以"提高课堂教学效率"为主题的磨课活动，并制定了翔实的听课、评课制度，对不同层面的教师每周听课量、评课要求等内容都做了严格的规定。通过"推门听课"活动，教师们都觉得受益匪浅。首先，跨学科听课拓展了教学思维。在听课中，教师能跳出自己学科教学的圈子，听一听、看一看其他学科教师的教学，不仅能让自己重温曾经学过的知识，还可以映照出本学科教学思维的局限，看清"庐山真面目"；其次，跨学科听课丰富了教学方法。我们能取它科之"石"，攻本科之"玉"，为自己的教学服务；最后，对于上课者而言，由于非本学科的教师往往能从全新的角度给以评价,所以更能从中受到启发,进一步完善教学设计,优化课堂教学。

3. 发挥家长积极性,了解来自学校教育群体外的文化图式

家长是学校教育工作中不可忽视的群体,家长作为学生的父母,自然非常关注学校课堂教学改革,以及学生在课堂上所接受的教育教学情况。让家长积极参与到课堂教学评价的行动中来,能有效促进教师反思与教学能力的提高。在现代学校课堂教学评价中,一是教师要充分尊重家长人格,破除"师道尊严"的传统观念,放下教师的"架子",多方沟通,与家长建立民主、真诚、合作、支持的人际关系;二是教师要充分相信家长,相信他们的参与不是"捣乱",而是有助于促进教师自身的专业发展,引导家长以一种客观公正、严肃认真的态度,积极参与到现代学校课堂教学评价中来,发挥积极的作用。

二、开展以教研活动为载体的多维评价

传统的课堂教学评价多以量表或者纸笔测验为主,这种评价方法的主要优点是,在评价过程中能够尽可能地保证评价的科学性和公正性,其弊端是评价的内容与真实的生活内容脱节。近年来,学校在课堂教学评价中积极拓宽思路,探索多维评价方法。

第一,确定听评内容,积极开展"同课异构"。"同课异构"是指同一内容,由不同老师根据自己的实际、自己的理解,自己备课并上课。由于老师的不同,所备所上的课的结构、风格,所采取的教学方法和策略各有不同,这就构成了不同内容的课。同一教研组的教师通过听课、集体评课,以及对这几节课的对比,结合他们所取得的效果,找出他们的优点和不足,然后反思自己上这节课所经历的过程,或为自己准备上这堂课进行第二次备课。

"同课异构"教学研讨为教师们提供了一个面对面交流互动的平台。在这个平台中,老师们共同探讨教学中的热点、难点问题,探讨教学的艺术,交流彼此的经验,共享成功的喜悦,真正体现了资源共享,优势互补。在评课过程中,不同策略在交流中碰撞、升华,这种多层面、全方位的合作、探讨,整体提升了学校教师的教学教研水平,提高了教学质量。

为适应新的课程评价体系对老师的要求,政史地教研组从几年前起,每个

学期都开展以同课异构为主题的听课评课活动。组内老师们相互合作,共同探讨,通过这样的活动过程,大家切实地体会到自己的教学理念、处理教材的能力、课堂驾驭能力有了很大的提高。教师备课中普遍存在的"只注重知识点的罗列,而忽视教学方法、教学过程设计"等问题得到了很大的改观,注重方法设计后的课堂,教师"一言堂"的现象大大减少,课堂效率大大提高。表10-5是对组内某位老师教案设计的建议之一。

表10-5 教案设计建议表

项目名称	好的方面	存在的问题	改进的建议
教学过程设计	1. 教学环节的各主要内容层层递进,从主要教学内容看,很好地体现了教学目标。 2. 注意了师生的有效互动。	1. 主要教学环节缺少必要的过渡。 2. "唐朝文化的传播"部分(文化)显得不太清楚。	教学各个环节增加必要的过渡。
教学难点	难点设计符合学生的认知规律。	教学过程设计没有很好地体现如何突破难点。	通过史料展示,由学生分析出中外文化交流频繁的主客观原因。
教学导入和小结	1. 课堂导入新颖能有效提高学生的学习兴趣。 2. 教学总结很好地体现了史为今用,画龙点睛,提纲挈领的作用。		

第二,建立磨课制度,探索分工评课模式。为使各层次教师通过自我反思、同伴互助的方式,提升课堂教学效率,2017年起,学校每年11月份开展教学节系列活动。如2018年举办的第二届教学节,全校18位数学教师集体开设研讨课,并请区内外资深数学专家、教研员带领全组老师进行一次又一次的磨课。磨课活动分为磨教案和磨课堂两个阶段。在磨课活动中,数学组教师分工磨课,有的教师负责评价教学目标的设置,有的教师负责评价教学内容的安排,有的教师负责评价板书设计是否合理……

以往的课后评议,每个教师都进行一番"撒胡椒粉"似的评议。看似面面俱到,实则是蜻蜓点水,无深度可言。到了后面发言的老师,基本是一句"我同意前面几位老师的看法"。新的磨课方式,加强了评价的针对性,充分发挥了评课教师的主动性和积极性,起到了很好的评价效果。

如英语教研组以前的集体评课针对性不强,大家总是围绕一个观点说来说去,莫衷一是。为了改变这种现象,英语教研组在初级教师的汇报课、中级教师的研讨课和高级教师示范课磨课过程中,提前做好分工,一般每两三个老师为一个小组,分别关注教学目标、教材处理、教学环节、提问的有效性、课堂反馈等具体的方面。这样课后评议时,大家根据这种分工,说出自己的看法和建议,保证了每人都有话可说,每个方面都有人谈到,而且谈得比较有深度。尤其在磨课阶段,这种模式能发挥出更好的作用。以往的评课发言,一般都是请有经验的老教师先谈。现在我们反过来,请最年轻的几位老师先发言,这样就给她们一种压力,使自己听课时更认真,思考得也更加成熟。

第三,制定评价主题,加强听课评课实效。每次确定一个主题对教师课堂教学进行评价,不管是听课还是评课,针对性都非常强。在听课过程中我们发现,数学组、综合理科组很多老师课前居然没有"新课导入"这一环节,不能抓住学生的注意力,激发学生学习的兴趣。为此,学校开展大讨论,针对教师课堂导入、教学环节的设置、两纲教育的渗透、作业的布置等主题,开展围绕评价主题进行听课评课的活动。各个教研组每一阶段都将评价表的某一指标或指标要素,作为此阶段的教研主题,课前备课与课后反思、改进再实践都围绕着评价主题展开。

第四节 文化图式的重建:反思制度发挥评价的后续作用

开展课堂教学评价,其目的不是为了证明,而是为了改进,即不仅仅是为了对课堂教学的优劣作出鉴定,而且还要能够让教师对课堂教学成败的原因作出评析,并且提出改进的方法。因此,课堂教学评价不是简单地以评议一节课的好坏优劣为终极目标,其最终目的是让教师养成反思的习惯,并通过对课堂教学的重建来改善教师的教学行为,提高课堂教学效率。

一、建立反思制度,以"思"促"教"

反思是教师教学中的一种内省活动,是教师对自身专业素养、教学行为与教育对象的审视回顾与再认识,它是我们教师专业成长与自身发展的核心,是教师教育智慧的精彩绽放。在新课程标准实施背景下,教学内容、教学模式都需要相应的变革,变革的成功与否很大程度上取决于教师对其实践活动的反思质量。教师在教学过程中不断进行反思,不仅是重构教学实践,提高教育教学质量的需要,也是教师专业成长的需要。当然,这里所提及的反思,不同于传统教育研究中的经验总结法,它是贯穿于整个教学生活的行为。

为了提高评价的后续作用,提高课堂教学实效,2017年9月,学校成立"青年教师成长工作坊",制定了《"青年教师成长工作坊"实施方案》,由分管副校长主抓,列出青年幸福成长的"营养菜单",立足于促进本校青年教师综合素养能力培养提升,并以符合学校校情的教师研修方式推进,助推青年教师成长,从而促进学校教育教学质量的提高。全校入职3年以内(包括3年)的教师、新任班主任、第一次任教九年级教学的学科教师、部分入职5年以内(包括5年)的教师均入坊培训,培训通过师徒结对、青年教师教学大奖赛、青年教师"面对面"访谈等途径,指导和帮助青年教师尽快融入学校幸福文化,不断提升教书育人的能力。青年教师每两周须完成一篇不少于500字的教育教学反思(每年达1万字),刚性反思制度促进青年教师文化图示的重建,让青年教师学会积累、学会思考、学会用笔说话。为了让反思成果最大化,青工坊学员分小组轮流编印《颛青文摘》,每月1期,不仅使青年教师的文字编辑能力、组织协调能力等得到充分的锻炼和展示,也为全校教师搭建了一个相互交流和学习的平台。

表10-6 教师教学反思表

反思要求	反思内容	反思评价标准
1. 鼓励教师每天撰写教学反思。一有所得,及时写下,有话则长,无话则短,以写促思,以思促教; 2. 教师每周一上交教学反思(至少一篇),由档案室统计后交教师发展中心,每月评出优秀教学反思予以奖励,并在学校学术论坛上交流; 3. 教学反思可以手写,也可以是打印稿或电子稿。学期结束后学校统一装订成册发放给教师作为资料保存; 4. 对于无故不交教学反思的教师,在业务考核中予以一票否决。	1. 写成功之处; 2. 写遗憾与不足; 3. 写教师的教学机智; 4. 写课堂上的精彩瞬间; 5. 写学生的创新; 6. 写思考和"再教设计"。	1. 主题突出、条理清晰; 2. 反思客观,切中要害; 3. 感悟深刻,有调整措施。

二、完善评价机制，表彰先进

反思制度建立以来来，青年教师撰写各类教学反思近 1 500 余篇。如不组织相关人员进行评定、遴选，就不能够对教师进行有针对性的指导，也不能有效激发教师撰写教学反思的积极性和主动性。

为此，校学术委员会全体成员每月针对教师上传的教学反思进行一次评定，按照 30%的比例评选出优秀反思，而且在网上进行检索，严厉打击抄袭行为，净化学校学术空气。两年来，学术委员会评出优秀反思 400 余篇，编印《颛青文摘》28 期。

三、搭建交流平台，切磋学习

每次大型教学研讨活动结束后（如同课异构、高级教师展示课、中级教师的研讨课、初级教师的汇报课），学校都会要求教师撰写专题反思，并评选出优秀反思，请相关教师在教工大会上进行交流，以便教师们相互切磋学习。

在 2020 年 11 月份举行的学术节系列活动中，展示课教师均撰写了课后反思，学校安排了教工大会时间，以供教师们进行交流。教师们纷纷登台，畅谈自己的体会心得，既谈优点，也谈存在的问题。摘录如下：

历史学科徐老师——学无止境、教无定法。历史学科教学基本要求提出，"初中历史教学，固然需要记忆一些最基本的历史知识，但不应该把记忆知识作为唯一的任务，应该立足于公民教育的终极目标"。"今天是过去的变化和发展，历史中蕴含着人类过去的经历、智慧和经验。"我们应该把历史课讲出有"情"的生动、有"思"的扩展、有"理"的智慧。

语文学科郭老师——我觉得课上的效果基本上已达到预期的效果，大家对这个课反映也比较好。反思如下：一是老师对学生的信任是完全正确的，且必要的；二是这次课最大的突破其实不是在表面的诵读教学的形式上，而是教学设计的调整上，将主人公性格的两面形成冲突，让学生心理产生巨大的冲击，教学环节更流畅，主题理解更集中。

体育学科沈老师——鉴于以上分析，在本节课的设计中，我采取了问题导入法、层层诱导教学法、合作竞争法等多种教学手段，并对课堂中可能出现的情况作了针对性的预设。从整体课堂效果看来,我的设计基本准确,但不免有遗憾之处,具体分析如下:一是直观教学结合问题导入效果明显;二是及时的鼓励表扬非常必要。

四、文化图式评价带来师生文化理解的加深

课堂教学评价,专指针对课堂教学实施过程中出现的客体对象所进行的评价活动,是促进学生成长、教师专业发展和提高课堂教学质量的重要手段。课堂教学评价范围涉及教与学两个方面,包括"师"与"生"两大课堂主体,课堂主体中的每一个个体都有自己的文化图式,个体的文化图式在与其他个体的文化图式或社会的文化模式、知识结构图式及其背后的文化模式等接触碰撞时,个体会不断改变自己已有的文化图式结构,以适应其他文化图式或文化模式,并形成新的个体文化图式的过程。通过三年时间的文化图式评价研究,学校着眼于培养具有文化理解特征的人,师生文化理解加深。

1. 更新了评价理念,促进教师专业发展

以前,老师们对于同事的"推门听课"比较反感,让学生来评价自己更是难以接受,评价别人的时候总是当"好好先生"。现在,老师们对于评课有了新的认识,不少教师认为,改革课堂教学评价方式,让听课不再轻松,增强了评课的实效性;带着教研主题走进课堂,使教学研究落到了实处,也提升了自己的评课能力。

改革课堂教学评价活动营造了积极健康的评课氛围,让教师在互相听课、评课活动中增进了解,互相学习、取长补短,获得最大效益,激发了教师的教学热情,也提高了教学的自我效能感。与此同时,通过让学生参与评价教师的课堂教学,对于帮助教师正确理解新课标要求,认识目前课堂教学中存在的优势和问题,优化教学过程,逐步形成自己的教学特色和教学风格,促进教师发展具有明显的作用。

在与学科教师的访谈中,语文教研组长表示其对评课有了新的认识:

第一,评课即品课。对于听课者来说,评课重在一个"品"字,所谓"品"就是品味、评品。"品课"就是要让听课者全情投入到课堂教学中的每一个细节,去思考与鉴赏。

第二，评课即交流切磋。听课者与授课者都是评价的主体，双方是平等互惠，互相学习的友好关系。在积极创设的平台上，双方都有交流沟通、协商研讨的机会，以便进行专业上的切磋。评价是一个发现问题、实施改进、促进发展的过程，是不断协调各种观念分歧，最后达成共识的过程。

第三，评课即校本培训，为评、教双方的专业发展服务。基于教研的课堂教学评价的根本宗旨在于：以评促教，评教相长，专业互促。在开展听评课的活动过程中，把课堂教学作为教育教学行动研究的主战场，把听评课的过程作为校本培训的一种形式，是高效率和高效益的，它能使听课者与授课者同时得到实惠，同时得到发展。一方面，授课者通过听取反馈意见和进行自我反思，不断提高自我认识水平和自我监控能力，激发教改的内驱力，自觉调整教学行为和心理状态，积极构建新的教学模式，达到专业水平的发展提高。另一方面，听课者通过利用这一教学观摩的机会，找出自己与优秀教师的差距，学习优秀教师的教学理念、教学方法和教学手段，以获取更多成功的经验，在观察与比较、思考与欣赏的过程中获得发展。

2. 实现了减负增效，促进学生健康成长

课堂教学的有效性虽然表现在不同层次上，但学生是否有进步或发展，是衡量教学有效性的唯一指标。过去对课堂教学的评价不够关注学生在课堂学习活动中的主体性，重教师的"教"，轻学生的"学"；不够关注学生的可持续发展与全面发展，重知识的灌输，轻能力的提升；不够关注学生的情感体验，重知识技能，轻情感态度价值观；不够关注课堂教学的实效性，重课堂教学的形式，轻教学目标的达成。通过改革课堂教学评价，学生的评价主体地位得到了体现，身心健康得到了发展。

3. 推进了教学改进，提升课堂教学效能

教学质量对于一所学校的生存和发展起着决定作用，而教学质量的提升，不能寄希望于无休止的补课、题海战术，应当聚焦于课堂的 40 分钟。课堂教学评价活动的顺利推进，也促进了课堂教学有效性的提升。一是向课堂 40 分钟要质量。通过推门听课，听课教师可以及时发现并指出上课教师在课堂教学中存在的问题，并在评课活动中通过充分的交流，找出解决问题的办法，促进课堂教学活动高效开展。以前曾出现的上课准备不充分、课堂教学目标不明确、教

第十章　基于文化理解的课堂教学评价

学环节不清晰、作业布置随意等现象得到了很大程度的遏制。二是加大了课堂教学容量。过去,许多教师驾驭课堂的能力不高,针对某个知识点反复讲解,学生还是不清楚,课堂上常常不能完成既定的教学任务,出现了教学容量低的现象。教师们在听课、评课中相互切磋学习,并通过反思和重建,减少了教学过程中不必要的环节,加大了课堂教学容量,拓宽了学生的知识面,使得大部分学生都能"吃饱吃好"。三是教学重难点有效突破,目标达成度高。无论什么学科,在课堂教学过程中必定会遇到重点和难点。有时重、难点解决得不好,影响到课堂教学目标的达成,课堂教学低效甚至无效。通过改革课堂教学评价,构建了多元的评价主体,学科教师之间、各学科之间相互听课、评课,切磋交流,丰富了教育教学技能,提高了课堂教学效率。

第五节 基于文化理解的课堂教学的策略与方法

基于文化理解的课堂教学策略,是指在充分理解中学生现有个体文化图式的基础上,引导中学生与需要学习的其他个体的文化图式或社会的文化模式、知识结构图式及其背后的文化模式等充分接触碰撞,从而导致中学生的文化图式朝着教育目标方向发展的实施艺术。基于文化理解的课堂教学方法主要有讲授法、自学法、实践法、激励法、认知匹配法、暗示法、交流—评价—归纳法等教育方法。

一、基于文化理解的课堂教学策略

基于文化理解的课堂教学策略,包括针对性策略、任务驱动策略、多元体验策略、合作学习策略、借助思维导图策略和借助微课策略。

(一)针对性策略

所谓针对性策略,是指在理解中学生现有个体文化图式的基础上,全面聚焦课前、课中和课后的针对性,促进中学生的文化图式朝着教育目标方向发展的活动组织艺术。

1. 课前的针对性。一是进行现状调查,教师根据现状调查中学生文化图式的不同,针对性地设计能够影响学生文化图式的教学方案;二是结合学校教育教学的重心,针对性地设计教育教学活动;三是引导学生做好课前的准备工作,如对教学相关内容的知识准备等;四是针对性地设计加强家校互动,通过家庭教育影响学生的文化图式。

2. 课中的针对性。一是教学目标的针对性。也就是教师根据教学中学生出现的认知、情绪反应等差异性,对预设的教学目标进行一定的有区分度的调整,以更好地适应学生差异性发展的需要。二是教学过程中班级管理的针对性。三是教学方式调整的针对性。即注意多元化地运用自主、合作、探究、体验与整合等学习方式,倡导个性化活动方式,使学生的文化图式更好地朝着教育目标方向发展,达成教学目标。

3. 课后的针对性。一是提高总结与反思的针对性。即在学生学习的过程中,注意加强针对性的观察、记录、提示、梳理与分析,及时了解学生有关教学内容的理解和文化图式变化的情况,据此提出更有针对性的完善举措,促进学生更好地进行反思总结,达成教学目标。二是注意加强课后反思改进实践的针对性。即根据学生课后总结反思的情况,明确可以改进之处,主动寻找时机,及时进行自主或合作改进的实践与记录,以促进总结反思与切实改进相结合,更好地提升教学效果。

(二) 任务驱动策略

所谓任务驱动策略,就是指在学习过程中,教师运用积极情绪体验等心理学原理,帮助学生紧紧围绕一个共同的任务,在强烈的问题动机的驱动下,通过对学习或活动资源的积极主动应用,进行自主探索和互动协作的学习,从而提升学生的学习效果。

1. 实施目的:学生在教师的帮助下理清不同阶段、不同层面的各类任务,包括小组整体任务、小组成员的个人任务、不同阶段的任务。在这些任务的指引下学生紧扣任务、调动内驱力,积极思考、解决问题。

2. 针对情况:基于个别学生表现出的文化图式的不同,或大部分学生出现的共通问题,通过布置一定时间内需要明确完成的相关任务,从而促进学生主动学习、主动发展。

3. 实施步骤:创设情境→确定任务→自主学习→效果评价

(1) 创设情境。教师创设与当前学习主题相关的,尽可能真实的学习情境,引导学生带着真实的"任务"进入自主学习情境。

(2) 确定任务。在创设的情境下,选择与当前学习主题密切相关的真实性事件或问题(任务)作为学习的中心内容,让学生面临一个需要立即去解决的现实问题。

(3) 自主学习。学生进入学习环节,这时不是由教师直接告诉学生应当如何去解决面临的问题,而是由教师向学生提供解决该问题的有关线索,如需要搜集哪一类资料,从何处获取相关信息资料等,强调学生"主动学习"的能力。同时倡导学生之间的讨论和交流,通过不同观点的交锋、补充、修正,加深每个学生对当前问题的解决方案。

(4) 效果评价。它主要包括两部分内容,一方面是对学生是否完成当前问题的解决方案的过程和结果的评价,更重要的一方面是对学生主动学习以及协作学习能力的评价。

(三) 多元体验策略

在教学过程或活动设计中,教师结合教学或活动内容与学生的兴趣爱好,帮助学生创设多元化体验过程,让学生在经历与感悟中收获知识与技能,体验成功与快乐,提高社会适应能力。

1. 针对情况:尽管科技发展日新月异,但学生在学习或活动过程中的体验还是比较单一的,学生无法对所接触的知识内容留下深刻印象,通过多元体验,有利于增加学生原有文化图式与他人文化图式接触的机会,加深学生对所获得知识的认识,增强学生的获得感。

2. 实施步骤:明确任务→创设情境→多元体验→效果评价→调整改进→小结交流。

3. 实施方式:采用情境式体验、游戏式体验、模仿式体验、写作式体验等方式。

4. 适用课程类型:主要适用于三类课程,一为基础型课程;二为拓展型(研究型)课程;三为德育类社会实践课程,如"三健"主题教育、社会实践教育等活动,通过多元体验,加深学生对所获得知识的认识,从而培养学生的能力和素养。

案例:在提升初中生主动发展感知,表现表达四季的色彩素养——

"四季的色彩"区级课题研究课中,采用了多元体验策略。

课前:

实践体验学习,课前布置预习学习单——你会选择用哪些颜色来代表四季的色彩呢?寻找代表四季色彩的图片,选择一个季节的图片进行介绍,注明季节和颜色;请你查阅资料并试着用自己的话来回答下面的问题。在学生查阅资料自主完成预习任务的体验活动中,激发学生对四季色彩的学习兴趣和探索欲。

课堂:

学一学。通过回顾预习学习单内容,引导学生理解色调的含义;请学生上台用色彩卡片完成游戏体验,其他学生通过色彩卡片猜测袋内的物品参与游戏,引导学生了解色彩的冷暖关系;之后学生通过教师引导独立思考、讨论,学习理解色调的冷暖关系,领会色彩在画面中的变化,感知四季不同色彩的搭配,为后续自主创作做好准备。

观一观。学生独立观看教师演示示范,针对一个季节色彩上色的过程,培养学生独立观察示范步骤的能力,明确如何在画面中体现四季的色彩。

试一试。学生通过事先下发的课堂学习单,选择好想表达的主色调。尝试用油画棒填涂主要颜色、搭配次要颜色,自主进行创作实践,培养学生独立主动学习的能力。

赛一赛。学生按照比赛要求,每组规定一个季节颜色,先在组内进行比赛,后选出最佳作品,组织4人组际比赛。培养学生能够主动参与比赛独立创作以及合作完成比赛的能力,从而促进课堂集中上色练习目标较为全面的达成。

展一展,评一评。学生完成的作品展示在黑板上,按照不同季节进行区分,课件出示相关评价要求,学生根据评价要求进行自评、互评。引导学生积极参与,提升学生的合作评价能力。

概一概。引导学生根据板书和学习单等对本节课的内容进行小结,以小组讨论的形式完成小结内容,最后选出代表回答。点评学生发言,及时激励,师生合作共同小结。培养学生的合作小结能力,加强学习、交流分享和自主体验的能力。

课前布置学生寻找代表四季颜色的图片,通过学生的自主思考及查询图片可以了解学生已有的文化图式。课中,通过对课前学生作业的展示,教师的示范,展示不同人的文化图式,使学生对色彩有了感悟与思考,从而有效达成本课的教学目的。

(四)合作学习策略

合作学习策略是指在学科教学中,教师指导学生以师生合作或生生合作为载体,确定合作学习的目标和内容,指导学生合作学习的方法,制定评价合作学习情况的标准和奖励依据的教学艺术。

1. 实施目的:在课堂教授重难点时,通过组织小组讨论的合作学习,让学生的不同文化图式产生碰撞或冲突,引导学生对重难点有充分的思考,并通过自主讨论及教师指点,自主完成知识的建构。这样既促进了学生对重难点知识的掌握,也培养了学生良好的交往及学习行为习惯;在学生提出质疑时,组织学生以小组探究的方式探寻质疑问题的答案,既符合学生的心理需要,又能提高课堂的学习效率。

2. 实施方式:组织和指导学生进行小组分工,根据学生原有文化图式的不同,采用同桌合作式、前后四人小组合作式、四人小组自由组合式、异性结对组合式等方法,通过查阅书籍、网络资源等学习方式,完成自己小组中的学习任务,并在小组中互相交流,互相借鉴,取长补短,然后教师组织学生进行小组合作自主学习成果的展示,由小组长汇报,其他组员可以进行补充,当遇到错误或不足之处时,教师或其他学生及时给予指导或纠正。

3. 评价举措

(1)评价方式:通过自我评价、学生互评、组际评价和教师评价相结合,使用量表法、观察法、测试法等方法进行有效评价。

(2)评价内容:主要有学习前的设计、学习中的现场情况和学习后的交流评价反思改进等。着力关注两个方面,一是参与情况和质量情况,二是评价时机。

(3)评价时机:评价的时机,注意把握三条原则,表扬激励性评价要及时且在众人面前进行；需要立即落实的改进性评价建议当面（在个体面前即可）及时完成；非立即需要改进的评价建议区分情况（学生特点），或立即或延缓进行。这样，就较好地发挥了口头评价的正能量。

案例：在提升学生主动发展"三素养"——"'我的初中新闻'新闻写作"区级课题研究课中采用了合作学习策略。

课前以小组为单位，让学生复习并完成新闻体裁知识梳理——锻炼学生小组合作复习、梳理新闻体裁知识、进行交流的能力；增进小组合作意识。

课中在复习消息结构特点的基础上，以小组为单位，根据提供的9月校园推普周新闻事件材料拟写标题，进行组间评价等——锻炼学生提炼"我的初中新闻"素材的能力，并在实践操作中融会贯通，掌握消息的基础知识与写法；强化学生合作评价的能力，加强参与感及小组荣誉感。

为学生提供入学教育相关的新闻纪实（通讯）稿件，鼓励学生通过小组合作，比较、交流纪实（通讯）与消息的异同，并尝试把通讯改写成消息，为之另拟标题及导语——培养学生关注自己的初中生活经历，锻炼学生小组合作比较、梳理不同新闻体裁特点的能力；培养学生在合作中复习、讨论、归纳的能力，在实践中锻炼新闻写作的能力。

自主重温课文，交流新闻特写的写作启发——继续培养学生在听取复习归纳、合作讨论、实践操作中融会贯通的能力。

自主回忆进入初中之后经历的大型事件，截取某一片段进行"我的初中新闻特写"的创作——培养学生关心学校事，锻炼学生捕捉新闻线索、抓住新闻热点的能力，强化其自主写作能力。

组内交流、点评"我的初中新闻特写"——锻炼学生的合作评价能力；巩固"新闻特写"方法。

各小组推选出优秀的"我的初中新闻特写"片段，参与课堂交流、点评——继续锻炼学生的合作评价能力；分享成果，提高学生善于合作交流、倾听的能力。

组织合作小结——培养学生学会作出小结的良好行为习惯，锻炼小组合作作出小结的能力，增进学习小结意识；再次巩固"新闻特写"方法。

课后以小组为单位,编辑制作电子小报或新闻网页,或以编辑、发布微信公众号的方式来呈现自己的作品;组内成员进行自评;下次课上,组织小组展示、互评——锻炼学生根据自己的喜好编辑、发布、交流、评价"我的初中新闻特写"创作片段的能力;增进"新闻特写"创作与交流的主动性。

学生通过自主学习、合作学习,梳理了新闻稿的类型以及构成要素,不同组员间意见的统一、代表作的推选也是文化图式相互碰撞后统一的结果。教师采用校园生活的片段,触发学生回忆。因为是自己的亲身经历,所以学生的主动性、积极性得到了有效激发,学生的学习效果非常好。

(五) 借助思维导图策略

借助思维导图策略,是指教师围绕某一个知识点采用发散性思维的图形工具,架构知识与知识间的联系,以便帮助学生理解并强化相关知识的一种策略。思维导图将思维过程和知识结构用图形展示出来,可以更好地把握学生思维过程和知识的整体架构,以便于学生结合自己原有的文化图式,将新知识整合到已有的知识体系中。学习中合理使用思维导图,不仅能调动学生的学习主动性,而且还有利于学生的潜能激发和终身发展,在教学中有较大的应用价值。

1. 针对情况:针对学生学习比较片段化,难以形成完整的知识体系,同时容易遗忘等不足,采用借助思维导图的策略。它可以帮助学生系统地梳理知识,发散创意,强化记忆,帮助学生在某一个知识点上深挖、垂直思考,这在提高教学效益的同时,也有助于学生相关学习素养的养成。

2. 实施类型

(1) 树状图——适合分类和归纳。主题,一级类别,二级类别等,可以帮助学生整理归纳相关知识。

(2) 流程图——从先后顺序的角度去分析事物的发展与内在逻辑,理化生等学科中优势明显。

3. 实施的时机:四个时机运用思维导图:(1) 边阅读边绘图;(2) 归纳总结;(3) 复习巩固;(4) 扩散思维。

(六) 借助微课策略

所谓"微课",在本质上是一种以微视频为主要载体的教学活动或视频课程,它适用于各学科(课前、课堂、课后)和社团活动等。借助微课,可有效提升学生的学习兴趣,使学生产生文化图式的冲突,起到更好的教学效果。

1. 针对情况:针对学生学习主动性不够,学生学习程度参差不齐的情况;针对难以理解的、枯燥的、静态单调的、平面化的甚至是虚化的学习内容,通过微课情境设计,使之变得生动形象、真实可感,从而调动学生的学习积极性,便于掌握相关的知识,提高学习实效。

2. 实施目的:能结合学科教学制作的微课,促进教学改进,缩短甚至解放传统课堂中教师讲授知识的环节,充分利用课上时间,开展各种教学活动,增强对学习内容的深层次理解,提高学生解决问题和相互协作的能力,满足学生高效教学的内在需求,进而提升学科学习的整体素养,促进可持续发展。

3. 实施基本步骤:学习主题→学习目标→学习引导→学习内容具体呈现(微视频呈现)→自主练习→自主质疑解疑→我的记录与体悟→我的建议→微课资源包。可针对不同学科与不同学习内容增删相关步骤,比如主题教育活动可采用学习内容活动主题→学习内容提示→微视频呈现→我的建议→微课资源包等步骤。

二、基于文化理解的课堂教学方法

所谓基于文化理解的课堂教学方法,是指在充分理解中学生现有个体文化图式的基础上,引导中学生与需要学习的其他个体的文化图式或社会的文化模式、知识结构图式及其背后的文化模式等充分接触、碰撞,从而引导中学生的文化图式朝着教育目标方向发展而采取的具体办法。主要有讲授法、自学法、实践法、激励法、认知匹配法、暗示法、交流→评价→归纳法等教育方法。

(一)讲授法

所谓"讲授法",就是指教师在充分理解学生现有个体文化图式的基础上,对引导学生文化图式改变的教学内容、要求、意义价值等进行讲解,使学生比较完整地、深刻地理解教学的内容和意义,掌握正确行为的标准和方法,以逐步促进学生增强学习意识,提高学习能力,养成良好的学习习惯,促进学生相关素养的提升。

1. 实施目的:通过教师的语言,适当辅以其他教学手段,向学生传递知识信息,促进学生理解,启发学生思维,发展学生能力。根据教学内容,结合学生实际,运用富有启发性的教学语言,激发学生的求知欲望,引导学生积极思考。

2. 具体方法：主要采用讲解法、讲述法、讲读法和讲演法。

(1)讲解法。教师以教学目标和教学内容为主,对学生系统讲解相关知识、能力和行为。运用讲解法的基本程序为：引出主题——介绍知识——分析道理——共同小结。

(2)讲述法。教师通过讲述真实事例的方式来阐述相关良好学习素养的道理,使学生进一步深刻理解接受相关教育、促进自身发展的重要性。讲述法的基本程序为：导出主题——介绍事例——分析道理——共同小结。

(3)讲读法。学生在教师指导下搜寻涉及良好学习素养的材料,学生通过个别读、小组读、全体读等方式,强化学习意识,养成行为习惯。讲读法基本程序为：导出主题——介绍材料——学生朗读——分析道理——共同小结。

(4)讲演法。学生或教师寻找涉及良好学习素养的小品或剧本,通过学生分角色表演的形式,强化学生的学习意识,培养学生的学习能力。讲演法的基本程序为：导出主题——作品分析——角色分配——学生表演——角色体悟——共同小结。

案例：在提升学生主动发展"三素养"——"子路、曾皙、冉有、公西华侍坐"区级课题研究课上,采用角色扮演法：请四位同学扮演四位弟子诵读相关内容,感受四位弟子不同的性格和理想志趣,最终取得了较好效果。

案例：在提升中学生主动交往素养的区级课题研究课中,采用了演讲法,课堂中教师要求学生在班级同学面前说一说自己的诚信故事。演讲要求学生有条理地说明自己的观点,表达准确,选择恰当的材料证明自己的观点,这能鼓励学生关注身边的诚信现象,锻炼当众发表意见的能力。同时,课堂上还采用了讲演法,课堂中教师要求学生通过小组合作表演的方式呈现诚信故事,进一步帮助学生理解诚信的意义,让学生能以多种方式与他人进行有效沟通,锻炼小组合作演绎故事的能力和自信心,以及与他人合作、沟通的能力,提升主动交往素养。

(二) 自学法

自学法是指以学生个体为主体,通过自学提升相关学习素养。

1. 针对情况:通过预习,学生可以对将要学习的知识有初步的了解,知道自己有哪些问题弄不懂,并做上记号。这样带着问题听课,就会听得更认真,并且把自己对知识的理解与老师讲解的内容进行比较,加深对所学内容的理解和记忆,纠正自己的某些片面认识,从而有效培养学生自学的能力。

2. 实施目的:为了充分拓展学生的视野,培养学生的学习习惯和学习能力,锻炼学生的综合素质,可通过布置思考题,让学生利用网络等资源自主学习的方式寻找答案,提出解决问题的措施,然后讨论、评价。

3. 具体方法:引导自学法、个体自学法、集体互动自学法。

案例:提升中学生主动交往素养的区级课题研究课中,采用了预习—反馈法,教师通过课前布置学生搜集有关诚信的名言、成语、故事,制作手抄报、读书卡片等形式,完成交流成果,并选派代表准备课堂交流"诚信对人际交往的意义"这一话题;培养学生进行小组合作及高质量完成预习任务的习惯,锻炼小组合作、搜集、梳理、概括、制作小报和参与交流能力,并初步把握诚信对人际交往的意义。

案例:在提升学生主动发展"三素养"——"饱和溶液与不饱和溶液"区级课题研究课中,课前布置以小组为单位,利用厨房里的物品,探究一定量的水是否能无限地溶解物质,并选派代表准备课堂展示交流对"饱和溶液"的初印象;引导学生进行家庭实验,激发学生产生学习本课知识的内在动机,提高学生的学习兴趣和动手能力。

案例:在提升学生主动发展"三素养"——"子路、曾皙、冉有、公西华侍坐"区级课题研究课上,通过预习,学生能对将要学习的知识有个初步的了解,知道自己有哪些问题弄不懂,并做上记号。这样带着问题听课,学生就会听得更认真,并且把自己对知识的理解与老师讲解的内容进行比较,加深对所学内容的理解和记忆,纠正自己某些片面认识,从而有效培养学生自学的能力。课后,学生独立完成《论语》中部分章节翻译,选取其中二则点评,加深学生课内知识的掌握,同时有助于知识的延伸与拓展。

(三) 实践法

以学生的实践活动为基本特征,学生通过参与不同层面的以实际操作为主的学习过程的方法,这既能有效调动学生的学习积极性,又能提高学生解决实际问题的综合能力,有助于良好学习习惯的养成。

1. 针对情况:针对学生只重视理论知识学习而实践能力较差的现状,提出"实践法"的实施方法。

2. 实施目的:为改变现状,设计以学生为主体的实践性活动,使学生巩固、丰富并完善所学知识,培养学生解决实际问题的能力和多方面的实践能力。

3. 具体方法

(1) 模仿实践法。模仿实践法是指学生在教师的指导下,通过有目的、有计划的先模仿后实践的方法,在学会相关具体操作实践本领的同时,提升学生的综合素养。

(2) 合作实践法。如社团活动废弃物有效利用实践。指导教师通过老带新的方式,让社员合作进行设计作品的构思、裁剪、配色、拼搭、展示实践,从中熟悉作品的制作流程,树立"垃圾是放错地方的资源"的意识,提高了动手能力。

(3) 自主体验实践法。实践活动结束后,教师组织学生进行讨论和总结,学生对照活动前后自己的表现,总结优势,发现不足。针对不足选择合适时机,经常主动进行练习实践,这有助于学生在以后的活动中扬长避短,养成良好的行为习惯。

案例:在提升学生主动发展"三素养"——"'我的初中新闻'新闻写作"区级课题研究课中,采用了实践法。学生根据课堂提供的校园新闻事件,进行消息标题、导语的拟写以及"我的初中新闻特写"片段写作训练,并在课后修改自己的习作片段,进一步独立完成作文,从而在实践过程中锻炼写作能力。

案例:在提升学生主动发展"三素养"——"饱和溶液与不饱和溶液"区级课题研究课中,学生在问题驱动下进行探究实验,研究"饱和溶液与不饱和溶液"的限定条件。通过假设、设计实验、动手操作、观察、记录、展示等过程,学生有机会主动地体验化学探究的过程,在知识形成的过程中养成科学的态度,在动手实践的过程中提升实践能力。

（四）激励法

通过展示榜样人物和先进模范的行为与思想，激励和引导学生树立正确的目标理想，激发学生效仿的内在动机，从而提升学生的综合素养。

1. 实施目的：运用激励法培养学生的良好学习习惯，是一种颇有实效的方法。一方面，具有良好学习习惯的学生，在得到教师的表彰和肯定后，进一步巩固和改善了自身的学习习惯；另一方面，对于在良好学习习惯养成方面还有欠缺的学生而言，榜样的树立，使他们学有目标、学有伙伴，更有效地促进了他们良好学习习惯的养成。通过肯定、表扬、激励学生的方式，可以促使学生良好发展。

2. 激励内容：学习过程中注意力集中、快速完成相关任务、表达独创见解等品质；德育活动中主动参与、任务完成出色、体现独到创造性等品质，对这些品质进行激励可有效提高学生的综合素养。

3. 具体方法：拟采用目标激励、榜样激励、集体荣誉激励、情感激励、竞赛激励等方法。如榜样激励法，通过评选"文明之星""文明班级"等，有意识地加以宣传、表彰，组织学生加以学习与仿效等，以促进学生个体或集体相关良好行为习惯的养成。

案例：在提升初中生主动发展感知，表现表达四季的色彩素养——"四季的色彩"区级课题研究课中，采用了激励法。对学生在课前独自完成预习学习单的情况；课上多元体验学习活动、合作评价等方面的参与积极性、完成速度快和质量高等表现，进行及时激励评价，激发学生参与热情，发挥学生的学习积极性，激发学生身上的积极力量与特点。

案例：在提升学生主动发展"三素养"——"饱和溶液与不饱和溶液"区级课题研究课中，采用多元激励法。如（1）情感激励：课堂上，对学生在课前预习、小组合作成果交流和展示、小组代表发言等积极参与的表现，进行及时点评和鼓励，引发学生积极的情绪体验。（2）活动激励：以小组合作预习、课堂小组探究实验、组内归纳—展示—交流、小组代表发言、小组讨论、合作小结、组内互评等形式丰富的小组活动，以形成积极的环境，激发学生主动发展。（3）榜样激励：通过组内推选代表解决"饱和溶液与不饱和溶液"在实际生活生产中的问题,以达到榜样激励的效果,促进学生产生积极的内在动机。

(五)认知匹配法

认知匹配法指通过积极情绪体验、积极心理品质、积极内在动机、积极主观幸福感、积极环境等原理,配合其他举措,引导学习者进行教育教学内容、发展目标和学习形式等方面的相互和谐组合,提高教育教学实效的办法,这一方法将有助于提升中学生的综合素养。

1. 内容匹配:与诊断后的现状、学习单引导相匹配,与教育教学学习内容选择相匹配;与例题和巩固型练习题、拓展型练习题、课后作业选择相匹配;与评价内容和其他评价举措相匹配等。

2. 目标匹配:与课标基础型目标相匹配;与分层发展目标相匹配;与拓展学习目标相匹配;与分类学习目标相匹配;与专项学习目标相匹配;与一定内容的教育教学举措关联目标相匹配,与特需学习目标相匹配等。

3. 形式匹配:良好的学习方式——自主、合作、探究、体验式,组合式(如合作探究体验式);系列问题引导式;情境教学式;合作游戏式;借助信息技术式;联系生活式;操作实验式;多元引导式;多元强化式;多元评价式等。

(六)暗示法

暗示法是指运用积极情绪体验、积极内在动机等相关原理,反复地向个体输送潜意识,激发其正能量,帮助其意识愿望达成,或启动积极行为,从而提高中学生相关素养的办法。

1. 适用内容:学科学习中,学生个人、小组、班级整体等的相关纵向对比有:进步的表现、态度行为积极、认知与理解速度加快、学习质量提高、思维发展有深度、提问或解决问题有新意、学习方法有特色、解题步骤更为规范等。

2. 适用对象:相对学习困难一些、行为偏差一些的学生,尤其是性格内向、面子薄的学生。

3. 适用场合:课前预习反馈中、课堂自主学习和小组合作学习巡视中、课堂总结中、课后辅导中、随机当面交谈中、交流涉及不在场学生时等。暗示法能全面地最大限度地调动学生的积极心理因素,有开发大脑智力储备、充分发挥非智力因素的作用,达到教学的最优化。

4. 运用方式:神态、语言、动作、递纸条、用符号等。

(七) 交流—评价—归纳法

"交流—评价—归纳法"是指在课堂过程中,学生针对课堂内容进行交流,通过自评、互评以及总结归纳,提高学生自我认识、点评他人的能力。

1. 评价意义:评价是课堂教学活动中的重要组成部分,它反馈的信息量大,客观性强,及时反馈总结有利于强化激励,帮助学生发展多方面的潜能;全面了解学生学习的过程和结果,激励学生的学习,帮助学生正确认识自我,增强信心。

2. 评价内容:一般是覆盖课堂中各个环节的反馈,要求学生认真聆听、欣赏整个过程,针对相应内容进行评价,同时针对老师提出的问题进行交流、讨论,最后归纳,培养学生当众交流、评价他人的能力,锻炼学生尝试总结的能力。

3. 评价注意事项

(1) 评价对象全员化:在课堂即时评价的过程中,一定要注意面向全体,不能忽略某个学生。评价时注意根据课堂特点,对全班、小组和个人做出相应的评价。

(2) 评价内容多元化:按照学生不同的活动方式进行评价,评价的侧重点也有所不同。对于全班性操练,着重于操练内容的准确;对于小组活动,评价的立足点在于小组各成员之间的协作配合是否默契;而对于个人,主要重视其回答是否准确、声音是否响亮等。

(3) 评价形式多样化:按照评价对象的不同可以分为自评、互评、师评、家评等,评价的对象不同,标准也不同。

案例:提升中学生主动交往素养的探索区级课题研究课中,采用了交流—评价—归纳法,课堂中教师要求学生认真聆听、欣赏,针对诚信故事表演、演讲进行评价,同时针对老师提出的问题进行交流、讨论,最后由主持人归纳,整个环节锻炼学生当众交流、评价他人的能力,锻炼学生尝试总结的能力。

案例:在提升学生主动发展"三素养"——"饱和溶液与不饱和溶液"区

级课题研究课中,教师组织合作小结——以课堂反馈练习形式引导学生进行思考、小结,培养学生学会小结的良好行为习惯,锻炼其小组合作小结能力,增进学习小结意识;再次巩固"饱和溶液与不饱和溶液"概念的重点和难点。

第十一章　基于文化理解的中学外语教育

洋洋洒洒十章内容,《基于文化理解的中学教育理论与实践策略》一书的主体内容基本告一段落。但我们总感觉缺了什么？蓦然发现缺了这本书的源头,这个源头就是7年前我们探索研究的"基于文化理解的外语教育"。也就是说,没有"基于文化理解的外语教育"的成功研究与学校实践,就没有后面的《基于文化理解的中学教育理论与实践策略》。故本书添加本章内容,以便读者厘清本书所提到的理论与实践之间的逻辑关系。

我们知道,世界经济的全球化与"互联网+"时代的到来,使得各个民族文化融合的速度进一步加快,人类真正开始进入全球化时代。在这样的时代,各个国家与民族学习彼此的语言,这是推进全球化的必然途径与手段,也是促进各个民族与国家相互理解的重要途径与手段,因而外语教育成为每一个国家与民族必然的选择。要实现中华民族伟大复兴的中国梦,就必然要融入世界,因此外语教育也就必然成为我们教育中最重要的内容之一。

由于外语教育是在母语背景下进行的,其学习难度和教学效率与初始的设想相距甚远,因此,如何提高外语教育的有效性,成为每个国家外语教育研究者始终关注的主题。审视当下我国的外语教育现状,无论是外语教育研究者还是实施者(教师),其目光都更多地聚焦于外语"教学",聚焦于语言本身(词汇、语法等)和语言技能(听、说、读、写、译等),而忽视了外语的育人功能,忽视了对外语所承载的文化的理解与辨析。而这种现状则导致了许多外语学习者看上去能够熟练地使用外语,但实际上却只能进行浅层次的交流,一旦涉及到该外语国家或民族的文化特性等方面时,就一无所知或知之不多。因而不能很好地进行文化层面的理解与沟通,甚至造成种种误解,更遑论有效地向世界传播中国文化。

当前,国际上不少国家对中国的理解存在较大的偏差和认识误区,这固然与对方固步自封、未能以发展的眼光看待中国的发展进步有关,但也与我们缺少像林语堂、辜鸿铭这样同时精通中外文化的人才对外发声有着莫大的关系。《中国经济周刊》曾于2014年12月30日报道:我国高铁出海面临的第一道门槛,就是英语交流能力不足以及对西方文化的了解不够。2012年年底的一个北欧高铁项目,我国高铁某海外营销团队经过两年多的努力,离竞标成功只差一步之遥的时候,连对方公司的CEO也同意了,却因为我方翻译不够理解对方的深层次文化,导致翻译错误,最终投标失败。

所以,在今天这样的时代,中学外语"教学"转型为外语"教育",已成为一个无法回避的话题,也是中国外语教育发展的必然方向。那么,通过怎样的外语教育方式与途径,才能实现我们的教育目标?才能让更多的像林语堂、辜鸿铭这样同时精通中外文化的人才脱颖而出?

通过长期的中学外语教育实践,以及对国内外成功外语教育模式的比较研究和对教育哲学的思考,我们从文化理解视域这个角度去思考外语教育,提出了"基于文化理解的中学外语教育"理念,并在上闵外进行了成功的教育实践。

第一节　基于文化理解的中学外语教育

从文化、语言及外语教育之间的关系,我们可以看到:外语教育与各民族的文化模式内涵有着直接和密切的联系。厘清这两者之间的关系,深刻理解外语所对应的文化模式的特点,与提高外语教育效益成正相关。

一、我国外语教育的探索

近40年来,外语教学在我国主要经历了"语法·翻译"教学法→听说教学法→交际教学法这三段发展历程。从中我们可以看到,40年来,我国的外语教学从"哑巴外语"逐步走向"交际外语";外语背后的文化因素对语言教学的影响,也逐渐获得研究者和外语教师的重视。

20世纪90年代起,受到加拿大沉浸式(immersion)外语教学理论的影响,我国一批学校开始实施双语教学,目的就是希望学生能更多地进入外语的文化环境中去应用外语,从而真正把握外语,并更深层次地理解外语。但限于大的国家环境、课程目标、教育教学目标、师资力量、考试导向等因素,从教学内容上看,这种探索更多的是变成了学校的"面子工程",真正的效果并不是很好。从教学空间上看,这种教学法在幼儿园以及小学低年级用得比较多;到了中学,更需要学生理解语言背后的文化时,这种外语教学法就逐步走向了形式主义与功利主义。

与此同时,近30年来,国内很多学校为了便利学生出国,开始直接引进外教与外国课程,直至进行中外合作办学;特别是在初高中阶段,试图在丰富学校课程教育内容的同时,从源头上解决外语教学问题。但在目前的中国,这种尝试更多是功利性的,即为学生出国留学服务,而很少涉及育人问题。

进入21世纪后,随着我国加入WTO,中国进一步融入世界。对教育来说,为了迎接这种挑战,国内教育界积极推进"国际理解教育"(education for international understanding)项目,努力增进不同文化背景、不同种族、不同宗教信仰和不同区域、国家、地区人们之间的相互了解和相互宽容。但在这个项目的推进过程中,学校和教师更多聚焦于部分文化知识和表层文化现象的传授,而缺乏对文化差异的分析,以及对多元文化理解力和跨文化交际能力的培养。同时,这个项目的教育目的,更多的是直接着眼于不同文化的理解,与外语学习的关系并不密切。

2010年前后,本书的作者之一吴金瑜先生曾主持了一项上海市闵行区重点课题——"国际课程本土化研究实践",该研究主张将学校国际高中部的部分课程本土化后,以双语教育的方式引入本土高中,从而促进学生的国际理解能力与未来应对社会能力的提升。其中引进了A-level课程的"商科""经济学课""科学"等。两年多的实践研究也取得了预期的成果,学生对西方世界重商文化有了进一步了解,相应的专业知识与能力也有了提升,但研究并未就外语教育与文化理解进行进一步的具体与系统的探究。

当下基础教育阶段的外语教育,更多的是外语教学。所以,我们借助万方、知网等数据库,以"外语教育教学""文化教育模式""文化理解"等为关键字词进行了检索,发现国内大多数研究者更为关注大学外语教育,对中小学外语教育教学的研究,则多集中在"外语教学",且多关注于外语课堂教学,而少有研究者跳出课堂看待外语教育,可以说,关注"外语教育"的人比较少。

在文化模式与外语教育的关系上,北京第二外国语大学吴平教授与中央民族大学张公瑾教授合作,对此进行了深入研究,但仅局限在对文化模式本身的研究上,或仅局限于外国语学习与每个民族文化模式之间的关系研究上。当然,这种研究给了我们很大的启示:语言的学习效益与语言背后的文化模式是有关系的。而当前国内有关文化理解与外语教育的实践研究则基本没有。

在中国,人们从来没有像现在这样需要具备外语能力。随着世界的发展、国际社会的变化,外语教育的目标也必须作出调整。比如我们原来主要强调听、说、读、写、译等语言运用与传达技能的培养,现在则应该同时强调文化理解能力的培养,即通过学习,使学习者较深地理解本国和外国文化,具备与不同文化背景的人们共同生存、共同劳动的能力。从这个意义上讲,外语教学开始更多地担负起育人的功能。成功的外语教学(教育),不仅应该提升学习者的语言技能,更应该培养他们具备良好的跨文化意识和跨文化能力。也就是说,我们不仅要培养学生具备熟练的外语语言技能,而且应该使其在深刻理解中华文化的基础上,洞悉外语背后的文化,使他们今后能够游刃有余地穿梭于中外不同文化之中,成长为高素质的世界公民,并发展为中外文化交流的优秀使者。从这个意义上讲,今天的外语教学正转向外语教育。

二、文化与外语教育

由于研究者的思路和眼光投向的不同,人们对文化的解释以及相关的理论方法是多种多样的。从存在主义的角度来看,文化是对一个人或一群人的存在方式的描述。美国的"人类学之父"——爱德华·泰勒在《原始文化》一书中给出了一个西方文化的经典定义:文化是一个复杂的总体,包括知识、信仰、艺术、道德、法律、风俗以及人类在社会里所习得的一切能力与习惯。

所以,文化是由人创造并以人为主要载体得以解释与实践的,即人是文化的核心因素。由于人的生命存在于活动中,所以文化被人不断地创造、解释着。同样,文化也具有改造人的特性,即文化可以使某一个体或某一人群的人生特征发生改变。所以,人之道,文化之道也。

加拿大著名社会人类学家盖·瑞驰(Guy Rocher)提出了文化冰山模型(Iceberg Model of Culture)(见第一章第一节)。显然,在这种文化模式中,我们能感觉得到人们的行事方式、语言、仪式等文化表象的内容是思想、价值观、态度气质等的外在表现。同样，我们可以说，文化内在的思想、价值观、态度气质等（冰山水下部分）是可以通过人的行为、语言等（冰山水面部分）方式表现出来的。事实上，各种文化模式的形式是相似的，即外在形式如盖·瑞驰的文化冰山模式，但具体的内容却又千差万别，而作为冰山文化模式中水面上最重要的一部分，语言的差异性是不可忽视的。

教育是人类特有的文化现象，故其也具有文化的一些基本特征。同样，教育对文化也有巨大的作用；文化因为教育得以更好地传承与发展，而文化的形态因为教育而发生改变。外语教育是指通过各类显性或隐性的教育活动（含教学活动），让学生熟练掌握外语的基本语言功能，如听、说、读、写等，更重要的是使学生在此基础上理解外语背后所承载的外国深层文化，同时将其与祖国文化比较，发现民族文化之优势，吸收其他民族文化之优点，辐射传递中华民族之优秀文化，从而使学生成长为一个具有民族情怀的世界公民。

三、基于文化理解的外语教育

从上面的论述中我们可以看到，文化理解最终还是落实到人，是人对他文化的理解。同样，说明人对他文化的理解不仅仅是人自己的感受，更重要的是他文化对人的这种理解的反映。

可见，所谓人与人之间的理解，只有当此人到达彼人的文化图式，并通过某种形式的交流，达到"文化图式的融合"，彼此的理解才可能达成，文化理解才可能实现。文化理解需要彼此语言的交流，但更需要我们进入语言所代表的文化模式。故文化理解不是此文化对彼文化的同化，而是不同文化模式的融合。

从中我们也可以明确地看到，达到文化理解的人一定可以在理解本民族文化模式的基础上，达成对他民族文化模式的理解，并通过文化融合的方式表现出来，我们可以认为这样的人是跨文化的人。像林语堂、辜鸿铭这样博通中外文化的人就是跨文化的人才。

现在，一个问题产生了，要达到文化理解，必须要进行交流，什么方式最有效？显然是语言交流，因为一个民族的语言是其文化外显的最重要的表现方式。那么，学会了另一个民族的语言就一定达到了对对方文化的理解吗？答案显然是否定的。因为语言不是文化的全部；而且语言有时只是文化的一个表征符号，不同的文化情景下，语言的解释又是不同的。所以，只知作为文化表象的语言，而不知语言背后的文化内涵，并不算真正的外语教育。基于这样的理解，我们提出了文化理解视域下的中学外语教育。

根据上面的讨论，我们建构起如下基于文化理解的中学外语教育概念：让学生在深刻理解中华文化的基础上，在学习外国语言的同时，融入到这种外语背后的文化中去；通过充分的交流，了解、理解这种外语背后的文化模式，让学生更好地掌握外语外在的交流功能及内在的文化意义，从而使他们今后能够游刃有余地穿梭于中外不同文化之间，成长为高素质的世界公民，并发展成中外文化交流的优秀使者。如图11-1所示。

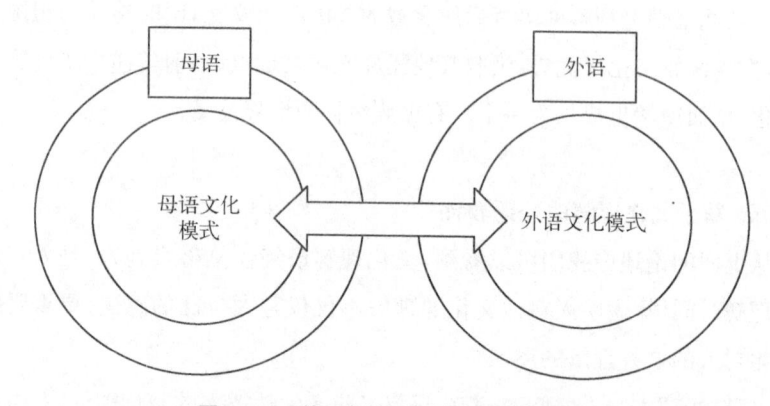

图11-1 基于文化理解的外语教育模型

基于文化理解的中学外语教育要处理好如下几个问题。

1. 要处理好母语文化与外语文化的关系：在理解本民族语言与文化的基础上，进行基于文化理解的中学外语教育。

首先，从语言本身来说，我国著名的语言教育专家、华东师大王斌华教授对基于母语的外语教育理论进行了梳理，他批评了早期的平衡理论，极力推荐其他三个理论：思想库模式、阈限理论和依存理论。平衡理论认为，一种新语言的掌握一定会削弱原有语言，这已经被外语教育实践证明是错误的。而另外三种理论均论证了第一语言的优势对外语学习是有帮助的。依存理论认为，外语水平部分取决于母语的语言能力水平。所以，基于文化理解的外语教育模式要求学生首先学好母语,并深入理解本民族的文化模式。

其次,从教育目标来说,我们不是为了培养外国公民,而是为了培养中华民族振兴、人类发展进步所需要的未来人才。这就意味着,我们需要的是具有跨文化交流能力的、具有民族情怀的世界公民。所以,在这种外语教育模式中,我们希望学生首先要具有较高的本民族语言修养。这样做并不会导致学生排斥外国文化。上面提到的思想库理论指出,尽管两种语言与文化在大脑中保持各自的特征,但两种语言与文化会共同促进学生大脑思想库的成长发育,其中母语的高度更是决定了外语学习的水平。

2. 基于文化理解的外语教育并不排斥学好外语语言本身,相反,良好的外语语言基础是推动实现基于文化理解的外语教育的最好的基础。

首先,语言本身是文化最重要的内涵之一,也是人类情感、生活方式、思想、信仰等的外在表现方式之一。故学好语言,本身就是对这种语言所代表的文化的一种理解,同时,通过语言学习可以对这种文化模式有一个表象的认识。其次,语言是文化的表现方式之一,故语言的意义也是由文化所决定的。同时,语言对所对应的文化发展也会起促进作用。最后,基于语言的上述两种性质,学好语言对了解、理解其对应的文化内涵可以起到事半功倍的作用。

所以,基于文化理解的中学外语教育,是在做好外语的语言功能教学的基础之上,更进一步重视外语教育的育人功能。

3. 基于文化理解的外语教育,不是单向地去了解、理解、包容外国文化。从上面对文化理解的概念论述中可以看到,对一种他文化的理解不仅仅要融入对方的文化模式,更重要的是通过交流实现相互了解而非单向了解,并实现相互尊重条件下的价值认同。因此,在进行基于文化理解的外语教育时,我们应该根据不同学生的价值认知水平,开展不一样的教育方式,切不可一刀切!同样,在开展这种方式的教育实践时,让学生进行不同文化模式间的充分交流是必须的。我们从思想库理论得到启示,对外国文化的理解也会促进学生对本民族文化的理解,同时会让学生融合两种文化的优势,成为优秀的跨文化人才。

4. 这里需要特别提出的是,基于文化理解的中学外语教育是否成功,其重要标志是学生能否在掌握外语语言交流功能的同时,了解更多语言背后的文化。但这不是全部,甚至不是最重要的,最重要的是学生能否在这样的教育过程中,基于自己的民族文化,了解、理解、包容外国文化,最终形成自己正确的价值观与行为方式。

第二节 基于文化理解的中学外语教育实践探索

在上闵外,外语教育不仅仅关注学生对外国语言的掌握,更重视让学生理解外国语言背后的文化,使学生在与外国文化的交流中,基于对自身民族文化的认同和对外国文化的理解、包容和尊重,成长为具有民族情怀的世界公民。上闵外将这一理念落实在外语教育日常扎实的教学和细致的教学评价中,完全符合我国提出的中学生外语学科核心素养的要求。

全球化带来了丰富的多元文化经验,开阔了人们的视野,密切了人们的联系。随着来自不同国家、不同地区人们经济文化往来的日益频繁,在对外交往的过程中,我们不可避免地会受到社会风俗的影响、历史文化的制约,文化冲突也会不可避免地发生,所以对文化理解能力的培养得到了高度重视。现在,如何基于文化理解开展外语教育,已经成为了新时代学校努力的方向。

上闵外在开展精致的传统外语教学的基础上,积极构建和创造基于文化理解的外语教育策略体系,实现文化理解与外语学习相融,齐头并进,比翼双飞。策略体系包括:改进外语教学方式和教学模式的策略,零距离接触外国语言和艺术的策略,以及沉浸于外语氛围和真实环境的策略。学校通过强化英语阅读教学,引进 LAC/CLIL 教学模式;将美剧融入外语课堂;普及来自美国的舞向未来艺术教育;开展国际文化节;落实海外短期留学等,以培养学生跨文化素养为目标,引导学生基于对自己民族文化的认同,理解、包容外国文化,增强自身跨文化素养,提高跨文化交际能力,减少不同文化之间的冲突,从而成为一名言有物而行有格、具有国际视野与民族情怀的世界公民。

一、改进外语教学方式和教学模式的策略

1. 外语教学课内外结合策略

在 2016 年发布的"中学英语学科核心素养"中,"文化品格"一词被着重提

出,让我们开始逐渐将阅读教学的注意力从"字面含义的理解"转移到了"文化意识的培养"。那么,阅读教学中是否应该注重文化意识的培养?如何培养?注重对文化意识培养的意义是什么?

高中英语阅读教学不能脱离文化语境而单独成为一种语言训练,因此在教学过程中,我们不断尝试通过丰富的课程、多样的教学方法等,让学生了解这门语言在社会文化交流下的思维模式、生活方式、风俗和价值观念等文化背景知识,从而使学生在进行英语阅读时能够了解到这些英语文章的深层次含义。我们常说,想要真正地掌握一门语言,首先一定要了解它的文化背景。也有许多研究表明,如果教师在英语阅读教学中对学生进行文化背景意识的培养,那么,学生一般就会掌握一定的文化背景知识并拥有一定的文化鉴赏能力,从而能够具备合乎逻辑的推理和判断能力,这有助于其解决在英语阅读方面遇到的难题。这样一来,学生在课堂上掌握到的知识,就能够得到更加有效的转化和应用,学生学习英语的兴趣和运用英语知识的能力自然也就得到了提升。

围绕学生的文化理解素养提升,我们主要做了以下三个方面的努力。

首先,从内容上,有意识地补充与文化有关的阅读文章,让学生"走近文化"。在我们的英语教学中,教师应当注意,首先要基于我们已有的英语课程教材中所涉及到的相关文化背景知识,进行相关知识的补充和拓展。如中外节日的差异,以及这些节日的来源,学习中用遇到的与文化有关的背景知识、社会制度、发展历史等拓展内容,来加强学生对知识的记忆。

例如,在高一年级第一学期的教材中,有一篇介绍英国复活节与圣诞节的文章:Holidays and Festivals in the United Kingdom。在新课之前,教师布置学生预习作业时提出如下问题:

(1) What do you know about Easter and Christmas?

(2) What else do you want to know about Easter and Christmas?

(3) What do you usually do to celebrate festivals in your country?

在教授新课时,由于学生已经对西方节日有了一定的了解,在此基础上,再让学生比较中西方节日的异同,学生不但觉得轻松,而且觉得有趣。

表 11-1　比较中西方节日的异同

	Easter	Christmas	Chinese New Year
When is it?	Usually in March	December 25	＿＿＿＿＿
Why do we celebrate this festival?	To observe ＿＿＿＿	Celebrate the birth of Christ	＿＿＿＿＿
What do we usually eat on that day?	1. 2. Hot cross buns	1. 2.	Family reunion dinner
What else happened on that day?	1. On Good Friday, ＿＿＿＿ 2. On Easter Monday, ① ＿＿＿＿ ② ＿＿＿＿ ③ ＿＿＿＿	1. On Christmas Eve ＿＿＿＿ 2. On Christmas day, in the morning：＿＿＿ in the afternoon：＿＿＿ in the evening：＿＿＿	1. ＿＿＿＿ 2. ＿＿＿＿ 3. ＿＿＿＿ 4. ＿＿＿＿

这些富有文化内涵的文章，不仅在教材中可以看到，在日常考试中也会时常遇到。例如，2014年的上海市普陀区高三一模的完形填空中出现了一篇关于时下西方十分流行的"home schooling"的文章，"home schooling"即""家庭学校"，目前在我们国家并非主流，许多同学不了解这一类型的学校，因此做题时感到十分艰难。所以经常让学生学习了解这些文化背景知识类的文章，有利于让学生在考试中再见到此类题型时，不会完全摸不着头脑。

其次，从形式上，学校开设专门课程，介绍相关文化的背景知识，让学生"走进文化"。

为了更进一步地培养学生的跨文化意识，学校专门开设了一门校本课程——世界文化，旨在帮助学生了解中外文化的差异。在开展教学活动时，教师会从各个国家的社会历史、风俗习惯、语言特点等多方面着手，促进学生文化意识的培养。在内容选择上，将以英语为母语的国家作为重点，并且涵盖世界上几个主要语种的代表国家，如俄罗斯、法国、德国、日本、西班牙、葡萄牙等。通过教师与学生的反馈，我们可以看到，这门课程的开设不仅能提高学生对于文化的敏感度，还可以加强学生处理文化差异的灵活性，从而在阅读文章中能自然而然地进行角度转换。

在组织课堂教学活动时,教师还可以设置一些相关的情景来让学生扮演,让学生亲身参与其中,在保证教学任务的同时,最大限度地调动学生在课堂上的积极性,使学生能够掌握根据语言交际环境的需要恰当地使用语言的能力。

最后,从活动上,把握课余时间充分开展形式多样的活动,让学生"走浸文化"。

上闵外将每年的12月份定为"国际文化月",力求通过整个月的活动(如外语配音大赛、外语演讲比赛、外语课本剧大赛、外语歌曲大赛、西洋乐器演奏比赛等),让学生浸润在外语文化的氛围中。除此之外,学校也利用各种平台帮助学生创造尽可能多的语言环境,例如住宿生的起床铃声、课间操的活动音乐等,都以外语的形式出现,让学生真正"走浸文化"。

通过近一年的实践与研究,我们最终可以从问卷调查与学生的若干次考试成绩中看出:强调文化融入与渗透,能够提高学生的英语阅读理解水平,让学生更深刻地体会到了解语言背后的文化内涵和背景的重要性,这样一来,学生在英语学科上的学习面貌、内在学习动机、自主学习能力等方面会有很大的进步,整体的阅读能力也会有显著的提高。不仅如此,这样的学习状态对其他学科的学习也有一定的促进作用。

从问卷数据来看,超过8成的学生在学习中可以感受到学习英语的乐趣,同时,近4成的学生在学期末的考试中,英语阅读部分的成绩有明显提高,较学期初的摸底测验有了2分以上的提高。

由此可见,以上方法与策略,在全面提升学生文化素养的同时,也切实有效地提高了学生的英语运用能力,同时也增加了英语教师在课堂教学中尝试新的教学方法的信心。

2. LAC/CLIL 教学模式策略

LAC(Language Across the Curriculum)教学模式,通常被译为"跨学科语言教学"模式,其理念是将语言教学贯穿在整个课程体系中,而不再仅仅局限于外语学科教学本身;CLIL(Content and Language Integrated Learning)模式,即"内容与语言整合性学习模式",该理念认为,语言学习不应该是孤立进行的,而应该与其承载的内容融为一体,即语言学习不能脱离语境和内容,语言学习绝不仅仅是单词和语法的记忆与操练,更多的是基于不同语境对内容的理解、掌握和运用。

LAC/CLIL 模式最初流行于 20 世纪 70 年代的英国学校，面向全体以英语为母语的学生，并很快在许多以英语为母语的国家展开。20 世纪 90 年代以来，CLIL 模式作为一种同时关注课程内容与语言内容的教与学的教育手段，在欧洲开始实践，并吸引了教育领域的许多研究学者、教师、教育工作者及教学管理者，特别是将英语语言作为外语/第二外语/附加语言的国家与地区，并且受到了全世界许多国家与地区的认可。正如我们学好语文，并不仅仅是为了提高语文学科的成绩，也是为了更好地运用语文知识与能力学好其他所有学科，更好地在学习、工作等社会领域发挥自己的才能。英语作为工具性语言，意在发展学生语言能力的同时，亦能为理解不同的课程知识提供帮助。LAC/CLIL 模式在课堂教学中的有效使用，能让学习课程内容与操练语言能力这两个教学活动目标产生关联，达成有效平衡。

国内多年以来的外语教学实践，始终将培养学生"听、说、读、写、译"等各方面的语言能力作为不断强化的目标，更多地强调对词汇和语法规则的掌握。而在外语使用的实际情境中，外语作为语言本身只是内容的载体和人们进行沟通交流的工具，会涉及到政治、经济、人文、科学、社会等各个不同的领域，每个领域都有各自的专业术语和表达方式，只具备语言技能而缺乏广泛的学科知识背景以及对不同文化的理解，这远不足以满足当前国际化背景下的跨文化交际需求。因此，外语教学必须从过去的关注学科知识和技能，转向关注培养学生的综合语言运用能力；从关注语言教学本身，转向跨学科知识与语言内容本身的融合。

上闵外引进 LAC/CLIL 教学模式，借鉴其教学理念，从课程设计到教学环节，从教学环节到评价反馈，再到课外活动的设计，都注重培养学生全方位的知识结构，在语言教学中贯穿跨学科知识，在多元化课程内容中渗透语言内涵。在学校的整体课程架构上，我们关注外语与其他学科学习内容的融合，开设了以英语为教学语言的世界文化课程、戏剧课程、STEAM 课程、艺术课程等，让学生更为广泛地接触不同领域的英语语言，在理解、掌握学科知识的同时，也理解、掌握并能够熟练地运用该学科专业、地道的英语语言表达。

在外语课程的设置上，我们着重关注学生对不同领域的外语语言体验和实践,开设了大量的英语报刊阅读、英语新闻听读、英语经典与当代文学作品阅读、美剧赏析、英语歌曲赏与学、科普英语等课程,阅读内容涵盖人文、历史、科学、时事、社会生活等各个方面,让学生大量接触来自不同国家的不同领域、不同语言难度的英语语言素材,让学生在首先理解语言的基础上,通过编辑、撰写阅读摘记、读后感/观后感、制作好书推荐海报、进行5分钟演讲等方式,让学生将自己理解、内化后的语言输出,从而更好地掌握这门语言。

二、零距离接触外国语言和艺术的策略

1. 范例一:美(英)剧进课堂

真实、适切的语言材料是进行有效语言学习的前提条件,由于教材编写、审核、出版所需的周转时间过长,使得教材中的许多文本内容明显与当代社会产生脱节,因而教师和学生迫切需要对教材之外的资料进行寻找和探索。中学生英语学科核心素养要求明确指出,学生学习外语的目的,不仅是掌握一项语言技能,同时应注重通过外语学习,加深对外国文化的了解和借鉴,促进学生自身价值观、人生观的发展和综合人文素质的提高。由此,美(英)剧作为一种紧跟社会发展的、真实生动的语言素材,成为英语教材的有效补充。

首先,美(英)剧与只有文字的课本相比,更加生动和形象;其次,它们是英美国家人民生活工作等各个方面的缩影,能形象生动地体现社会生活的方方面面,是文化意识传播的一种重要途径。美(英)剧作为欧美西方影视方面的主力军,在全世界都有着多种传播途径。这些电视剧常常能展现欧美文化的各个层面,包括日常生活、工作状态、礼仪交际、宗教信仰、风土人情以及他们的价值观、人生观和社会观,等等。通过美(英)剧可以感受到中西文化的差异,包括人们的体态、行为举止、生活方式及思维观点等方方面面的差异性。教师在英语课堂引入美(英)剧,与时俱进,讨论时事,能够减少学生与教师之间的疏离感,加强教师与学生之间的情感交流,有利于教学效果的提高。具体可采取以下做法。

观剧前,教师应事先提供本集的文化背景知识介绍,适当补充相关的阅读材料,同时批注语言难点、生词、专业词汇等,给学生布置相关的预习工作。另外,要确定本集学习的具体目标,列出明细。因为美(英)剧毕竟是以

故事为主线，采用视听结合的方式，如果目标不明确的话，学生在课堂上的关注重点就在情节上，而非背后的文化意识，这样也就无法达到预期的教学效果。

在观剧过程中，适当暂停并且穿插设计好的学习或者讨论任务。教师先挑选好适当和典型的剧集让学生集体观看，并在期间根据剧集中的人物情节点，分析西方的语言习惯、生活习惯、社会习惯以及背后的各种文化意识。或者针对某个具体主人公的性格进行剖析，安排学生模仿剧集片段，讨论同样的人物设置在中文文化意识下，可能产生的结果，或进行其他的教学活动。组织学生进行观后的讨论交流，另外，辨析是这个阶段的重点。

对美（英）剧进行欣赏讨论之后，也就是课堂之后，教师要及时适当地布置书面作业，以此巩固文化意识理解的输出。可以布置学生针对剧中某些有争议的话题写出自己的看法，比较中西方类似题材的电视剧中对同样事件的不同处理方法，或者针对某剧情的主题体现的中西方文化差异，进行总结评论和反思。这些方式都可以有效提高学生的中外文化差异认识度和思辨能力。

选择文化差异的不同切入角度，通过不同形式激发学生探索文化差异的兴趣。例如通过与中国相关的电视剧进行比较，进行中美语言交际的对比分析，再探讨语言背后的教育和文化差异。

以多种形式，对学生进行形成文化差异理解的检测和评价。例如，小组表演就是根据本节课已学内容，设置不同的情境，让学生表演出来。同时，提醒学生要表现出不同文化的差异，并且鼓励学生在英语表演中，使用已经学过的比较地道的英语表达。一个小组呈现的同时，其他小组进行评分，在小组表演结束之后相互点评。

以下以美剧《摩登家庭》为例来说明如何实现上面的教育设计。之所以选择《摩登家庭》这部剧，是因为其具有以下特点。

第一，篇幅短，但语料丰富。该剧每一集的时长为20分钟左右，长度适中，教师能够合理安排时间并进行相关任务与活动。这部美剧来源于美国日常家庭生活，语言丰富，表达地道，能够涵盖语言学习中语音、语调、语速、感情等几大要素，在老师进行适当的任务布置之后，学生能在观看情节的同时，轻松获取这些语言输入，达到接近"语言习得"的状态。

第二,《摩登家庭》描述了三个家庭的故事。三个家庭同时又构成了一个美国中产阶级大家庭。该剧中三个家庭的核心联系是杰和其子女克莱尔、米切尔构成的亲子关系,同时克莱尔拥有着和丈夫菲尔及三个孩子——海莉、艾利克斯和卢克构成的五口之家;米切尔拥有着和同性爱人卡梅隆及他们领养的越南女孩莉莉构成的三口之家;杰拥有着与来自哥伦比亚的年轻貌美的妻子歌洛莉亚及她与前夫的孩子曼尼所组成的三口之家。这三个小家庭除了克莱尔的家庭是通常意义上的"普通家庭"外,杰和米切尔的小家庭都具有一定的特殊性,并且反映了美国家庭组成的一些文化层面的"特殊性"。

第三,这部剧的每一集都记录了三个典型美国家庭生活中的点点滴滴。该剧以独特的视角,讲述了他们之间复杂而混乱的日常生活和情感世界,在日常琐事中反映出现代社会美国人的生活状态及家庭文化。比如《摩登家庭》所反映的家庭关系,体现出美国家庭中家庭成员之间的民主平等。这种民主平等,不仅体现在同龄人之间、男女之间,更体现在老与少、长辈与晚辈之间。学生在比较中国的电视剧《家有儿女》和美剧《摩登家庭》的时候,就能深刻体会到中国家庭由于受儒家教育思想浸润,家中的长幼尊卑是非常明显的,虽然《家有儿女》中家庭成员之间的关系也比较融洽,但更多的是家长下达命令、孩子执行命令。

第四,相互理解与支持贯穿于《摩登家庭》的剧情。该剧十分贴近现实生活,每个人都是优点与缺点并存的,都有可爱的和不愿为人知的一面。当某人的人性弱点暴露在其他人面前的时候,大家除了表现出些许激烈的责备,更多的是谅解、关怀与支持。曼尼在班级里总是不受欢迎,被孤立排斥,他的母亲歌洛莉亚总是想尽办法鼓励他。歌洛莉亚总是试图让儿子充满自信,用她的话说是:"我无条件支持曼尼,要让孩子们知道你信任他们,这是最要紧的,你要告诉他们有翅膀,他们就会相信自己会一飞冲天。"克莱尔与菲尔的孩子卢克学习成绩一直不好,但是充满想象力,菲尔就处处鼓励他,并且与卢克一起进行很多创造性的活动,来对孩子进行引导及潜能开发。再比较《家有儿女》中,刘星是一个非常调皮且具有创造力的孩子,但是他妈妈刘梅在谈到去参加刘星的家长会时表示"想找个地缝钻进去"。当然在比较这些现象的同时,学生也会进行更深层次的讨论,比如文化差异背后的原因,以及他们的看法。这种教育层面的差异是在进行中美文化对比时经常讨论的问题。美国的家长和中国的家长，在与孩子相处以及家庭关系的处理等问题上是有很大差异的，这种差异也是教育观念上的不同所促成的。

第五，《摩登家庭》融合了各种人物在不同情景下各种生活和境遇的可能性，很容易找到与阅读材料相关的内容，配合书本的学习。比如，谈到家庭中孩子的隐私问题，剧集中会充分展示普通美国家庭中父母和子女间，关于隐私问题的矛盾冲突和解决，在结合课本或者相关阅读文本来理解这个问题的时候，学生就更能充分理解和体会，同时学生也会分享他们在家庭生活中遇到类似问题时，会采用何种解决方式。

另外，美（英）剧具有时效性。和电影及其他多媒体资源相比，美（英）剧更具有时效性。例如《摩登家庭》中有很多与节日相关的内容，这有利于向学生展示该节日的文化特征和习俗。学生可以在轻松的气氛中学习到与节日有关的文化知识，这远比从书本文字中死记硬背更有效果。作为教师，我们一直在强调兴趣是最好的老师，强调我们的课堂要尝试寓教于乐。高中学生的年龄在14至18岁左右，处在对新鲜文化、新鲜事物很好奇的阶段，紧张而繁忙的学业压力，使得他们真正去体验英美文化的机会非常有限，而美剧能让学生最低成本地感受和了解西方文化，只要抓住了学生的兴趣，充分利用好资源，就能更好地促进学生学习和教师教育。所以运用当下十分流行的元素——"美（英）剧"，可以更好地实施语言教学，培养学生的文化意识。

除了让学生观看《摩登家庭》并组织学生围绕其进行对话之外，我们也让学生观看中国的电视剧《家有儿女》，进行对比研究时，我们发现，学生在掌握语言运用和熟知背后的文化差异之后，能够学会在跨文化交际中恰当得体地进行表达。

语言学习的根本目的不仅仅是信息的交流，更多的是基于文化理解的价值观的交流和融合。《摩登家庭》体现了鲜明的美国文化，是让学生在相对比较轻松的语言学习环境下，分析、理解该国社会文化的重要资源，对实现跨文化理解也起到了十分重要的作用。通过这样的方式，学生在进行语言学习的同时，理解了语言背后的文化，并能够以客观的心态，对其中蕴含的文化事项进行正确分析，取其精华，通过老师的正确讲解和积极引导，以达到美剧对于高中生英语学习和文化差异理解的积极促进作用,最终达成对学生英语核心素养的培养。

2. 范例二:"舞向未来"项目

上闵外的育人目标是"培养言有物而行有格、具有民族情怀的世界公民",我们希望培养出的是一群具有美丽心灵、优雅气质的文化人。为了实现这一教育特色,学校设计了基于"文化理解"的教育模式,即通过让学生洞悉知识与技能背后的中外文化,成为一名内外兼修的文化人,并且让学习成为孩子们一生的习惯。

"舞向未来"项目的核心教育理念是"让舞蹈与美成为学生生命的一部分",旨在通过现代舞蹈这一热情奔放、放飞自由、充满青春活力的艺术形式,让学生更好地理解西方的艺术文化,获得美的享受、陶冶心灵、强健体魄,从而成为具有美丽心灵、优雅气质的文化人。

上闵外的"舞向未来"项目,学习借鉴了全美舞蹈协会(NDI)的进校项目经验,经过项目组的努力,形成了以舞蹈为主体,将音乐、舞蹈、体育、美术等融为一体的中西合璧的课程体系。

在课程内容上,"舞向未来"坚持以中国文化为核心内容,与 NDI 的舞蹈理念相结合,创编了具有校本特色和文化底蕴的舞蹈课程体系。项目组每年确定一个教学主题,如"四大发明""美丽中国·少年梦""多彩校园""梦想起跑线"等。在教学方法上,形成了"你先我后""少说多做""旋转教室"等教学方法,尊重和关注每一个学员的发展。

上闵外"舞向未来"舞蹈课程采用"塔基式普及+塔尖式培养"的模式在全校推进。所谓"塔基式普及",是指从六年级至高二年级的所有学生,无论是否有基础,每周都有一节舞蹈课。所谓"塔尖式培养",是指选取一批具有较好舞蹈基础、对舞蹈具有浓厚兴趣的学生组成特色舞蹈班,聘请专业的舞蹈老师进行专业的训练,从而形成了一支全市顶尖水平的校舞蹈团。

开设"舞向未来"课程的目的在于:首先,发挥艺术育人功能,提升学校学生整体的综合素质。通过独特的舞蹈教学,提高学生的艺术修养,激发他们的进取精神,逐渐提升他们的自信心与团队合作等能力。其次,在国际交流中取长补短,分享先进艺术教育成果。通过中美艺术教育交流,借鉴可取的教育理念与经验,促进本土教育实践的改革创新。

上闵外"舞向未来"项目通过如图 11-2 的课程结构来完成相关教育目标。

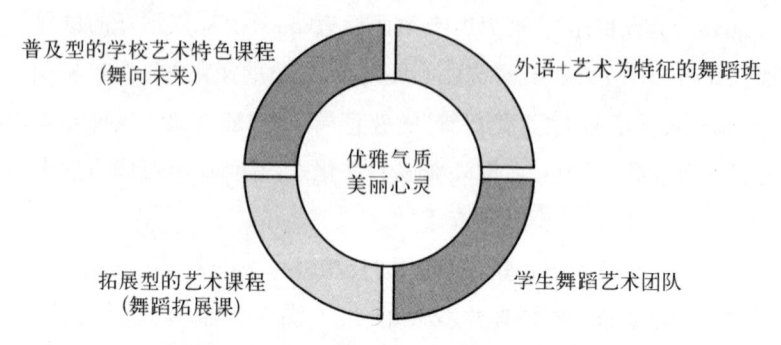

图 11-2 上闵外"舞向未来"项目课程结构图

"舞向未来"课程在上闵外取得了极大成功。这是一种适合于所有学生的艺术教育形式,受到了上闵外学生的广泛欢迎,也带来了学校与学生的深刻变化。"舞向未来"让上闵外充满活力,并且帮助上闵外学子成长为了具有优雅气质、美丽心灵的优秀学生。上闵外"舞向未来"舞蹈团曾多次应邀赴美国、法国、德国等国家参加多项访问演出,出访期间,孩子们优雅的气质,文明的行为,好学的举止多次受到接待方的高度称赞。上闵外成立至今的四届毕业生中,每年都有舞蹈团的成员收到来自美国、加拿大、新加坡等国知名大学的录取通知书,其中,随"舞向未来"艺术团出访演出的经历无一例外均成为他们的入学申请中最亮眼的经历。

"舞向未来"课程使上闵外学子在国内外及市、区多项大型活动中展示了上闵外艺术教育的精彩,获得了非常好的反响;也使上闵外的学生在各类艺术比赛中硕果累累。原创舞蹈作品《爱在身边》获上海市学生艺术节二等奖、全国校园春晚金奖;原创舞蹈作品《寻灯,致未来》获全国第六届艺术展演上海市二等奖等,此外还有多个作品获得市、区级奖项,舞蹈团多名成员也屡屡斩获个人单项奖。

"舞向未来"让上闵外的教育充满青春活力,也让上闵外的教育在教育国际化上迈出了可喜的一步!

三、沉浸于外语文化和海外环境的策略

（一）国际文化节策略

在我国致力于构建人类命运共同体的大背景下，我国与世界各国的联系变得更为紧密，各国文化、经济在融合中加快发展。上闵外除了基本的课程设置外，还以丰富的活动为载体，将跨文化素养的培育贯穿于各类学校活动之中。学校每年举办的国际文化节就是其中一个典型的案例。

上闵外的国际文化节，时间是每年11月到12月。原因有二，一是这个时间段是我国学生传统的辞旧迎新活动开展期；二是这一期间有感恩节、圣诞节等西方著名的节日活动，在这样的背景下，两种文化更容易交汇融合。在这场长达一个月的大型主题活动中，学生通过外语电影配音、各国风情秀、课本剧等形式，打开国际视野，感受多元文化的碰撞与融合。学校通过各类活动培养学生对多元文化的尊重、认可、适应，进而对之评价。具体做法是：

1. 在文化布置中初探多元文化

在国际文化节开展前期，围绕本届国际文化节的主题，各班将抽取各自负责的代表国家，并根据代表国家的特色文化进行班级文化布置，在此过程中，教师引导学生了解代表国家的文化习俗，对各国文化形成初步了解。以各国的国旗、知名人士、著名作品、特色运动、特色美食等为代表的多元文化在方寸间的教室中绽放，同学们在布置的过程中，也会对该国的文化形成基本的认识。如，在第五届以"The Belt and Road"为主题的国际文化节中，我们选取了捷克、匈牙利、巴基斯坦等同学们知悉却并不十分了解的一带一路沿线国家，同学们从起初的不知所措到查阅各类资料后的如数家珍，活动中，这些国家的特色服饰、风俗习惯、自然风光等——被呈现到了大家面前。校园里的国际文化节主题是涂鸦墙，也就是将各国文化融合在一幅巨型主题画中，让鲜明的色彩、多样的文化在校园中初绽光芒。

2. 在文化特色展示中演绎多元文化

精美的服装，特色的舞蹈，恰当的解说，每届国际文化节的风情秀现场都充满了浓浓的异国风味。各国的文化不单单是教室里的平面展示，在舞台上，表演者们生动地演绎着不同国家的风土人情，给大家带来了一场场充满异域风情的视听盛宴。充满异域风格的服装、特色小吃、手工艺品……游园会上的各个

摊位，就像是各个国家特色文化的窗口，校园俨然成了一场小型的世博会。在这些丰富多彩的展示活动中，同学们对各国文化有了更具象、更生动的认识和了解，并学会逐步认可、尊重多元文化的存在。

3. 在语言应用中融合多元文化

语言是通往文化核心的一把钥匙。作为外国语特色学校的学生，比起学好一门外语，更重要的是学会在语言的使用中实现文化理解和思维提升。经典电影配音大赛，则旨在引导学生通过对优秀影视作品的再度演绎加深文化理解，实现中西文化的融合。如，在以"走近美洲"为主题的国际文化节中，我们将《寻梦环游记》作为配音大赛的必选影片。《寻梦环游记》是一部纯正"墨西哥血统"的影片，该影片描绘的亡灵世界是一个温暖而忙碌的地方，其在温馨、幽默的氛围中谈论着如何面对死亡。影片反映了两个国家、两种文化对于死亡的不同认识。死亡在我们看来更多是痛苦、悲伤的，但对于用欢乐的方式去悼念逝者的墨西哥人来说，显然不是这样。同学们饱含热情的配音，呈现的是对不同文化差异的理解和融合。

除了对经典外语影片进行配音外，同学们还要选取优秀国内影视剧片段进行译制。如何将精简又蕴含深意的汉字，翻译成平铺直叙的外文，且不失原来的风味，着实是对学生文化融合能力的考验，例如短短5分钟的《甄嬛传》配音片段，背后强调的是学生对本国文化特色的理解和对外国文化及语言习惯的了解。可以说，只有在尊重、理解的前提下，取其精华、去其糟粕才能实现多元文化的融合。

4. 在剧本编演中评价多元文化

戏剧能让人产生思想的共鸣，情感的互通。课本剧就是把课文中叙事性的文章改编为戏剧形式，通过戏剧语言来表现人物性格特征，表达主题的艺术形式。把课文改编成英文戏剧，不仅要求学生具备熟练应用外语的能力，同时也要求学生对作品表达的内涵有深刻的理解和认同。在以"走近欧洲"为主题的国际文化节课本剧大赛中，有一组同学就选取了法国著名作家莫泊桑创作的短篇小说《项链》对其进行编演。学生们认为这篇故事虽然是描写19世纪80年代法国小资产阶级崇尚享乐，追求物质的社会风气，但如今这样的行为也正在我们身边悄悄兴起，于是她们选择对《项链》进行编演，来表达自己对于享乐主义的态度。在编写剧本的过程中,她们选取了重要的故事情节,并结合中国的社会环境对作品进行了改编,塑造了一篇本土版《项链》,引起了一片好评。这是21世纪的中学生结合当今社会背景,对19世纪文学作品产生的共鸣,也是对外国文化的评价和运用。

（二）海外短期留学策略

根据"基于文化理解的外语教育"这一思想,上闵外设计了"海外短期留学文化体验课程"。课程突出"以学生为本""以体验为主"的理念,旨在提高学生学习外语的兴趣,为学生提供真实的语言环境与文化环境,使学生有机会亲身体验海外课程,以及当地学生、居民的各项日常活动,并通过互动交流,向当地学生、居民介绍中国文化,从而进一步增强学生的文化自信,提升其外语使用水平;开拓眼界,体验多元文化生活,进而培养学生包容、理解的跨文化交际理念,增强学生跨文化交流沟通的能力,为培养复合型、应用型、涉外型的高级专门人才奠定坚实的基础。

学校与英国、加拿大、美国、澳大利亚、法国、德国等国家的优质学校结为姐妹学校,双方达成师生互访协议。学校每年组织部分同学赴海外姐妹学校,进行为期2—3周的短期留学,期间学生住在学校宿舍或当地居民家中。学生在姐妹学校中采取完全插班式学习,与当地学生结为"伙伴",根据自己小伙伴的课表,与其一起全天候参与学校的课堂学习及社团活动。学生与当地学生混班上课,完全融入当地学生的课堂学习与课外社团活动,并利用周末时间参与社区活动,或参观博物馆等。完全浸入式的生活体验,有利于帮助学生提高外语使用能力,充分了解当地文化及生活习俗,增强国际交往能力。

自2016年起至今,上闵外学生已有500多人次赴美国、加拿大、英国、澳大利亚、德国等国17所姐妹学校,进行短期留学体验。

学生在短期留学期间,需完成学习日记,记录学习过程及感受,并选择自己感兴趣的主题,通过访谈姐妹学校师生、当地居民,以及实地走访、参观等方式,对中、外学校和学生的学习生活做简单对比,并以文字的形式记录下来。

为全面了解和评估学校课程及活动对培养学生跨文化沟通能力的作用与效果,学校曾针对全体学生进行过三次问卷调查,其中就包括了"海外短期游学体验课程"的影响。调查结果显示,有过海外短期留学经历的学生,比起没有相关经历的学生,整体上具备了更好的跨文化交际能力。通过对部分参与短期留学课程的学生和教师的访谈,得出的结果也充分证实了这一点。部分访谈记录摘录如下:

周秀丽老师:我们的孩子和这里的寄宿生一样住在学校的宿舍里,每个孩子都分配到一个 buddy(伙伴),每天同进同出,一起上学,放学,上课,吃饭,运动,联谊,24 小时全方位融入到当地孩子的学习生活中。在整整 14 天的学习生活中,孩子们无时无刻不在体验中西方课程的差异、课堂的差异、师生关系的差异、饮食的差异,等等,也在每天的体验中不断挑战自己。

孩子们在和小伙伴的交流中,也感受到文化差异带来的思维碰撞。从一开始的胆怯,怕说错,到后来能和澳洲的小伙伴谈笑风生,不断克服语言上的障碍,树立自己说英语的自信心。而在学习互动中,他们也不知不觉地向外国小朋友传递了中国文化。通过这次游学实践,我深刻感受到规范的、有组织的、精心策划的游学课程给孩子们带来的益处。游学绝不是享受,而是一种感受,是人生的体验;孩子们在国外亲身体验风土人情、接受异域文化氛围熏陶,也为他们增加些许生活的磨练,提高独立自主能力;为孩子的人生旅途增添一笔无形的财富,使其增长了阅历和见识,具备了全球化的思维习惯;留给孩子一份终生难忘的记忆,充分感受人与自然和睦共处的无尽乐趣。在经历了这些体验之后,孩子们会思考,会感受,会理解,会表达,会领悟,这不正是游学的意义吗?

吕文老师:在带队赴英国芬伯勒学校(Finborough School)进行短期留学体验的过程中,我要求孩子们每天晚间利用手机软件"美篇",用中英文交替记录学习见闻、学习感受、活动体验,这对于日后孩子们回顾、反思、分享本次游学经历,能起到积极的作用。游学回来以后,我及时召开了有关游学反馈的家长见面会,并在会议上交流了此次游学的体验,对于每个孩子的表现做出了合理的评价。请家长和孩子共同整理了游学的体验,书写即时感想,反思得与失,在这个过程中引导孩子们深度思考一些问题,比如为什么要去游学?自己选择游学的目的是什么?要提高自身哪方面的能力?回来后发现自身有哪些不足?今后在学习生活中要改变什么?等等。

此次英国之行给我印象深刻的特色之一是领导力课程,目的在于打造具有深度和主题性的游学活动。领导力课程一直以来是各顶级高校推崇备至的,因为其在培养人的管理能力、沟通能力、执行能力等方面作用匪浅。芬伯勒学校的领导力课程分为初级阶段、中级阶段、完成阶段、超越阶段四个层次。大多数学生能够在两周内完成前三个阶段,特别优秀的学生可以达到超越阶段。在最后的颁奖典礼上,学校根据学生不同的表现颁发不同等级的奖状。行程中的具体安排为:首先为学生们讲解领导力课程的精髓,训练孩子们的技能;学成之后,让中国学生教英国学生中文。本课程在挑战学生思维创新、有效管理、执行效果的同时,也极大地提高了学生的口语水平。

　　赵芸蜒同学:这里采用走班制,与中国是十分不同的,大家下课了就去各个教室。……在这里,我不仅锻炼了口语,学到了许多知识,还了解了澳洲文化,交到了许多澳洲朋友。总之,这次澳洲游学绝对不虚此行。

　　祝楚云同学:这里的人都很热情,在我一开始来的时候,什么也不懂,但我的伙伴却一直跟我说:"That is okay."并且耐心地指导我……他们的课堂里难道没有竞争吗?当然是有的。只是比起中国来讲,要平静得多。在这里确实也有不喜欢的人,但也没有特地表现出来怎么样。每一个人在这里都很自觉,我在澳大利亚收获了很多。

　　赵苑琳老师:在学术课上,学生们永远不会觉得时间过得太慢。在化学课上,学生穿起了实验白大褂,带起了防护眼镜,意犹未尽地做了有关"酸"的实验;在艺术课上,在操场上,学生拿着白粉笔自由地创作,或者拿着废弃的材料,合作创作出一个魔幻的建筑;在数学课上,学生从汉诺塔玩具中推算出次方的运算规律;在生物课上,学生学习了消化系统,并模拟了食物在消化系统中的旅程;在电脑编程课上,学生在游戏中学习如何编程。课堂不再是一个个枯燥的知识点堆积,学生全身心参与其中,探索每门课中的奥秘。

　　……

　　可见,在短期的留学课程中,学生得到的不仅是知识层面的收获,他们的主动学习能力和创新能力也得到了提高。学生们更善于发现问题、分析问题,用自己的方式去解决问题。学生在学习、生活中体验异域文化,并对本民族的文化进行比较与思考,在文化理解和跨文化交流中提升素养和幸福成长。

(三)外语戏剧进课堂

外语教学的核心在于理解与运用,好的教学一定是基于情境的。如果脱离情境,即便积累了大量词汇,谙熟时态语法规则,也依然无法真正掌握学习内容,更谈不上综合应用了。

近年来的教学经历也充分验证了这个现状,不管是阅读理解、选词填空,还是翻译与写作,即便学生对词汇掌握牢固,还是会感到表达能力有限。究其原因,在于中、外文表达上的差异。再说得大一点,就是中外文化理解不同,而我们在教学中往往无法提供真实的语言应用环境。

戏剧表演作为一种需要成员高度配合的团队活动,从剧本创作,到舞台设计,再到角色诠释与表演,需要成员具备很好的语言使用与表达能力、对剧本故事所体现的文化背景的理解与诠释能力、优秀的舞台表演能力以及良好的沟通与团队合作能力。外语戏剧表演可以为学生提供不同的语言情境,能够有效提升学生的外语学习兴趣,提升学生的语言综合运用能力和对异文化的理解能力,是对外语课堂教学非常有力的补充。

基于此,上闵外在各年级的日常外语教学中引入戏剧项目,为学生提供更多、更真实的外语使用环境和深入理解中外文化的环境,有助于提升学生的语言能力和跨文化理解能力。

多年来,国内的儿童戏剧教育一直被误解为只是为了教孩子演戏,戏剧课程多数也是以选修课或社团活动的形式出现,其最终的学习目标似乎也就是能够完整地演出一个剧目。其实戏剧教育的作用远不仅如此。戏剧教育是一种根据儿童心理特点和学习方式形成的行之有效的教育、培养方法,它具有PBL项目制教学的属性,是一门横跨艺术学和教育学的新兴学科。首先,戏剧教育关注人性的根本和人格的发展,对培养学生的同理心有着重要作用。戏剧是场景化教学的重要手段,通过戏剧可以引导学生走进自己的内心,寻找许多关于人生困惑的答案,不仅有助于学生的个性发展和自信心养成,更能激发创造力,促进左右脑均衡发展,帮助学生缓解课业压力。其次,戏剧是美育的重要载体,它是融创作、导演、表演、舞美、灯光等为一体的综合性艺术表现形式,能与人文、科学、技术等领域相关课程相互渗透,可以实现与语文、历史、数学、英语、美术、音乐、舞蹈等各学科教学的有效融合。

随着近年来素质教育理念的逐渐推进和深入,我国教育界人士也开始尝试将戏剧这一形式引入学科教学,尤其是语言教学当中。戏剧表演被比较广泛地运用于语文教学和外语教学,尤其是口语教学中去,而且相关研究表明,其对于提升学生外语学习兴趣及口语表达能力确实有积极作用。

但我们认为,戏剧表演在外语教育中所能起到的作用远远不止如此。在学校外语教育教学过程中推行戏剧教学,不仅能更好地调动学生的学习积极性,而且有助于培养学生的想象、表达、合作、审美等多种能力。它不仅有助于提高学生的口语表达能力,同时在促进学生提高外语学习能力和文化理解与鉴赏能力、深入理解外语文化背景下人们的思维方式,以及提升听、说、读、写等外语技能方面,都能够发挥非常重要的作用,是传统外语课堂教学非常有效的补充形式。

课例:英语剧 The Phantom of the Opera(剧院魅影)

实施有效的外语戏剧教学,关键是要精心策划,做足准备。需要调动学生的积极性,同时在过程中要适当引导学生,最后对于学习要点进行总结反思,这样才能达到提升学习感知与效果的目的。

(1)探索与准备

要发挥戏剧教学的最大效果,选取剧本是重中之重。一个难易适中,容易上手的内容,才能在一开始就引发学生的兴趣。同时剧本还要有一定的深度与学习点,以达到学习的基本目标。

在上海的牛津版英语教材中,有不少课文内容有趣,情节生动,深受学生喜欢,其中典型代表就是高一第二学期的第一课——The Phantom of the Opera(剧院魅影)。

学校每年都会举办"国际文化节",包括英语诗歌朗诵、英语歌曲大赛等,而课本剧比赛正好可以和戏剧教学无缝衔接。高一年级的某班选择了 The Phantom of the Opera 这篇课文的 post-reading 环节,并将其与国际文化节的课本剧比赛相结合,让学生自导自演,参与比赛。

高中这个年龄段的学生最大的特点,就是乐于表现自我,戏剧这种形式能够很好地调动学生们的学习积极性,从而产生最好的学习效果。

一开始考虑到高一学生英语写作能力还比较薄弱,教师把已经准备好的剧本给了学生,让他们在此基础上进行排演。但学生看了剧本后表示差强人意,并要求自己撰写剧本。教师给了他们两周的准备时间,他们充分发挥学习热情与主观能动性,对剧本进行了再创作。

(2) 组织与排练

确定了剧本之后,组织学生进行自主学习是戏剧教学的关键。其实表演的结果即比赛成绩如何并不重要,因为学习真正发生在整个过程之中。要在短时间内,改编剧本、背熟台词、准备道具,难度不小,因此过程管控与引导是成功的关键,在本项目中,教师最大程度地把主动权留给了学生。

首先,学生自发组成了课本剧核心小组,包括导演、副导演、男一号、女一号、男配角、女配角、群众演员、道具组、化妆组等。每个学生都有自己负责的岗位,他们根据自身特长主动认领岗位。创造力强的负责写剧本,表演欲强的担任主角,摄影爱好者负责拍照和摄像。

然后,负责撰写剧本的学生在一周之内,在理解内容的基础上对课本进行改编优化。难能可贵的是,学生们并没有被课本内容限制,而是去网上找了大量和《剧院魅影》相关的资料,对整个歌剧有了更深层次的认识后,对情节进行了再创造。

为了不影响其他学科的学习任务,他们自己排了任务表,每个人负责一部分的剧本撰写。每写完一部分,教师会进行审核并给出中肯的建议。对于建议他们可以选择性地采纳,主动权依然在学生手上,而教师仅仅作为一个参谋,看着他们导演这出大戏。通过一周的反复努力,一份3 500字的新剧本诞生了!

接下来开始排练。尽管学习任务繁重,学生们还是顶住了压力。从刚开始读错单词、断句生硬,到逐渐熟练、渐入佳境,再到最后完全脱稿、游刃有余,只用了三天时间。除了主演外,道具组忙着制作各种道具(包括面具、锁链等),信息组负责制作精美的ppt和背景音效,化妆组根据剧情研究人物特点及与之匹配的妆容。在整个过程中,几乎每个学生的积极性都被调动了起来,而教师仅仅作为一个辅助者出现,当学生需要帮助或指导时,为他们献上微薄之力。

最后,学生们利用午休时间,到多媒体教室进行彩排。在彩排过程中,两位学生导演全程现场指导,从道具到台词,从眼神到走位,从语音语调到肢体语言,每一个细节都不放过。台上的演员们认真听取导演的建议,一遍又一遍反复练习,直到满意为止。在排练的同时,幕后的信息组突然灵光一现,"配上灯光效果一定更好"。然而多媒体教室的舞台灯光控制可不是简单的操作,他们请教了信息老师,用一天的时间学会了如何控制复杂的舞台灯光。在正式演出前一天,道具组提出用现场钢琴伴奏,代替播放的背景音乐。于是班上的钢琴达人就自告奋勇为他们提供了现场配乐。

在整个过程中,学生们群策群力,在学习英语知识的同时,还能互帮互助,这已经远远超越了戏剧学习的目标。

(3) 演出与总结

当然,戏剧排练完一定是要表演的,演出本身也是一种历练。相信学生们在台上表演的每句话,都会让他们铭记很久,甚至一辈子。

演出当天,全校师生都到现场观摩,整个礼堂座无虚席。舞台上的他们把角色演绎得如此逼真,台下的观众跟随着跌宕起伏的剧情,不断变化着情绪,时而紧张,时而兴奋,在演员们的言语、眼神和动作中,观众们看到了魅影(Phantom)的绝望,克里斯蒂娜(Christine)的不舍以及拉乌尔(Raoul)的无奈。

无论主演还是配角,每个人都展现出了自己最好的状态。伴随着最后一幕灯光熄灭,Phantom 跪在地上放声痛哭,此时,台下响起了雷鸣般的掌声,久久没有停下。

不出所料,这台课本剧表演最终获得了非常不错的成绩,并获得了登上更大的舞台演出的机会。演出的结束并不是学习的终止,回到教室后,教师带领学生对于整个剧本内容的排演过程进行了总结和反思。这个课本剧从剧本创作到分工排练再到完整演出的整个过程,不仅让学生对于课文以及剧本文本有了更深的领悟与理解,同时也培育了学生的许多软技能,锻造了其良好的品格基础,如团队协作中,需要有人牵头,有人配合,安排得当,分工合作,同时还要监督进度;如时间管理,即如何合理安排时间,兼顾其他学科的学习;如创新思维,包括不断改进剧本,优化形式与内容,在彩排过程中,不断加入很多新的想法,发挥各自的创造力;如处理解决问题的能力,因为不管是彩排还是最终表演,都充满了未知和突发状况,只有把细节问题处理好,才能实现圆满的演出。

参考文献

[1] 陈友松等.当代西方教育哲学[M].北京：教育科学出版社,1982.
[2] 袁振国.当代教育学[M].北京：教育科学出版社,1999.
[3] 冯契.哲学大词典[M].上海：上海辞书出版社,2001.
[4] 洪汉鼎.诠释学：它的历史与当代发展[M].北京：人民出版社,2001.
[5] [美]弗雷斯特·帕克,格伦·哈斯.课程规划——当代之取向[M].谢登斌,俞红珍,译.杭州：浙江教育出版社,2004.
[6] 苏尚锋.学校空间论[M].北京：教育科学出版社,2012.
[7] 吴金瑜.200万分钟教育对话[M].上海：上海交通大学出版社,2012.
[8] [美]罗伯特·S·怀尔等.理解文化：理论、研究与应用[M].王志云,谢天,译.北京：人民出版社,2018.
[9] 吴金瑜.基于理解的学校教育[M].上海：上海交通大学出版社,2019.
[10] 郭元祥.课程观的转向[J].课程·教材·教法,2001(6).
[11] 刘洋.校园空间文化环境创造[J].西部人居环境学刊,2002(4).
[12] 闫利雅.学校文化的环境：空间文化建设[J].教育科学研究,2005(8).
[13] 李志康.走向社会化教育——兼谈寄宿制学校校园空间文化的建设[J].现代教育科学(小学教师),2007(1).
[14] 胡乐乐,肖川.再论课程的定义与内涵：从词源考古到现代释义[J].教育学报,2009(2).
[15] 苏尚锋.论学校空间的构成及其生产[J].教育研究,2012(2).
[16] 邵平.以"廊"文化打造校园空间文化[J].上海教育科研,2014(2).
[17] 顾明远.核心素养：课程改革的原动力[J].人民教育,2015(13).
[18] 唐永红.以梅岭中学为例探究学校的空间文化建设[J].现代中小学教育,2016(5).
[19] 孙玛利.多尔的后现代课程观述评[J].青年时代,2017(6下).
[20] 单明芳.新建小学空间文化建设之探索[J].上海教育科研,2018(11).
[21] 唐科莉.理解学习者文化和背景的多样性是理解人如何学习的核心[J].上海教育·环球教育时讯,2019(3).